GUÉRIR DES AUTRES

Conception graphique de la couverture: Violette Vaillancourt

DISTRIBUTEURS EXCLUSIFS:

- Pour le Canada et les États-Unis:
  LES MESSAGERIES ADP*
  955, rue Amherst, Montréal H2L 3K4
  Tél.: (514) 523-1182
  Télécopieur: (514) 939-0406
  * Filiale de Sogides Ltée
- Pour la Belgique et le Luxembourg:
  PRESSES DE BELGIQUE S.A.
  Boulevard de l'Europe, 117
  B-1301 Wavre
  Tél.: (10) 41-59-66
  (10) 41-78-50
  Télécopieur: (10) 41-20-24
- Pour la Suisse:
  TRANSAT S.A.
  Route des Jeunes, 4 Ter
  C.P. 125
  1211 Genève 26
  Tél.: (41-22) 342-77-40
  Télécopieur: (41-22) 343-46-46
- Pour la France et les autres pays:
  INTER FORUM
  Immeuble ORSUD, 3-5, avenue Galliéni, 94251 Gentilly Cédex
  Tél.: (1) 47.40.66.07
  Télécopieur: (1) 47.40.63.66
  Commandes: Tél.: (16) 38.32.71.00
  Télécopieur: (16) 38.32.71.28
  Télex: 780372

Albert Glaude

GUÉRIR DES AUTRES

LES ÉDITIONS DE L'HOMME

Données de catalogage avant publication (Canada)

Glaude, Albert

Guérir des autres

Comprend des références bibliographiques: P.

ISBN 2-7619-0984-4

1. Psychothérapie. 2. Troubles sexuels. 3. Cancer — Aspect psychologique 4. Catharsis. I. Titre.

RC480.G52 1991 616.89'14 C91-090766-8

Dépôt légal: 4e trimestre 1991
Bibliothèque nationale du Québec

ISBN 2-7619-0984-4

Bien écouter, c'est déjà commencer à comprendre.

BEAUMARCHAIS

Avant-propos

Sept ans. Il aura fallu sept ans après l'amorce de la première Catharsis, en 1977, pour que soit publié *Catharsis*, puis sept autres années encore pour que ce livre-ci vienne rendre compte de la formidable évolution qu'a connue ma technique, non pas dans sa philosophie mais bien dans ses applications. J'avais timidement annoncé une «trouvaille», on m'affirme qu'il s'agit véritablement d'une découverte et qu'il faut le dire. Voilà, c'est fait! Ce furent quatorze années bien remplies, surtout les sept dernières. En tout, cela représente environ vingt mille heures passées en relation d'aide... et je n'en ressens pas (encore) la fatigue!

Il y a sept ans, peu de temps après la sortie du livre, un médecin, intervenant en psychiatrie dans un pénitencier, demanda à me rencontrer. Il disait avoir été fasciné par la découverte du tunnel et la logique de mon exposé; il venait s'informer des possibilités d'utiliser ma technique pour traiter ou améliorer les psychoses. Je n'avais, hélas, rien à lui suggérer, lui rappelant que mon expérience se limitait aux névroses.

Cet homme venait dire à quel point il se sentait démuni, malgré sa formation, devant la maladie mentale et combien il souffrait en constatant qu'il devait, presque toujours, recommencer les traitements à cause des récidives. Il aurait voulu que ses connaissances scientifiques lui fournissent des outils efficaces lui permettant de se sentir vraiment utile. Grâce à certains travaux dont nous faisons état dans ces pages, nous avons pu nous rendre compte que notre Catharsis pouvait, dans certaines conditions, être efficace dans le traitement de diverses maladies mentales.

J'ai beaucoup appris en enseignant ma méthodologie à quelques personnes. Surtout pendant la supervision de leurs travaux. Il s'en est dégagé une constante bouleversante: la personnalité et le savoir-être ne peuvent s'enseigner. On l'a ou on ne l'a pas. En matière de science humaine appliquée en clinique, les connaissances, aussi vastes soient-elles, ne suffisent pas. En médecine comme en psychologie, c'est l'humanisme fondamental des intervenants qui est le principal facteur de réussite. Il faut aimer, profondément aimer, le genre humain dans toutes ses composantes pour lui porter aide efficacement.

Comme dans la nature, une sélection naturelle finit toujours par «renforcer» l'espèce. C'est maintenant une certitude que ma Catharsis essaimera grâce à l'humanisme, au talent, à l'intelligence et à la détermination de quelques catharsistes[1] qui acceptent de reconnaître que le mal portant sait tout des origines de sa maladie mais qu'il ignore qu'il le sait. Notre rôle doit se limiter à l'aider pour qu'il trouve les réponses inscrites dans son subconscient.

Ne voilà-t-il pas une raison suffisante pour mettre par écrit ce qu'ils (elles) m'ont aidé à mieux préciser et à mieux comprendre des immenses possibilités de la *Catharsis*?

A. G.

1. Qui déclarent, sur l'honneur et par écrit, être membre en règle de la Corporation internationale des catharsistes glaudiens. Ce qui atteste de leur participation régulière aux ateliers de «formation continue».

Introduction

« Nous sommes les autres», a déjà souligné de façon lapidaire Henri Laborit, c'est-à-dire que nous sommes devenus avec le temps ce que les autres nos parents, les membres de notre famille, nos éducateurs et, plus généralement, notre environnement socio-culturel — ont fait de nous, consciemment ou non. Nous sommes donc toujours influencés, le plus souvent à notre insu, par les divers *systèmes* dont nous faisons partie. Une lecture systémique s'impose donc comme préalable à toute intervention d'aide auprès des mal portants.

J'ai démontré, dans *Catharsis*, que les problèmes de santé physique ou mentale tirent souvent leur origine d'événements traumatisants, généralement survenus dans la petite enfance[1]; autrement dit, que de violents chocs émotifs occultés à l'époque ressurgissent des années plus tard, faisant ainsi se développer les maladies les plus diverses. On a vu que ces chocs émotifs sont toujours reliés aux relations avec les autres et qu'il était indispensable d'en revivre intégralement les circonstances pour provoquer l'autoguérison.

Jusqu'à tout récemment il était encore possible de polémiquer sur le fait que ce sont les émotions qui sont à l'origine des maladies

1. C'est-à-dire, dès que l'enfant peut faire une relation de cause à effet (développement cognitif). Mais, bien avant cela, le fœtus ou le bébé peut «mémoriser» des traumatismes physiques ou psychiques pouvant être à l'origine d'un mal de vivre fondamental.

de l'humain. Nous n'avions d'autres «preuves» que des résultats cliniques à exposer. Aujourd'hui, des cas étayés par des dossiers médicaux très complets, constitués avant mes interventions et complétés par des évaluations postérieures, ne peuvent laisser aucun doute sur la qualité des résultats obtenus grâce à une Catharsis. De plus, des découvertes scientifiques récentes ont permis de prouver que les émotions fortes «marquent» physiologiquement le cerveau.

Par scanner cérébral, il fut montré pour la première fois, le 6 avril 1983, qu'un conflit psychique faisait apparaître un «foyer» dans le cerveau. Après l'étude de plus de 10 000 cas, les résultats furent publiés en allemand en 1987, en français en 1988. Plus d'une centaine d'exemples et de nombreuses reproductions de radiographies et de scanners du cerveau démontrent scientifiquement la valeur de la découverte. On y met en évidence, entre autres, la relation qui existe entre les problèmes reliés à la sexualité et les cancers du col de l'utérus.

Tout récemment, en mars 1991, des chercheurs montréalais ont annoncé la découverte, à l'aide d'un appareillage plus sophistiqué que le scanner, de centres de la douleur très visibles dans le cerveau... et que ces «traces» seraient reliées à des émotions. Je reviendrai en détail sur ces sujets plus loin.

J'ai déjà raconté à quel point la découverte, par Laborit, d'un «système d'inhibition de l'action» m'avait conforté au plan scientifique en confirmant les faits cliniques qui me conduisaient à remettre en cause la valeur thérapeutique de la psychanalyse freudienne. J'avais abordé cette question sur un plan plus théorique que ponctuel. Les années d'expérience qui sont venues s'ajouter depuis vont me permettre de développer davantage cette notion de première importance, en abordant la question de la période d'intégration qui est à la Catharsis ce qu'est la convalescence à une grave maladie. Ce sera un des thèmes majeurs de ce livre.

Par souci de clarté, je m'empresse de corriger ici une erreur due sans doute à mon trop grand enthousiasme de l'époque quand, dans l'avant-propos de *Catharsis,* j'écrivais que cette approche «peut être jugée selon des critères réalistes quand la guérison survient à l'instant où le malade a repris conscience de tous les événements occultés de sa vie, en plus d'identifier et de résoudre par l'action les inhibitions actuelles».

Les faits cliniques, mieux observés depuis, montrent que le subconscient travaille à l'économie et qu'il ne fait émerger vers le conscient que les événements et émotions liés directement aux problèmes à résoudre au moment où l'on entreprend une démarche. Cela veut dire que l'on ne peut savoir avec certitude si tous les événements traumatisants du passé ont été mis à nu, mais que ce qui reste occulté n'a aucune incidence sur l'état de santé actuel de la personne qui consulte. Nous verrons plus loin ce qu'il pourrait advenir si une situation totalement nouvelle venait à surgir dans le vécu de cette personne. Cette restriction vient confirmer le rôle magistral du subconscient et la «solidité», la «sûreté» de ce qu'il convient d'appeler la Catharsis glaudienne, afin d'en bien souligner l'originalité. Nous verrons également comment il peut être ardu — et *paraître* parfois impossible — de résoudre par l'action les inhibitions contemporaines.

Jusqu'ici j'avais pris grand soin d'éviter de parler des réelles possibilités curatives des cancers ou du sida offertes par une démarche en Catharsis. Je ne voulais pas donner prise à d'éventuelles accusations d'opportunisme, de vile exploitation des désarrois que peuvent vivre ces malades et leurs familles. Mais, grâce aux découvertes dont il vient d'être question et fort des nombreux exemples présentés par des auteurs que je respecte, je n'hésiterai plus à montrer dans ces pages que le même espoir de guérison est autant justifié pour ces cas que pour tous les autres désordres de santé. Les lecteurs peuvent s'attendre à d'étonnantes révélations.

Dès 1977, j'avais dû me rendre à l'évidence que, dans la très grande majorité des cas, les personnes qui me consultaient avaient eu des expériences sexuelles avec des adultes dans leur enfance. J'étais seul à l'époque et il n'était pas possible d'en tirer des conclusions formelles. Depuis, les autres catharsistes se sont rendus à la même évidence. C'est pourquoi il sera très ouvertement question de l'incidence de la sexualité infantile sur le développement des maladies. Et, inévitablement, nous parlerons des abus sexuels dans ces pages. On trouvera d'ailleurs des grilles d'évaluation permettant aux lecteurs de vérifier des hypothèses d'abus sexuels *occultés*.

Enfin, j'aborderai les questions qui sont régulièrement soulevées par nos clients à propos de l'hypnose, des dysfonctions sexuelles, de l'homosexualité, des problèmes de couple, des transferts affectifs... et même des vies antérieures.

Par les nombreux exemples de cas présentés au fil des chapitres, nous constaterons que nos maladies viennent des autres, comme les cas présentés dans *Catharsis* le suggéraient déjà. C'est en compagnie d'auteurs d'avant-garde que nous vérifierons qu'il n'y a d'autre issue que de GUÉRIR DES AUTRES.

CHAPITRE 1

La lumière au bout du tunnel

> Ce n'est pas dans la
> connaissance qu'est le fruit,
> c'est dans l'acte de saisir.
> SAINT BERNARD

Le 24 mars 1978 est une date historique. C'est ce jour-là qu'une jeune femme me décrivit pour la première fois où l'on se retrouve quand on voit enfin «la lumière au bout du tunnel». De ce jour, je commençai à comprendre ce que pouvait signifier cette expression populaire. Avant la publication de *Catharsis,* à l'issue d'une conférence que je donnais, deux personnes vinrent me dire qu'elles connaissaient depuis longtemps le tunnel que j'avais décrit et qu'il y avait effectivement des portes dans les parois; l'une en voyait trois, l'autre une seule.

Deux ans plus tard, à Paris, je fus reçu par un thérapeute-auteur qui conduisait des thérapies de groupe en utilisant la visualisation mentale comme outil. Quand je lui parlai du tunnel, des portes et du paysage, il s'exclama: «À quelques reprises, des gens m'ont dit voir spontanément un tunnel avec des portes au lieu de ce que je suggérais. Ce n'était pas dans ma méthodologie et je n'en ai tenu aucun compte.» Peut-être était-il trop imprégné de théories pour être disponible à l'intuition…

Ainsi donc, l'expression populaire reposait sur une réalité: des gens, sans doute depuis la nuit des temps, avaient la faculté de voir mentalement un tunnel et savaient par expérience que l'apparition d'une lumière au bout signifiait la fin d'une épreuve, d'une période noire. Dautre part, on sait depuis quelques années que des personnes ayant connu la mort clinique pendant un court instant décrivaient un tunnel dans lequel elles se sentaient aspirées, pour le traverser à très vive allure et déboucher dans une fulgurante lumière. Cependant, la description de ce qu'elles pouvaient y voir varie trop pour qu'on puisse, me semble-t-il, en tirer des conclusions formelles.

L'existence d'un tunnel mental semble donc bien établie; ne faut-il pas y voir la «matérialisation» de notre cheminement de vie puisque nous traversons le tunnel maternel pour naître et un autre, mental celui-là, pour mourir?

Je me suis longtemps demandé si le tunnel de la Catharsis était celui par où l'on passait en mourant, jusqu'au jour où une personne revécut dans mon fauteuil les suites d'une tentative de suicide; elle décrivit alors un tunnel rond, long et sombre avec une lueur au bout. Elle n'avait pas eu la sensation d'y être aspirée car les médecins la ramenaient à la vie. Ce n'était pas le même tunnel, ni par la forme, ni par l'aspect que celui conduisant aux portes. Peut-on dès lors conclure que le tunnel de ma Catharsis est un symbole universel jalonnant les faits occultés de notre vie? L'expérience clinique porte à penser qu'il en est ainsi. Mais il reste possible que l'aspect du «tunnel de vie» change au moment de la mort.

Dans mon livre précédent, j'avais volontairement omis de dire que plusieurs personnes ont des difficultés à voir leur tunnel pendant notre travail avec elles; je voulais ainsi éviter d'élaborer sur des détails méthodologiques. Cette décision fut une erreur dans la mesure où nos consultants étaient persuadés qu'ils devaient voir leur tunnel pour que la démarche entreprise soit valable. Il a fallu expliquer qu'il était possible de rejoindre la mémoire subconsciente par les chakras et que ce tunnel pouvait n'apparaître qu'à la toute fin de la période d'intégration. Donc, tôt ou tard, le tunnel s'imposera pour montrer que tout ce qui était indispensable de savoir l'a été. Je reviendrai plus loin sur le rôle et l'utilisation des chakras.

Partant du fait que la symbolique du tunnel s'imposait parce que certaines personnes avaient, de tout temps et spontanément, pu le visualiser, j'ai fait un rapprochement avec l'auréole dorée que des artistes placent sur la tête de statues pour symboliser la «sainteté»; il s'agirait aussi d'un symbole issu d'une réalité puisque nous savons à coup sûr que des gens peuvent voir l'aura. À ce sujet, voici une anecdote où je fus confondu par ma naïve approche auprès d'un jeune.

Un garçon d'une dizaine d'années était affligé d'un épouvantable bégaiement; sa mère m'avait demandé de faire ce que je pouvais en hypnotisant son fils pour l'aider à retrouver une élocution normale. Disons tout de suite que ce fut un échec, mais l'important de mon propos est ailleurs. Pensant mettre le garçon en confiance (je ne me souviens plus pourquoi j'eus cette idée saugrenue), je lui racontai avec force détails que certaines personnes pouvaient voir une sorte de lumière entourant le corps des gens et que cela s'appelait «une aura». Il m'écouta, impassible jusqu'au bout de mon explication, pour finalement me dire: «Oui mais tout le monde voit ça, n'est-ce pas»... Le petit sacripant voyait les auras depuis sa naissance, l'aura des plantes, des animaux ou des humains. Il fut le premier à me dire que j'avais une aura dorée. J'avais l'air fin!

Une femme ayant réussi à se guérir d'un grave problème de santé en se confiant à mes soins, son médecin depuis plusieurs années demanda à me rencontrer; elle voulait me confirmer la guérison et, bien entendu, savoir comment j'avais procédé pour résoudre un problème qui déroutait la médecine. A l'issue de la rencontre, elle me dit: «Cela fait deux heures que je vous observe tout en vous écoutant et je sais que vous n'avez dit que la vérité». C'était péremptoire et je ne savais trop que penser, jusqu'au moment où elle ajouta: «Je le sais parce que j'ai regardé votre aura pendant tout ce temps et elle n'a jamais varié, ni de forme ni de couleur». Et elle me confia alors son embarras de posséder cette faculté dont elle ne pouvait parler à ses collègues médecins, sans risquer d'être ridiculisée.

C'est terrible, vous savez, de voir un cancer du sein quand aucun examen ni aucune radio ne le laissent encore entrevoir. Je le vois nettement, je sais qu'il se passera peut-être plusieurs mois avant que des signes cliniques apparaissent et je ne puis le dire, ni à la patiente ni à mes collègues; c'est difficile de vivre avec ce don et j'avais besoin de mieux savoir qui vous étiez avant de vous confier tout cela, pour un peu m'en soulager.

On peut établir un parallèle entre l'aura et le tunnel. Dans les deux cas il s'agit de méthodes simples et naturelles qui peuvent soit provoquer très rapidement des diagnostics précoces par visualisation de l'aura, soit permettre l'autoguérison par la Catharsis glaudienne. Avant de revenir à cette dernière, quelques mots encore à propos de diagnostics précoces. En Allemagne, un certain docteur Peter Mandel[1] a mis au point une méthode étonnante de diagnostic par photos Kirlian; je n'en ai eu qu'une rapide initiation, mais suffisante pour en constater la précision.

Son appareil permet de fixer, sur papier photographique à développement rapide, les rayonnements (l'aura?) qui entourent les pieds et les mains de la personne testée. En cas de maladie, des taches noires indiquent par leur importance et leur localisation de quel type de maladie il s'agit et quel est l'organe ou le système concerné. Il suffirait qu'un médecin soit équipé de cet appareil pour établir un diagnostic sûr en quelques minutes et tester immédiatement les effets d'un médicament.

Par ailleurs, le chiropraticien californien John F. Thie a inventé une autre étonnante méthode de diagnostic (et de traitement) connue ici sous l'appellation «Toucher thérapeutique[2]». Il s'agit de tester à la main la résistance musculaire à divers niveaux des bras et

1. Institut für Wissenschaftlich Fotografie und Diagnose, Hildastrasse 13, 7520 Bruchsal.
2. *Touch for Health*, DeVorss & Company, Publishers, 1046 Princeton Dr., Marina del Rey, CA 90291 (1979).

des jambes pour mettre en évidence, et en quelques instants, d'éventuels problèmes de santé.

Nous constatons que des méthodes et techniques simples et efficaces existent et qu'il serait possible que la médecine orthodoxe s'en inspire si elle consentait à quitter sa tour d'ivoire. Ce ne serait que bénéfices pour les mal portants et les budgets. Nous savons cependant que cela n'arrivera pas, pour des raisons très connues et souvent dénoncées par des médecins responsables à travers le monde. Par exemple, et déjà en 1930, le docteur Paul Carton[3] écrivait:

> Finalement, le laboratoire a écrasé la clinique, l'artificiel a primé sur le naturel. La science matérialiste a tué l'art médical et le commerce scientifique a étouffé la conscience chez trop de médecins. C'est l'enseignement matérialiste d'école qui est responsable de la plupart des errements actuels. La polypharmacie et l'escrime des piqûres ont réduit la profession médicale à une œuvre de distribution automatique des soins physiques et chimiques qui se résume en ces mots: droguer, piquer, irradier, couper.

La médecine conventionnelle semble «incurable», et elle le restera tant qu'elle ne se décidera pas à comprendre que, par des modes d'intervention simples et naturels, il serait souvent possible de faire mieux, plus rapidement, sans risque iatrogène[4] et en respectant l'intégrité physique et psychique des mal portants. En «entendant» ce qui suit, par exemple.

Partant du cas de la jeune femme du début, désignée par l'initiale E. dans *Catharsis,* je fus hautement privilégié en découvrant que les problèmes de santé ne peuvent se résoudre totalement qu'à la condition de retrouver la source, le «pourquoi» de ce désordre. En dehors de cette absolue nécessité, toute intervention médicale, ou encore toute méthode dite douce, ne peut être que superficielle. J'ai montré, dans mon livre précédent, que personne n'a jamais guéri

---

3. Cité par le docteur Christian Tal Schaller, de la Fondation Soleil, en Suisse.
4. Iatrogène: qui est provoqué par le médecin.

personne et que nous nous guérissons nous-même dès l'instant où nous reprenons une connaissance consciente des événements et, surtout, des émotions qui sont à l'origine du problème. C'était jeter le pavé dans la mare, mais nous pouvons voir maintenant comment des faits et de nouvelles découvertes cliniques sont venus confirmer mes propos d'alors.

L'une des premières réserves qui furent exprimées après la sortie de mon livre a été: «Oui mais... la guérison sera sans doute très provisoire, comme d'habitude!» Je pouvais comprendre qu'il en soit ainsi puisque, effectivement, les praticiens des diverses approches psychothérapiques se heurtaient très souvent à la fragilité des résultats cliniques. J'avais posé l'hypothèse que ce problème serait résolu grâce à ma Catharsis; nous allons ici en vérifier le bien-fondé.

Voici de quoi il s'agit: pour sa limpidité, j'avais choisi de présenter le cas de A. en premier. Je ne pouvais me douter alors qu'il s'imposerait à nouveau dix ans plus tard, toujours pour la même raison. Dans le but de permettre une bonne compréhension de mon exposé, il me paraît utile de retranscrire ce que j'en disais:

Une urticaire tenace

A. est une célibataire âgée de vingt et un ans à l'époque où son médecin de famille me l'envoie. Depuis qu'elle a sept ou huit ans, elle souffre d'urticaire géante. Au début de la maladie, les éruptions se manifestaient périodiquement. Divers médicaments seront prescrits sans résultat. Au cours des années, la maladie évolue graduellement au point que les éruptions deviennent quotidiennes. La malade est traitée pendant treize ans par divers omnipraticiens et dermatologues. En dernier lieu, elle a même été vue par un psychiatre converti en psychosomaticien, toujours sans obtenir d'amélioration.

N'y tenant plus — c'est elle qui le raconte — elle enguirlande un jour, de belle façon, son médecin habituel; elle lui signifie son refus d'accepter de «rester prise avec ça jusqu'à la fin de mes jours». Elle le somme, puis le supplie de faire quelque chose. Le médecin lui suggère alors de me consulter puisqu'elle n'est plus en mesure de faire confiance à une médecine qui se montre impuissante. Dix jours après, elle est guérie. En fait, *elle* s'est guérie.

Que s'est-il donc passé dans mon bureau pour obtenir si rapidement une guérison manquée pendant tant d'années par des médecins parfaitement compétents? J'ai *recherché la cause sans m'attarder aux symptômes.* C'est un principe tout simple qui veut que l'on s'épuise souvent en vain à traiter un symptôme (dermatose, ulcère, diarrhée, etc.) si l'on ne trouve pas le pourquoi de cette somatisation. J'ai donc fait «parler» son subconscient pour connaître le «pourquoi» de la maladie. Ce qu'elle m'a raconté est une histoire somme toute assez banale: la petite fille qu'elle est alors est une élève particulièrement brillante; c'est aussi une enfant douce, disciplinée. Une enfant qui ne fait pas de vagues. Sa soeur, plus jeune, requiert au contraire toute l'attention de maman; au point que l'aînée se sent délaissée.

Un jour, pour attirer l'attention, elle décide qu'il faudrait qu'elle soit malade; ainsi on s'occupera enfin d'elle aussi. Elle se souhaite une maladie, mais elle ne voudrait pas que ce soit douloureux (elle avait d'abord songé à se casser une jambe!). Que faire? Elle se souvient d'avoir eu la rougeole étant plus jeune et décide qu'une maladie de ce genre serait parfaite... Le lendemain elle avait sa première poussée d'urticaire. Elle avait donc réussi à installer elle-même (psychiquement) sa maladie. Puis elle en avait immédiatement occulté le souvenir. Il aura suffi qu'elle retrouve ce souvenir (et revive son intensité dramatique) dans mon fauteuil pour *être guérie à l'instant même.*

Dans ce cas type, choisi pour sa limpidité, la relation de cause à effet est évidente. Une fillette, qui croit avoir épuisé les moyens d'attirer l'attention sur son besoin d'affection, souhaite et obtient d'être malade de la façon qui, à l'époque, lui convient le mieux. Mais, et ceci est capital, l'enfant sait parfaitement bien que son projet a quelque chose d'inavouable. Si bien que, pour éviter un cas de conscience, elle se détourne du problème en «oubliant» le tout. En somme, elle occulte le souvenir en le chassant de sa mémoire consciente pour le reléguer dans le subconscient. Ainsi, elle pourra être «sereinement» malade.

La question qui s'impose maintenant est la suivante: puisque la malade a atteint son but, pourquoi la maladie ne disparaît-elle pas peu de temps après? La réponse est assez facile: l'occultation est un piège. Le subconscient n'analyse pas; c'est une sorte de robot qui applique aveuglément la consigne reçue, tant et aussi longtemps qu'une nouvelle information ne viendra pas changer l'ordre déjà enregistré. Nous avons vu que A. s'était donné à elle-même l'ordre d'être malade. Nous avons également vu que la remontée du souvenir vers le conscient était suffisante pour annuler l'ordre donné treize ans plus tôt. Mais quelle est la nature de la nouvelle information qui a entraîné la guérison[5]?

Une rechute!

J'avais recommandé à cette jeune fille de dire à sa mère le pourquoi de sa maladie. Trois raisons justifiaient cette demande: a) la cause n'était pas d'ordre confidentiel (pas «honteuse»!); b) la «confession» de la pensée «punitive» assurait un complet débarras du sentiment de culpabilité; c) la mère serait certainement soulagée de savoir pourquoi et comment sa fille était enfin guérie après tant d'années de tâtonnements et d'inquiétudes.

Quelques mois plus tard, A. vint m'annoncer qu'elle partait travailler à l'étranger pour plusieurs mois. Elle en était très heureuse mais elle me confiait en même temps sa préoccupation de quitter sa mère qui, paraît-il, était trop portée à s'inquiéter pour la sécurité de ses enfants. Je demandai à ma jeune cliente si elle avait informé sa mère au sujet de la Catharsis: elle ne l'avait pas fait de peur que la maman se culpabilise, même quatorze ans après! J'insistai encore pour qu'elle le fasse avant de partir, mais elle hésitait.

---

5. La réponse se trouve tout au long de *Catharsis, le tunnel qui conduit à la guérison.*

Connaissant toute l'histoire de sa Catharsis, je savais bien la facilité que A. pouvait avoir à se culpabiliser. Comme elle s'informait du risque qu'une poussée d'urticaire puisse tout à coup ressurgir alors qu'elle était loin, je lui appris une méthode simple qui lui permettrait probablement d'identifier un éventuel stress (je ne savais rien encore de l'inhibition de l'action). Ainsi, elle pourrait apprendre de son subconscient la raison d'une quelconque maladie pouvant survenir.

Trois mois après, je reçois une lettre me donnant son adresse et son numéro de téléphone. Elle écrit:

> Je suis très heureuse d'être ici. Ça fait beaucoup de bien. Je crois sincèrement que ce fut la meilleure décision de ma vie.[...] MAIS, je suppose que tout ne peut être parfait, mon urticaire me cause des problèmes. Eh oui! Heureusement que vous m'avez montré comment faire pour trouver le problème. Ça m'est arrivé déjà cinq ou six fois et, cette semaine, je me suis tapé une bonne crise. Résultat: 2 jours enfermée dans ma chambre. Les autres fois, je réussissais toujours à trouver le problème; cette fois aussi pourtant, mais peut-être que le processus physique était déjà enclenché. Est-ce possible? Les causes sont toujours plus ridicules les unes que les autres (ex.: invitation manquée).
>
> Comment se fait-il que tout m'affecte ici? Je ne m'inquiète pas trop, je sais comment faire pour me soigner (sauf pour la grosse crise où j'avais trouvé, mais ça continuait à enfler très rapidement). Ça m'intrigue. Je compte sur votre discrétion habituelle, je ne voudrais pas que ma mère apprenne cela, elle s'inquiéterait trop, elle me ferait rentrer par le premier avion.

Elle ne s'en doutait pas, mais elle avait donné la réponse dans sa lettre en parlant de sa mère. Je lui téléphonai sans attendre (les distances ne comptent vraiment pas dans un tel cas), et elle me confirma qu'elle était très mal en point, comme avant sa Catharsis. Je lui fis part de mon opinion, en disant qu'elle se sentait peut-être coupable d'être trop bien, même loin de sa mère. Puis je lui demandai d'aller voir son tunnel. Il y avait un obstacle qui l'empêchait d'arriver à la sortie. Je fis alors verbalement comme au bureau et, immédiatement, elle retrouva des pensées qu'elle refoulait depuis son arrivée: elle imaginait sa mère inquiète! Immédiatement, le tunnel se libéra et elle put accéder sans problème à son resplendissant paysage. Tout venait de rentrer dans l'ordre.

Quelques jours après, une autre lettre arriva:

> Juste un petit mot pour vous remercier de votre appel de cette semaine. Je l'ai grandement apprécié. Vous m'avez impressionnée et épatée quand vous m'avez appelée avec la solution. Vous la saviez avant de me parler et moi, ça fait trois mois que je me creuse les méninges pour trouver! Ça va effectivement mieux. Maintenant, si ça recommence, je vais essayer de vous téléphoner, je ne vais pas le supporter trois mois alors que ça peut prendre quelques minutes à se régler.

Elle n'eut pas à me rappeler et quand elle vint me saluer au bureau à la fin de son séjour lointain, elle confirma que tout s'était résorbé en quelques jours et qu'elle n'avait plus eu de poussée d'urticaire depuis. Je lui expliquai que cela ne serait pas arrivé si, comme je le lui avais demandé, elle avait dit à sa mère le fameux «secret» de sa maladie quand elle était enfant. Je lui assurai que c'était nécessaire et, pour lui faciliter les choses, je lui prêtai la partie du manuscrit qui raconte son cas. Comme je m'y attendais, la maman lui dit son soulagement de savoir enfin le «pourquoi» et le «comment» trouvés en Catharsis.

Nous sommes toujours dans la citation, cela continue ainsi: Je tenais à raconter cette «rechute» pour montrer une chose très importante que je n'ai comprise qu'après avoir appris les travaux de Laborit: rien ne peut nous mettre à l'abri d'une inhibition de l'action si nous ne l'identifions pas ou si nous n'agissons pas pour nous en dégager. Quelque chose n'avait pas été fait par A. après sa Catharsis: elle n'avait pas rejoint son plan d'harmonie, son niveau spirituel. Elle s'était guérie, mais elle installait en même temps une nouvelle inhibition qui la rendait vulnérable aux rechutes. Ce n'est qu'après son retour qu'elle réussit à *se pardonner totalement* pour sa «faute» d'enfant. Cela lui fut possible quand elle vérifia combien sa mère était soulagée de comprendre enfin.

Et voici l'hypothèse qui faisait immédiatement suite:

Est-ce à dire que jamais plus, quoi qu'il arrive dans sa vie, A. ne risque d'avoir une poussée soudaine d'urticaire? Personne ne peut le dire avec certitude, mais je pense que cela pourrait arriver. Son organisme est marqué de l'empreinte «urticaire», c'est son point faible; il est donc probable qu'en cas de nouvelle inhibition chronique, c'est par ce point faible que la somatisation se manifesterait. Mais ce ne serait jamais que passager, il suffira qu'elle s'adresse à quelqu'un formé en Catharsis (glaudienne) pour que l'inhibition soit identifiée et levée en quelques minutes.

Confirmation dix ans plus tard

J'étais pratiquement sans nouvelles de A., sauf quand une personne venait me consulter sur sa recommandation. Et soudain, dix ans après sa Catharsis, un appel au secours sur mon répondeur téléphonique: elle avait une poussée d'urticaire aussi importante qu'avant sa démarche et cela l'affolait. Je la reçus en urgence le soir même... et une semaine plus tard, le 2 novembre 1990, elle venait raconter devant mes stagiaires d'alors ce qui s'était passé, le tout enregistré sur vidéo avec son consentement. En voici une adaptation libre, mais conforme en tout point à sa déclaration:

> J'ai fait une Catharsis en 1980 et une rechute en 1982. Après ça ce fut le bonheur total pendant huit ans. J'étais contente, je pensais que c'était du passé. J'utilisais un moyen que je pensais à la portée de tous: si, par exemple, j'avais un malentendu avec quelqu'un, je ressentais comme un malaise, un inconfort. Alors, sans aller dans le tunnel, je m'asseyais bien tranquille et me disais: «qu'est-ce qui ne va pas?» Ça pouvait être en faisant la vaisselle ou en conduisant la voiture... Selon moi, c'était du conscient, je réfléchissais à ce qui avait pu accrocher. Je revoyais les événements de la veille ou de la journée et, hop, quand ce

qui avait dérangé «passait devant moi», je ressentais le petit pincement un peu plus prononcé. Je travaillais mentalement avec ça, j'évaluais si c'était important ou pas... Ça ne prenait pas plus de trois minutes et tout rentrait dans l'ordre. Je n'avais jamais revu mon tunnel, je ne pensais plus à la Catharsis; cela allait tout simplement de soi et j'imaginais que tout le monde pouvait en faire autant. C'est seulement depuis ces derniers jours que j'ai dû admettre que je bénéficiais, grâce à la Catharsis, de la capacité de mettre mon conscient et mon subconscient en dialogue.

Il y a environ quatre semaines, je me suis levée un matin avec une petite éruption sur la lèvre. J'ai fait comme d'habitude et j'ai trouvé pourquoi. Cela s'est encore reproduit trois ou quatre fois et je trouvais toujours facilement la cause. Mais, il y a une semaine, ce fut la catastrophe: lèvres, yeux et front gonflés comme aux pires jours d'il y a dix ans. Je me suis de nouveau installée pour «réfléchir» et le tunnel s'est soudain imposé. Il y avait huit ans que je ne l'avais pas vu. Je me suis dit que s'il s'imposait c'est qu'il y avait quelque chose de plus sérieux à savoir et j'y ai trouvé des portes nouvelles, jamais vues auparavant. J'ai voulu m'en servir mais rien à faire, c'était sans doute trop important pour que je puisse arranger ça toute seule... et j'ai appelé M. Glaude.

A. est maintenant mariée et mère de deux fillettes. Son mari ayant perdu son emploi quelques semaines plus tôt suite à une fermeture d'usine, ils envisagent de quitter la région pour s'installer là où un travail de sa compétence serait disponible. Des amis et connaissances abondent dans le sens de cette logique et disent qu'il est dans l'ordre des choses de «s'expatrier» quand la nécessité le commande. Bref, A., toujours très rationnelle, n'y trouve rien à redire et s'il arrive que quelqu'un manifeste de la compassion par rapport à leur situation, elle trouve des arguments optimistes qui banalisent le problème.

Dans mon fauteuil, c'est sans difficulté qu'elle retrouve son tunnel et qu'elle franchit une première porte. Elle entre immédiatement en régression: vers l'âge de dix ans, elle est passagère sur une motoneige conduite par un oncle. Elle n'est pas à son aise, elle ne trouve rien d'amusant à se faire secouer sur ce bruyant engin; elle y fait un tour parce que tout le monde dit que c'est amusant et qu'elle ne voudrait pas déplaire ou se faire remarquer en refusant. Ce n'est vraiment pas drôle et, tournant la tête, elle épie les réactions de ses deux petites soeurs assises sur un traîneau tiré par la même machine infernale. Elle imagine qu'elles sont aussi inconfortables qu'elle-même, sinon plus; et elle se reproche de les avoir engagées, par son exemple, dans cette mésaventure!

La régression se termine ainsi... et elle fait immédiatement le lien entre cet événement et sa situation présente. En effet, tout le monde trouvait normal de s'amuser sur une motoneige, comme maintenant on trouve normal de déménager pour obtenir un emploi. Et dans les deux cas elle est soumise aux mêmes tensions. À dix ans, elle craint que ses petites soeurs souffrent par sa faute, parce qu'elle les aurait incitées à faire comme tout le monde. Persuadée que les petites sont traumatisées, elle se sent coupable de les avoir entraînées! Et maintenant, elle redoute que ses deux filles soient traumatisées à leur tour en étant éloignées de ce qui fut leur environnement depuis leur naissance. Ce serait encore de sa faute puisqu'elle acceptait l'éventualité du déménagement comme allant de soi, conformément à l'avis général!

Comme on le voit, A. reste tributaire du système familial; sa façon d'évaluer une situation et d'y réagir se conforme aux règles du milieu: sa rechute de 1982 était due à la crainte que sa mère soit perturbée du fait qu'elle soit partie travailler à l'étranger et elle fait maintenant la même projection à l'égard de ses filles. C'est au niveau de l'intensité émotive que tout se joue, comme il y a dix ans. Les deux ou trois régressions suivantes furent de la même eau. Mais, au fur et à mesure que nous progressions, A. me disait sentir que son visage gonflait davantage et que ça chauffait de plus en plus, au point qu'elle demanda l'arrêt de la séance. Même si une dernière porte restait à explorer. Les éruptions étaient effectivement énormes et pourtant nous n'étions inquiets ni l'un ni l'autre. Nous étions d'accord pour penser que le processus d'élimination avait été accentué par le travail que nous venions de faire et que c'était tant mieux si son organisme réagissait ainsi. Je ne cacherai pas que j'avais quand même hâte d'avoir des nouvelles le lendemain matin!

> Pendant la soirée, j'ai constaté que mon visage désenflait. J'ai cherché à savoir ce qui se cachait dans cette dernière porte et cela a continué ainsi toute la nuit. Je suis peut-être retournée 50 fois devant cette porte, je trouvais des choses mais sans jamais atteindre l'essentiel. Je finis par m'endormir et je constatai au petit matin que si les enflures de la veille avaient disparu, une autre était apparue à gauche sur la lèvre supérieure. J'ai appelé M.Glaude à la première heure. Il est intervenu par téléphone, comme il l'avait fait quand j'étais à Eleuthéra; cela n'a pris que cinq minutes et j'ai retrouvé mon resplendissant paysage. Mais j'enrageais d'avoir eu à subir cette forte poussée, d'autant plus que ce qui avait été révélé par le franchissement des portes était très banal. Je dois dire aussi que c'est l'aspect esthétique de l'urticaire qui m'irrite. Je me disais que si j'avais un ulcère d'estomac ou si je souffrais d'insomnie, cela ne m'empêcherait pas d'aller faire mes courses, personne ne le saurait.

Nous avions convenu que A. me donnerait des nouvelles pendant quelques jours, afin de vérifier si tout était bien rentré dans l'ordre. Deux ou trois jours plus tard, elle me dit: «J'en ai une bonne à vous raconter. Je viens de passer une nuit blanche, dérangée par des brûlements d'estomac très intenses; c'est la première fois de ma vie que je connais ça!» Elle n'avait pas besoin d'explication, son subconscient lui avait fait savoir que l'insomnie et les maux d'estomac lui seraient encore bien moins supportables que son urticaire.

Tout était donc rentré dans l'ordre... ou presque. L'urticaire n'était plus pour elle un problème grave, aucune poussée spectaculaire, mais elle devait le contrôler presque quotidiennement en allant explorer son tunnel. Elle y trouvait des signes symboliques qui la confrontaient à un très fort sentiment d'insécurité face à l'avenir, dont elle n'avait pas conscience avant parce qu'il était «caché» par une autre crainte liée au déménagement et au désarroi appréhendé de ses filles. Elle exprima ce nouveau sentiment ainsi, par téléphone:

«Si l'on pouvait m'assurer que mon mari aurait du travail, même si c'était seulement dans six mois, je sais que je n'aurais plus besoin du tunnel pour éviter un retour des éruptions; malgré moi et à cause de cette incertitude je me sens fragile.»

Nous en arrivions à l'écueil désespérant d'une situation très concrète installant une ***inhibition de l'action*** paralysante. Dans de tels cas, l'intervenant voudrait posséder le pouvoir magique de procurer au mari le travail qui lui convient et, ainsi, lever la lourde hypothèque inhibitrice. N'ayant rien d'autre que de la compassion et des paroles optimistes à offrir, on touche aux limites de la capacité à aider autrement que par une psychothérapie dite de soutien.

Deux mois plus tard, A. me rappelle pour m'annoncer joyeusement que tout allait merveilleusement bien: son mari avait trouvé un engagement permanent, bien rémunéré, exactement ce qu'il cherchait. Toute la famille déménageait et la vie était belle. L'inhibition causée par l'incertitude de l'avenir fut donc levée à l'instant où ils eurent la nouvelle d'un emploi assuré. La «fragilité» disparut immédiatement et tout risque de nouvelle poussée d'urticaire fut écarté… jusqu'au jour où, dans quelques années, une nouvelle situation à forte densité émotive viendrait réveiller le monstre. Je suis assuré que, dans l'éventualité de cette situation, A. s'empresserait de consulter quelqu'un de notre Corporation. Comme quoi il est vrai que, en matière de santé, rien n'est jamais définitivement acquis, mais que l'important c'est de savoir comment résoudre rapidement une réapparition de symptômes.

Un cas didactique

Le cas de A. que nous venons de voir est typiquement un cas didactique. Il montre combien peuvent être imbriqués le passé et le présent, au point qu'il est impossible à la personne perturbée d'y voir clair sans aide extérieure. Il est certain qu'il n'y aurait pas eu un retour de l'urticaire sans cette situation inhibitrice, mais il est également certain que cette urticaire aurait persisté de plus en plus intensément jusqu'à la levée de l'inhibition si l'on n'avait pas eu l'occasion d'éliminer l'incidence du passé dans un premier temps, grâce au tunnel. On voit donc bien la nécessité de «liquider» les impacts du passé pour obtenir une très forte diminution d'un symptôme (qui est une guérison en sursis) avant d'atteindre la guérison complète quand les circonstances de la vie permettent de sortir enfin d'inhibition de l'action s'il y en a une. Mais s'il n'existe pas ce genre d'inhibition contemporaine, la guérison est immédiate, dès la sortie dans un paysage parfait.

Il est nécessaire de rappeler, comme je l'écrivais dans l'introduction, que «...le subconscient travaille à l'économie et qu'il ne fait émerger vers le conscient que les événements et émotions liés qui sont *concernés par les problèmes à résoudre au moment où l'on entreprend une démarche.* Cela veut dire que l'on ne peut savoir avec certitude si tout le passé traumatisant a été désocculté, mais que ce qui reste éventuellement non révélé n'a aucune incidence sur l'état de santé actuel de la personne qui consulte.»

Nous venons de voir ce qu'il peut advenir quand une situation tout à fait nouvelle survient après huit ans sans problème avec, en plus, l'illustration des effets «retardataires de complète guérison» d'une inhibition de l'action contemporaine.

En résumé

Ce cas type résume parfaitement ce qu'est ma Catharsis. Il va permettre de dégager toutes les composantes majeures qui en font l'originalité et, dans un deuxième temps, de démontrer en quoi elle diffère fondamentalement de la méthode cathartique de Breuer puis de Freud.

— Au point de départ il y a une pathologie, l'urticaire, que 14 années de soins médicaux n'ont pu résoudre malgré la qualification professionnelle des intervenants. Tout de suite une évidence: la médecine ne possède ni toutes les connaissances, ni toutes les méthodes thérapeutiques; elle n'est donc pas en droit de prétendre au monopole de la compétence en matière de santé, c'est une question d'équité.

— Cette pathologie résultait de traumatismes émotifs de l'enfance et ce sont *des sentiments de culpabilité occultés* qui en sont le ressort. Les divers médecins ont cherché, comme d'habitude, à soigner le symptôme au lieu de soigner la malade; ils ne pouvaient réussir puisque, négligeant le «pourquoi» de cette maladie, ils cherchaient seulement «comment» soigner son urticaire en respectant les règles usuelles de leur profession: prescrire les médicaments réputés efficaces.

— Écoeurée, leur patiente en intense souffrance morale (son urticaire n'est pas physiquement très douloureuse), échoue, désabusée, chez un non-médecin que son généraliste lui suggère. Elle se dit n'avoir rien à perdre, hormis de l'argent, mais elle est dubitative. C'est son intense besoin d'être guérie qui cependant l'emporte. *(C'est une condition majeure pour trouver le courage de se soumettre à une «confession» totale, sans faux-fuyant.)*

— Après une vingtaine d'heures passées dans mon fauteuil, elle débouche du tunnel dans un paysage «parfait», son urticaire disparaît en quelques heures, pour ne pas dire quelques minutes. *Elle s'est guérie.*

— Deux ans plus tard, unc situation nouvelle survient (et qui n'existait pas au moment de sa cure). Elle a quitté sa famille et considère que ce fut la meilleure décision de sa vie (voir sa lettre plus avant) en faisant l'expérience d'un travail de secrétariat au Club Med d'Eleuthéra, dans les Bahamas. Mais elle se sent coupable d'y être si bien alors que sa mère s'inquiète peut-être beaucoup pour elle. Elle fait une rechute sévère et *le problème se règle en quelques minutes* quand j'interviens par simple appel téléphonique.

— Pendant huit ans, aucun problème: mariage heureux, deux accouchements faciles. Comme tout le monde, elle a des préoccupations occasionnelles, des incertitudes, de petites angoisses. Sans savoir qu'elle se sert d'un «outil» forgé en Catharsis, elle règle ces cas courants en «réfléchissant», comme elle le dit. En réalité, elle est en prise directe avec son subconscient, ce qui lui permet de rester toujours en harmonie. Elle ne sait donc pas qu'elle a acquis, pendant sa cure avec moi, les mêmes facultés que les sages orientaux qui mettent souvent des dizaines d'années de travail sur soi pour atteindre à *l'harmonie des trois plans physique, psychique et spirituel.*

— Dix ans après sa Catharsis, une autre situation inédite vient perturber ce bel équilibre. Elle ne parvient pas à décoder les messages de son subconscient. Son organisme sonne l'alarme en provoquant une sévère poussée d'urticaire. C'est l'apparition soudaine de son tunnel qui lui fait prendre conscience qu'elle a besoin d'être aidée et elle reprend contact avec moi, confiante que nous trouverons ensemble la solution.

— L'urticaire disparaît dès que le lien se fait entre d'anciennes émotions occultées (culpabilité) et celles qui l'habitent maintenant. Ce qui confirme une fois de plus l'incidence du passé sur le présent. Les régressions libératrices, en la débarrassant de l'encombrant passé, lui permettent de prendre conscience qu'un autre sentiment d'insécurité est lié strictement au présent: l'incertitude quant à l'avenir.

— De ce fait, il subsiste quand même une «fragilité» indiquant que sa nouvelle guérison n'est qu'en sursis. Il faudra *que l'inhibition de l'action soit levée* pour que la guérison soit confirmée sans l'ombre d'un doute. Ce qui arrive dès que le mari retrouve du travail.

Commentaires

Ce cas est pour moi une véritable aubaine puisqu'il m'a permis de vérifier, dix ans après, que les hypothèses découlant de la trouvaille du tunnel étaient justes. La Catharsis glaudienne tient ses promesses et cela confirme l'espoir de guérison rapide affirmé dans mon premier ouvrage. Cependant, je n'ai pas toutes les réponses et la recherche continue, en particulier sur les cas dits «psychiatriques».

À vrai dire, depuis 1977, j'ai chaque jour eu l'impression d'apprendre ou de comprendre quelque chose de plus. Surtout grâce aux personnes qui m'ont fait l'honneur de me consulter, mais aussi aux professionnels de la santé qui se sont inscrits à mes cours. Ces personnes m'ont appris, souvent à leur insu et mieux que quiconque aurait pu le faire, que la relation d'aide est et restera un art qui surplombe les théories.

Avant la publication de *Catharsis,* j'avais surtout eu des cas de névrose à résoudre, comme on a pu le constater à la lecture de l'ouvrage. Mais, assez curieusement, ce livre provoqua un afflux de cas plus diversifiés que les simples «psychosomatiques évidents», en particulier des cas de mal être, de burn-out et, surtout, de «dépressions plus ou moins graves». C'est ainsi que j'appris la pudique et prudente habitude prise par les psychiatres d'annoncer aux familles un vague diagnostic de «dépression» pour à peu près tout désordre de nature psychique.

Un large et enrichissant tournant clinique fut donc pris par la force des choses. Ce qui permit de vérifier que la même «loi» s'appliquait dans pratiquement tous les cas de désordre de santé qui nous étaient soumis: l'origine remonte alors toujours à l'enfance et c'est toujours un incident fortuit qui, quelques années plus tard, réactive les émotions occultées et provoque la maladie. Cette maladie ne dépend pas du genre des événements vécus, elle résulte des facteurs génétiques propres à chaque individu. Force fut donc de constater que la Catharsis glaudienne était susceptible d'être efficace pour la résolution de tous les problèmes de santé, physique ou psychique, si des occultations infantiles majeures en étaient l'origine.

Notre méthode d'évaluation, tout à fait originale, aura largement fait ses preuves au cours des ans. Elle permet de savoir, pratiquement à coup sûr, si un cas relève d'événements occultés. Les traditionnelles classifications psychopathologiques, aujourd'hui très sujettes à caution, ne viennent dès lors pas «obscurcir» et «orienter» le travail clinique. Le fait de coller à quelqu'un une «étiquette-diagnostic» emprisonne les thérapeutes et leurs patients dans un carcan réducteur. Si le diagnostic est faux — ce qui arrive assez souvent — toute la démarche est fausse. La seule façon de ne pas se tromper, consiste à accepter de reconnaître — *avec modestie* — que c'est seulement le subconscient de la personne consultante qui sait. C'est une règle fondamentale en Catharsis glaudienne.

Notre recherche continuelle ne se limite pas seulement à repousser les «limites» des possibilités d'intervention. J'ai personnellement le souci de trouver des moyens cliniques permettant de réduire davantage la durée d'une démarche. C'est ainsi que je fus amené à utiliser l'audio-visuel pour contourner certaines résistances, grâce à l'effet «déclencheur» provoqué par des visionnements sur un large écran vidéo. Cette recherche m'a permis, par essais-erreurs, de constituer une vidéothèque qui ne cesse de s'enrichir. Grâce à quoi, la durée moyenne d'une démarche est généralement réduite de plusieurs jours. C'est pourquoi des cas se résolvent maintenant en deux à quatre ou cinq semaines, au lieu de trois à six semaines, comme auparavant. Il reste cependant une *minorité* de cas qui ne peuvent se résoudre dans ces limites de temps.

Quelques autres approches alternatives, physiques ou psychiques, font occasionnellement émerger des émotions refoulées, ce qui contribue au relâchement des tensions et, donc, apporte un soulagement de certaines angoisses. C'est excellent comme solution provisoire et beaucoup de consultants s'en trouvent bien. Cela peut même suffire dans les cas où les tensions résultent de situations contemporaines n'ayant aucun lien avec le passé. Le problème, car il y en a un, c'est quand une émotion surgit hors contexte, c'est-à-dire quand l'événement source n'est pas revécu *en même temps* que l'émotion, que cette dernière reste d'origine inconnue.

J'ai plusieurs fois eu l'occasion de recevoir des personnes qui, pendant plusieurs mois, avaient crié, pleuré, gesticulé au bureau de thérapeutes sans que, finalement, le problème de base soit réglé puisque, d'une séance à l'autre, c'étaient les mêmes cris, pleurs et gestes qui se reproduisaient sans cesse. C'était le signe que le subconscient cherchait à signaler un fait majeur mais que la technique utilisée n'était pas adéquate. En Catharsis glaudienne, le «message» passe, l'événement est identifié et revécu, ainsi que le pourquoi et le mode d'occultation.

La méthode cathartique

Les lecteurs de mon précédent livre auront compris que ce à quoi ressemble le plus ma Catharsis est la psychanalyse. Je suis toujours un peu embarrassé quand quelqu'un ne m'ayant pas lu me demande de dire brièvement(!) à quoi comparer cette Catharsis. Impossible alors de ne pas nommer Freud, bien que le rapprochement soit biaisé. C'est pourquoi je m'empresse alors de préciser que mon approche est impérativement non analytique, non freudienne dans son mode clinique et que, de toute façon, ses prémices sont antérieures à la psychanalyse. Je ne suis jamais certain que cette explication soit comprise. Mais comment répondre brièvement à une telle question alors que mon premier ouvrage, pour tenter d'y répondre, comptait 262 pages imprimées en petits caractères?

Il arriva un jour qu'une psychologue distinguée et farouchement freudienne tenta, au cours d'un exposé, de montrer la différence existant entre la méthode cathartique freudienne et ma Catharsis. Le tout ayant été enregistré, la transcription en est aisée.

> La grande différence réside dans l'orientation que Freud a donné à sa méthode. On peut se poser la question: pourquoi Freud a-t-il abandonné la méthode cathartique? Il l'a abandonnée pour aller vers les rêves et les associations libres. Donner une réponse simple à ça ne me paraît pas réel. Certains ont dit que c'était parce qu'il n'était pas habile avec la méthode. Je ne le crois pas. Je pense qu'à l'époque, Freud avait déjà découvert l'importance de la sexualité infantile pour le développement d'un adulte et que c'était alors bien malaisé de l'exprimer ouvertement. Donc il était pris avec une découverte qui le rendait «pas très bien». À cette époque-là son père est mort, il avait 80 ans; Freud en avait 40. Il en eut un choc épouvantable qu'il ne comprit pas vraiment. Il commença alors ce que l'on a appelé son autoanalyse. Et il s'est consacré à l'étude de ses rêves. C'est tranquillement, je dirai par son propre vécu, qu'il est allé vers les rêves et les associations libres, plutôt que de s'en tenir à la méthode cathartique.

Je pense qu'il avait autre chose à découvrir[6]. Je pense aussi que les symptômes... si l'on pense par exemple au cas d'Anna O.[7], qui était incapable de boire dans un verre d'eau, même en pleine canicule... À un moment donné, il l'a reçue dans son bureau et elle a été capable de boire quand elle s'est rappelé qu'elle avait vu la gouvernante faire boire son chien dans un verre. Elle avait été prise de dégoût et, à partir de là, elle avait arrêté de boire. Jusqu'ici ça va bien: après s'être rappelé de ça, elle a pris un verre et s'est remise à boire. Mais, au moment où l'on se parle, on dirait plutôt que c'est la manifestation actuelle d'un problème plus ancien. Et si elle a eu tant de dégoût à voir boire un chien, c'est parce que derrière ça il y avait autre chose. Mais Freud, à cette époque-là, s'arrêtait là où le symptôme disparaissait[8].

Alors, la constance des manifestations rencontrées ne se révélait pas avec autant d'importance étant donné qu'il n'avait pas récuré la mare à fond, il n'était pas allé à la source du problème qui était manifesté. Cela peut être une autre explication pourquoi Freud s'est un peu déplacé de la catharsis pour s'orienter vers une méthode d'associations libres, encore pratiquée aujourd'hui sous le nom de psychanalyse. En Catharsis glaudienne, on va récurer plus loin. Au lieu de s'occuper du moment de l'apparition du symptôme, on va s'occuper de sa signification.

Voilà une réponse qui n'est pas de mon cru et qui a l'avantage de situer historiquement le virage majeur pris par Freud et qui, à mon sens, fut une erreur, comme je l'ai déjà écrit. La clé pour comprendre ce virage est peut-être moins la mort du père (homme pervers) que son embarras en constatant d'évidence les situations incestueuses vécues par les filles de ses amis ou relations; sans compter les indices lui ayant peut-être fait soupçonner que le fils de son ami Fliess

6. Souligné par moi.
7. Plus de détails sur ce cas, page 50 de *Catharsis*. Il est à noter que l'incident du verre avait seulement éliminé une phobie et que le cas d'Anna O. (Bertha Pappenheim) ne fut jamais complètement résolu par Freud.
8. Comme cela se passait chez Charcot, à Paris.

vivait la même chose. Les mentalités de son époque ne lui permettaient pas de parler librement de la sexualité infantile. Même de nos jours ce sujet embarrasse bien des gens. Cependant, par souci d'objectivité, il en sera très largement et librement question dans ces pages, au point d'y consacrer un long chapitre.

Revenons à la méthode cathartique. Il arrive à l'occasion qu'une personne fasse une régression au cours d'une quelconque thérapie psychique ou physique. Cela arrive aussi en psychanalyse (abréaction). On dit alors — abusivement — que le sujet vient de faire une catharsis parce que ce revécu, en dégageant une certaine charge émotive, libère immédiatement la personne concernée d'une bonne dose d'angoisse; ce qui nous ramène au cas d'Anna O. C'est donc ça que l'on veut dire quand, en psychanalyse, en psychologie, en psychiatrie on parle d'un *effet cathartique;* il s'agit seulement de la remémoration d'un seul incident, obtenue par suggestion directe ou indirecte. C'est, par exemple, une réponse donnée par le subconscient à une douleur physique précise, à un mot-clé, une association; une suggestion sous hypnose ou à l'occasion d'un psychodrame.

Par définition, l'effet thérapeutique recherché par la méthode cathartique résulte d'une suite de *plusieurs* catharsis. Or, par définition toujours, le mot grec «katharsis» signifie *purification*. Dès lors, Breuer et Freud ont utilisé le mot «catharsis» abusivement puisqu'ils voulaient désigner ainsi *un seul* des éléments d'une série. Or, le fait de débusquer un élément ne *purifie* pas l'ensemble.

La Catharsis glaudienne

En référence à ce qui précède, il est clair que ma Catharsis est une méthode cathartique, si l'on entend par là une méthode qui conduit *à la purification* physique et psychique. Elle est d'une tout autre essence que la méthode analytique, elle en est même pratiquement le contraire sur le plan clinique, comme on le verra.

J'ai voulu redonner sa véritable signification au mot Catharsis, que j'écris avec une majuscule afin de le signaler. Et pour lever toute ambiguïté, l'usage y a ajouté mon nom. Toujours par souci de clarté, j'appelle «désoccultation» le moment où l'on se remémore un événement (et les émotions qui y sont liées) qui avait été refoulé dans le subconscient, caché au conscient, donc «occulté». Et c'est par «régression» dans le temps (évolution vers le point de départ) que l'on retrouve l'événement occulté. Anna O. avait *occulté* le souvenir de son dégoût en voyant le chien boire dans un verre et, par *régression,* elle a connu une *désoccultation* libératrice.

Faut-il rappeler que la Catharsis glaudienne a pour objectif de débusquer tous les souvenirs occultés responsables d'un problème de santé et que c'est dans un tunnel mental que l'on rencontre les symboles indiquant l'existence d'événements à désocculter? C'est l'arrivée dans un paysage aux caractéristiques très précises qui indique que l'objectif est atteint, que la purification est obtenue.

Une autre caractéristique qui fait que cette méthode est totalement originale, c'est l'utilisation des chakras comme déclencheurs de régression quand le conscient installe une trop grande résistance empêchant une désoccultation. Les transferts d'énergie au niveau des chakras, par imposition des mains, font partie intégrante de notre méthodologie. En effet, nous sommes à la fois corps et esprit, et prétendre que le corps ne possèderait pas ses propres signaux messagers serait une sottise. Imaginez quel piètre médecin serait celui qui se limiterait à des examens physiques, sans se préoccuper du psychisme de son patient. Ce serait comme s'il niait que le psychisme a, lui aussi, ses signaux messagers. Il serait donc aberrant de ne pas considérer psyché et soma comme un tout indissoluble. Et pourtant il a toujours été de règle théorique, en analyse ou en psychologie clinique, de redouter les contacts physiques comme la peste. C'est une restriction qui prive les cliniciens d'un moyen d'accès efficace, souvent indispensable, aux désoccultations. Henri Laborit (*L'Actualité médicale*, octobre 1990) dit que:

> La maladie dépend de nos comportements antérieurs. Bien sûr, il est bon de dispenser aux étudiants en médecine des cours de psychologie. Mais il faut savoir que la psychologie ne travaille qu'à un seul niveau d'organisation, celui du langage. C'est utile certes, mais il faut aller plus loin. Même si le médecin connaissait tout, il ne saura jamais ce que le patient a mis dans son cerveau depuis son enfance. Lui-même en est inconscient. Quand bien même en parlerait-il par la psychanalyse, il utiliserait un langage, et ce langage est biaisé.

Un autre point méthodologique qui confirme l'originalité de la Catharsis glaudienne, c'est le rythme des rencontres. J'ai expliqué dans *Catharsis* comment et pourquoi j'avais été amené, par observation et intuition, à conclure qu'il faudrait faire des rencontres d'une durée de trois heures, quatre ou cinq jours par semaine, afin d'éviter au maximum que les résistances trouvent le temps de trop se consolider. Comme on le voit, nous sommes loin, très loin même, de la méthode analytique.

Pour clore ce chapitre, je voudrais préciser qu'il est clair pour moi qu'une personne qui a fait une Catharsis glaudienne est une personne qui a *complètement* franchi son tunnel, qui a atteint son paysage *parfait* et chez qui *tous les symptômes* ont disparu. En dehors de ces conditions, on peut seulement parler d'une démarche faite *en vue d'atteindre* la Catharsis, c'est-à-dire la purification, le complet récurage de la mare. Quand j'entends dire que quelqu'un a «fait» une Catharsis et que pourtant il n'est pas bien dans sa tête ou dans sa peau, j'affirme qu'il n'a jamais fait qu'une démarche non complétée. Et cela peut arriver pour de multiples raisons, à commencer par une inhibition chronique de l'action, objet des prochaines pages.

CHAPITRE 2

L'inhibition de l'action

Ce n'est pas dans la
connaissance qu'est le fruit,
c'est dans l'acte de saisir.
SAINT BERNARD

Mes lecteurs de la première heure savent toute l'affectueuse admiration que je porte au professeur Henri Laborit, le découvreur du système d'inhibition de l'action. Il est probable que je ne me serais pas résolu à publier si ses travaux n'étaient venus me rassurer sur la validité de la recherche clinique que je menais alors en solitaire. Mais les travaux qui initièrent cette très empirique recherche furent ceux de Hans Selye. Or, agréable hasard(!), Laborit publiait fin 1990 un article intitulé «Les grands mécanismes du stress[1]» où il rapporte ses échanges avec le père du stress avant de résumer l'évolution de ses recherches pour établir les données organiques et biochimiques des effets d'un état de choc comparativement à un état de stress. Pour l'essentiel, il rapporte que, dans le choc, la lésion tissulaire est primitive et la réaction secondaire, alors que dans le stress c'est la

1. *Cahiers de Biothérapie* n° 107, supplément-octobre 1990.

réaction qui est primitive et la lésion tissulaire secondaire. Bref, les deux chercheurs arrivaient finalement aux mêmes conclusions, selon les syndromes étudiés. Je vous ferai grâce d'un contenu touffu, trop savant pour moi, pour en arriver à ce qui nous importe ici. En conclusion, il écrit:

> Cette schématisation des réactions entre système nerveux central, système endocrinien, système immunitaire, système vasomoteur périphérique, permet de comprendre du moins que, pratiquement, l'essentiel des accidents physiopathologiques est sous la dépendance des rapports entre l'individu et son environnement, particulièrement social. S'il existe des facteurs multiples, microbiens, viraux, génétiques, à l'origine des infections et des processus tumoraux en particulier, un système immunitaire efficace est généralement capable d'empêcher leur développement. Sinon, on entre dans la pathologie. C'est le cas lorsqu'un individu n'est plus capable de contrôler son environnement au mieux de son équilibre biologique global, lorsqu'il est en inhibition de l'action.

On savait ça! pourraient s'exclamer certains. Il demeure tout de même que l'auteur de l'article montre, dans la partie historique de l'écrit, le lent cheminement scientifique qui fut le sien pour passer de la thérapeutique des états de choc (1949: cocktails lythiques) à la clinique psychiatrique (1952: chlorpromazine) et que ses recherches sur l'inhibition de l'action perdurent depuis 1974, apportant des conclusions de plus en plus étayées... ce qui semble agacer bon nombre d'irréductibles réductionnistes.

Il est donc une fois de plus confirmé que notre système immunitaire a tout ce qu'il faut pour nous assurer la santé mais qu'il peut être perturbé, au point de nous rendre malade, par notre environnement, particulièrement social. Ce qui veut dire par les autres, le plus souvent nos proches comme nous le verrons.

Être en inhibition de l'action pour une courte période n'a rien d'alarmant. Il arrive à tout le monde de se trouver, à l'un ou l'autre moment, démuni dans certaines situations. Rappelons que cette inhibition se traduit par l'impossibilité d'agir, l'incapacité de fuir ou d'attaquer: un patron ou un conjoint qui fait un éclat verbal, un ascenseur qui tombe en panne, un avion en retard, un adolescent qui tarde à rentrer le soir sont des situations où nous pouvons nous sentir totalement démunis pour quelques instants; nous sommes en inhibition de l'action.

Mais, selon notre tempérament, nous réagissons soit, dans le premier cas, en tournant les talons (fuite) ou en répliquant (attaque). Dans l'ascenseur, la fuite physique est impossible, l'attaque oui: coups de poings contre la porte, colère contre le fabricant de l'appareil... ou des fournisseurs d'électricité. Toujours dans l'ascenseur, la fuite mentale peut aussi être une réaction adéquate; plutôt que s'affoler, certaines personnes en profiteront pour s'évader mentalement de la situation en se remémorant des souvenirs agréables ou, par fantasme, imagineront des situations gratifiantes. Les possibilités d'agir sont infinies. À l'occasion d'une panne d'électricité prolongée, tout le monde ne se morfond pas nécessairement... On le constate neuf mois plus tard! Bref, on l'a compris, il suffit d'agir, physiquement ou mentalement, pour ne pas rester en inhibition de l'action.

D'autre part, comme le disait Henri Laborit, ce système peut empêcher une action de se produire quand celle-ci n'est plus adaptative. Il peut même sauver la vie: par exemple, en empêchant un individu de s'approcher d'un crocodile aux mâchoires béantes. Intervient alors son contraire, le système d'activation de l'action qui peut garantir l'élimination de réponses qui ne seraient plus gratifiantes, ou qui pourraient être dangereuses. De toute évidence, les êtres vivants ont besoin de ces deux systèmes pour développer des réactions fines à l'environnement. Pour illustrer cela, j'avais proposé un texte que je crois utile de présenter à nouveau, un peu rajeuni, pour que l'on assimile bien les principes en jeu:

> On peut imaginer une cascade d'événements où le système d'activation et le système d'inhibition joueraient parfaitement leur rôle. Supposons un homme frêle, chef d'une importante industrie, dominé par

une femme autoritaire qui possède l'argent permettant de financer l'entreprise.

Chez eux, ou ailleurs, en compagnie de sa femme cet homme est sous tension quasi permanente. Son système d'action l'incite à réagir en fuyant ou en attaquant, mais il ne le peut pas: en fuyant, il perdrait la source de financement dont dépend son statut social de chef d'entreprise... et s'il tue sa femme, comme il en ressent souvent l'envie, il irait en prison et il perdrait aussi son statut social. Empêché, par la force des choses, de réagir contre sa femme, il devra adopter une autre stratégie, trouver un moyen d'agir quand même. Sans quoi il risque d'avoir un grave problème de santé s'il reste trop longtemps en inhibition de l'action. Fort heureusement (!) il a une porte de sortie puisque, au travail, il est le patron et il peut agir à sa guise... en passant à l'attaque contre ses chefs de service, par exemple. Il échappe ainsi aux trop fortes tensions mais ce sont les autres qui en héritent.

Ces derniers n'ont d'autre choix, pour se maintenir en santé, que de fuir en démissionnant ou d'attaquer les responsables de bureau ou d'atelier, des subalternes qui se retourneront à leur tour contre leurs employés. Un travailleur harcelé aura toujours la ressource de houspiller sa femme qui, elle, pourra tomber sur le dos de son enfant. Celui-ci pourra battre le chien. Si chacun trouve un moyen d'agir pour sortir d'inhibition, ce sera finalement seulement le chien qui sera malade... s'il ne saccage pas la maison avant!

La morale de cette histoire, c'est que nous devons trouver le moyen d'agir pour éviter de rester trop longtemps en inhibition de l'action. Ce n'est pas toujours facile, parfois même cela peut paraître ou être effectivement impossible. La parodie que vous venez de lire plus haut ne vous porte-t-elle pas à penser à des situations réelles dont vous avez pu avoir connaissance? Combien de crises cardiaques, de cancers, de maladies intestinales... combien d'ulcères, d'urticaires, d'eczémas, d'arthrites... combien de journées de travail perdues, d'adolescents décrocheurs, chapardeurs, drogués... combien de milliards gaspillés par ou pour des gens n'ayant pu trouver des moyens efficaces de sortir d'inhibition?

Il est de règle, en Catharsis, d'identifier dès le début les éventuelles inhibitions de l'action paralysant les consultants sans qu'ils (elles) en aient pleinement conscience. Cela nous permet souvent de constater que le manque de ressources empêchant ces personnes d'agir relève d'un *réflexe négatif récurrent* installé dans l'enfance. Mais avant d'illustrer ces cas assez fréquents, examinons des situations rencontrées dans la vie de tous les jours. Directement inspirée des travaux du docteur Laborit, une équipe multidisciplinaire française (SIRIM) a publié un gros bouquin fort révélateur sur le sujet[2]. Tout au cours de ce chapitre, je vais en citer de larges extraits. Je dois cependant préciser que cette équipe, suivant en cela Henri Laborit, n'a pas de solution thérapeutique spécifique à proposer et s'en tient surtout à des exemples du genre «ici, maintenant», ignorant volontairement les incidences du passé... bien que, vers la fin de l'ouvrage, ils ne puissent faire autrement que d'en convenir.

Chez eux, une première et pertinente originalité: ils réaménagent le modèle psychopathologique classique, base de la formation en psychiatrie et psychologie[3]. Ils distinguent *l'Homme du labeur* de *l'Homme du relationnel.* Ils montrent l'importance *d'avoir sa place* (son territoire), d'atteindre son *achèvement social* (sa réussite). Ils décrivent des comportements *fusionnants, contradictoires et dominants.* Bref, partant de ce que l'on connaît désormais du cerveau, ils montrent par quels mécanismes on arrive à la maladie par inhibition chronique de l'action. Particulièrement, en mettant en évidence que le cerveau est un instrument trop sophistiqué pour distinguer le réel de l'imaginaire! Voilà qui fera peut-être bondir les personnes très rationnelles qui veulent croire à la toute puissance du raisonnement cartésien. À leur intention, un fait authentique, bien connu des initiés, devrait les porter à «réfléchir» derechef:

2. *Alors survient la maladie,* la vie quotidienne vue à la lumière du fonctionnement du cerveau, éd. Empirika/Boréal Express (1984).

3. Le principal objectif du psychiatre et, dans une moindre mesure peut-être, celui du psychologue est le diagnostic. Les premiers auront majoritairement recours aux médicaments, exception faite des «anti-psychiatrie» qui, comme les psychologues, ne travaillent le plus souvent qu'à un seul niveau d'organisation, celui du langage; Laborit dixit.

On cite le cas célèbre d'un technicien enfermé par mégarde dans un wagon frigorifique. À l'ouverture du wagon, les cheminots ont trouvé le technicien mort de froid. Il avait relaté sur papier ses dernières heures, décrivant tous les signes d'une mort par le froid. Or, la réfrigération du wagon... ne fonctionnait pas! Ce technicien est donc mort «gelé» par une température de quelque 20°...

Que s'est-il passé? Quand il s'est aperçu qu'il était bel et bien enfermé dans ce réfrigérateur roulant, il s'est dit qu'il allait mourir de froid. Et cette information fausse a prévalu sur celles que pouvaient lui communiquer tous les récepteurs de température disséminés dans son corps. Ce fait soulève de nombreuses questions:

— Ainsi l'organisme est capable de se suicider simplement parce que sa mémoire, ses émotions lui fournissent des informations fausses.

— Le cerveau reptilien (le plus primitif) obéit aux ordres du néo-cortex (le plus évolué) sans pouvoir faire valoir les informations réelles que lui reçoit. Il y a là incontestablement un vice de construction, dont les conséquences sur la santé sont des plus graves.

Et vlan! Cela nous ramène directement à ma Catharsis. Quand le néo-cortex fausse les informations réelles que reçoit pourtant l'hypothalamus, la machine se détraque. Pourquoi?

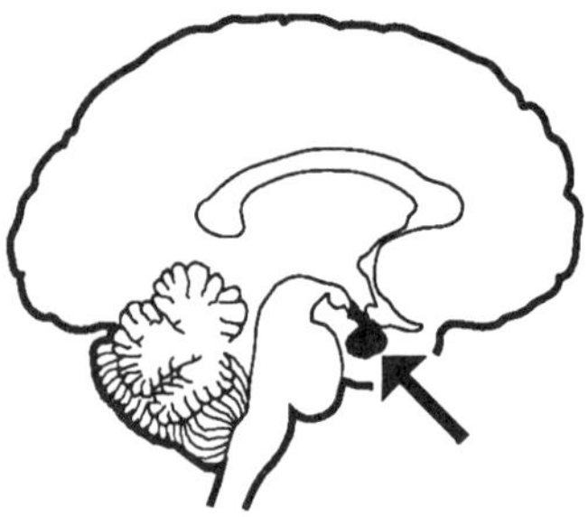

Parce que ce cerveau est le siège de la régulation des fonctions vitales: fréquence cardiaque, calibre des bronches, fonctions digestives, température interne, circulation du sang dans les vaisseaux. L'hypothalamus est aussi appelé cerveau reptilien ou, encore, cerveau primitif.

De plus, il est le siège d'automatismes innés: faim, soif, agressivité, activité sexuelle, fécondité, lactation, etc. On peut le comparer à un ordinateur central: tenu au courant de l'état de l'organisme à tout instant, il transmet, si nécessaire, ses informations aux deux autres cerveaux (limbique et néo-cortex ou matière grise). C'est la voix du corps dans le cerveau, celui qui fait valoir les arguments biologiques dans les choix de l'action. Comment des informations pourtant vitales peuvent-elles être faussées? Tout *bêtement par des émotions*.

Les émotions destructrices

Les erreurs de communication se produisent dans le cerveau intermédiaire, si l'on considère un cerveau humain. Il s'agit du cerveau limbique.

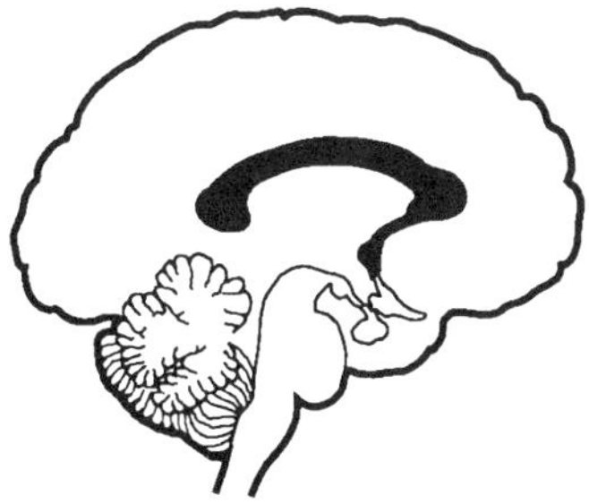

Il se développe progressivement chez les mammifères et coiffe littéralement l'hypothalamus. En réalité, cette zone cérébrale qui assure la transition entre l'hypothalamus et le néo-cortex n'est pas morphologiquement bien délimitée, on préfère parler de «système limbique» (Mac Lean, 1952). Il a deux fonctions principales:

— C'est un **sélecteur:** à partir des besoins de l'organisme, il sélectionne dans l'environnement ce qui est apte à le satisfaire. La seconde fonction découle de la première:

— C'est un **cerveau émotionnel:** il attribue, *en fonction d'une expérience,* une *émotion aux faits,* et c'est *une émotion qui conditionne la mémorisation.* (6-Re 25)

Dans *Catharsis* j'ai pu montrer abondamment, par des histoires de cas cliniques, que les maladies psychosomatiques (donc presque toutes les maladies) ont leur origine dans *des émotions occultées* ressenties au cours d'événements traumatisants, généralement antérieurs à l'âge de cinq ou six ans, et que c'étaient toujours des situations ayant mis en jeu le S.I.A. (Système d'inhibition de l'action). Pour comprendre cette capacité qu'a notre cerveau d'occulter, il faut connaître les fonctions de son troisième étage: le néo-cortex, la «matière grise» que seuls les humains possèdent.

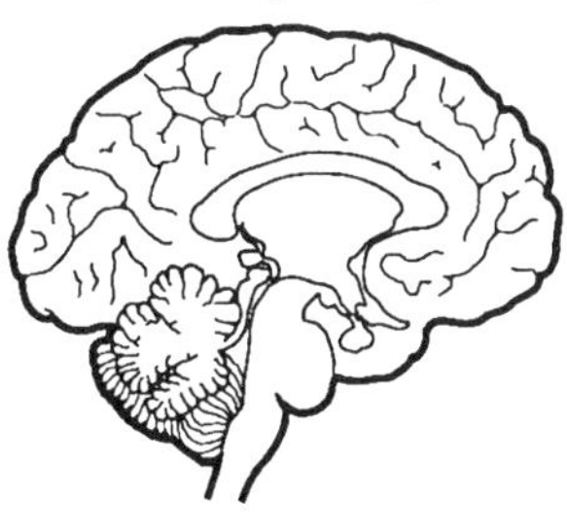

Dernier-né au cours de l'évolution, le néo-cortex a pris chez l'homme une place prépondérante: il occupe 85 % du volume de notre cerveau et se compose de plus de dix milliards de neurones, chacun articulé plus de cent mille fois avec les autres.

On compare souvent le cerveau humain à un ordinateur; en fait, chaque neurone en lui-même a les capacités d'un véritable ordinateur qui reçoit des informations, les traite, les stocke en mémoire, les communique à d'autres neurones et envoie des ordres adaptés.

Le néo-cortex est réparti en deux hémisphères, le droit et le gauche. Chez les mammifères, ces deux hémisphères fonctionnent ensemble de la même façon, alors que chez l'humain ils ont acquis des fonctions différentes et complémentaires, ce qui multiplie les possibilités d'agir. Ainsi (du moins chez les droitiers):

— L'hémisphère gauche est spécialisé dans les fonctions plus *abstraites,* plus complexes comme lire, parler, compter, réfléchir, analyser dans le détail, établir *des relations de cause à effet.*

— L'hémisphère droit est celui qui permet de reconnaître globalement une situation, de la percevoir dans son ensemble, et lui attribue une *coloration émotionnelle.*

En d'autres termes, si l'hémisphère droit «voit» une forêt, le gauche ne «voit» qu'un arbre à la fois. Ou, encore, si le gauche mémorise le vocabulaire d'une langue, c'est le droit qui en enregistre la «musicalité», la prononciation, les accents. Réunis par le corps calleux, chacun des deux hémisphères communique habituellement ses informations à l'autre. *Mais pas toujours, comme le phénomène d'occultation semble l'indiquer. (Ndlr)*

Les possibilités offertes par l'hypothalamus et le cerveau limbique pour s'adapter, c'est-à-dire pour agir dans l'environnement, sont déjà immenses puisqu'elles suffisent à l'ensemble des vertébrés. Notre néo-cortex apparaît comme un *amplificateur* de ces possibilités. Deux fonctions importantes lui sont dévolues: la mémorisation des faits d'une part, la réflexion sur ceux-ci d'autre part.

— La *mémorisation:* l'expérience vécue est emmagasinée sous forme biochimique dans les neurones du néo-cortex.

— La *réflexion* se fait grâce aux connections des neurones entre eux, qui permettent d'associer les faits stockés en mémoire. (6 - Re 28)

Nous avons vu que le cerveau limbique assure la transition entre l'hypothalamus (cerveau primitif) et le néo-cortex (la matière grise) et qu'il est à la fois *sélecteur* et *émotionnel*. Ajoutons qu'il intervient à tous les stades du traitement d'une information: il la détecte dans l'environnement et commande l'énergie qui facilite plus ou moins l'action. Puis il évalue les résultats de l'action et les mémorise en termes de réussite ou d'échec.

Le système limbique est une plaque tournante dans le fonctionnement du cerveau. C'est un carrefour quasi obligatoire entre le monde extérieur, l'hypothalamus, le néo-cortex et les organes moteurs. Sans lui, aucun esprit critique possible (sélection), ni aucune envie d'agir (motivation). Néanmoins, *il est totalement tributaire de l'interprétation de l'événement faite par le néo-cortex.* (6-Re 27)

S'il a pu paraître fastidieux à certains lecteurs de prendre connaissance de ce qui précède, pour d'autres, qui ne pouvaient accepter d'emblée que les émotions puissent être à ce point destructrices, il était nécessaire que le rôle de nos trois cerveaux soit explicité. Cela fait, revenons à une situation concrète:

Le technicien mort «gelé»

L'événement: enfermé par mégarde dans un puissant réfrigérateur roulant.

L'émotion: je vais mourir de froid.

L'environnement: la réfrigération est en panne, il fait environ 20° à l'intérieur.

•

L'hypothalamus: rien à signaler, il y a de l'air et de l'espace, température normale.

Le limbique *sélecteur:* O.K. l'hypo., il ne te manque donc rien pour être heureux.

Le limbique *émotionnel:* j'enregistre que tout va bien.

Le néo-cortex: j'ai peur, je vais mourir de froid, *c'est une certitude.*

Le limbique *émotionnel:* c'est toi le patron, *tu as donc certainement raison.*

Le limbique *sélecteur:* hé! l'hypo., il faut mourir. Agis immédiatement.

L'hypothalamus: bien reçu, j'arrête progressivement toutes les fonctions.

J'espère que vous restez sceptique. Il manque un élément majeur pour que ce scénario se réalise. Il y manque le rôle de la mémoire et des émotions. En effet, *l'organisme est capable de se suicider simplement parce que sa mémoire, ses émotions lui fournissent des informations fausses,* avions-nous lu plus haut. Il faudrait donc que, avant l'événement, la mémoire du technicien contienne *au moins* un souvenir d'échec majeur ayant engendré une émotion très négative *occultée.* Sans cette condition *sine qua non, il serait impossible qu'une information fausse commande à l'organisme de se suicider.*

Nous touchons ici à une découverte majeure qui s'est dégagée de notre travail. L'instinct de survie nous pousse à nous alimenter, à nous protéger des dangers et à rechercher le plaisir de vivre. Il s'oppose donc, en principe, au suicide sous toutes ses formes. Pourtant, des gens se suicident quand même, que ce soit instantanément ou lentement, comme dans les cas de cancers ou autres maladies considérées comme mortelles.

Pour que la mémoire et les émotions fournissent des informations fausses à l'organisme, il faut que ce soit en référence avec au moins une situation vécue antérieurement, cela tombe sous le sens. Mais nous savons que toute expérience négative qui n'a pas été occultée a été *intégrée* en son temps. L'intégration signifie que les choses ont été relativisées et, de ce fait, sont devenues inoffensives pour notre équilibre mental.

Me basant sur l'expérience acquise en Catharsis glaudienne, je suis absolument convaincu que cet homme ne serait pas mort dans ces conditions s'il n'y avait eu au moins une occultation majeure liée à un événement passé, chargé d'émotions similaires à celle ressentie quand il a constaté qu'il était enfermé dans le wagon frigorifique. Malheureusement nous ne savons rien du passé de cet homme, ce n'est donc pas son cas qui pourrait permettre une complète démonstration.

Pourquoi un souvenir non occulté ne pourrait-il faire l'affaire en l'occurrence? Mais à cause précisément de la structure de notre cerveau «tri-unique» (un tout comptant trois niveaux). Si le cerveau limbique se souvient d'un événement avec toutes ses composantes émotives, c'est une expérience de vie venant s'ajouter à d'autres, un enrichissement des connaissances qui s'enregistre. Selon la nature du souvenir, succès ou échec, il influencera sans doute (et provisoirement) les comportements futurs de l'individu: confiance ou méfiance, audace ou timidité, détermination ou prudence... mais dans des situations similaires et sans réelles conséquences pathologiques. Il en va tout autrement si l'hémisphère gauche réfute une information parvenue à l'hémisphère droit; ce qui arrive en cas de double message, comme mes travaux semblent bien le démontrer.

L'homme qui ne voulait pas savoir

Cet homme, que j'appellerai ici Jacques, avait terminé avec moi son cheminement vers la Catharsis. Il était en période d'intégration (en convalescence en quelque sorte). Chez lui, grâce à une technique simple qu'il avait apprise à mon bureau, il allait visiter son tunnel si un vague malaise l'avertissait de le faire. En homme méticuleux, Jacques ne manquait pas de se servir de cet outil extraordinaire. Il m'appela un jour pour me raconter ce qu'il avait vécu pendant une semaine:

> Il y avait un symbole dans le tunnel et j'ai fait comme d'habitude pour connaître le message que mon subconscient cherchait à communiquer. Pendant six jours aucune réponse, le symbole semblait me narguer. Je me disais qu'il faudrait peut-être aller te voir, que j'avais besoin de la sécurité de ta présence pour savoir de quoi il retournait. Mais le lendemain, à la septième tentative, je me suis retrouvé dix jours plus tôt quand je conversais avec un promoteur me proposant d'investir dans une affaire de très bon rapport. Le seul problème,

c'était l'urgence; je n'avais que quelques jours pour me décider. Dès cet instant je cherchai le moyen permettant de dégager rapidement le capital requis. Mon épouse n'était pas aussi emballée que moi et me recommandait la prudence... comme d'habitude. Je voulais faire cette affaire, j'en faisais rationnellement l'analyse et plus j'y pensais, plus j'étais certain de mon coup. Je ne comprenais pas pourquoi, malgré ça, je ressentais une sorte d'inconfort indéfinissable. C'est alors que je décidai d'aller voir dans mon tunnel. Donc, le septième jour je me retouve à revivre cette conversation et je découvre alors des signes non verbaux que je n'avais pas remarqués consciemment et qui montraient pourtant, sans l'ombre d'un doute, que l'autre n'était qu'un beau parleur qui cherchait à me rouler.

Le cerveau de Jacques avait enregistré des messages contradictoires et, pendant quelques jours, il n'avait voulu connaître que ceux répondant à ses attentes. L'hémisphère droit avait enregistré *l'ensemble* de l'information, les paroles et tous les gestes ou mimiques de l'autre. Mais l'hémisphère gauche *n'enregistrait que les paroles* promettant de substentiels bénéfices. Le rationnel l'emportait sur l'intuitif et Jacques se serait fait avoir s'il n'avait pas appris en Catharsis à *connaître toutes les composantes* d'un événement.

On constate donc que l'hémisphère gauche avait voulu ignorer une part importante de l'information et que c'est la composante *émotive* — l'indéfinissable inconfort généré par l'hémisphère droit — qui l'avait sauvé d'une mésaventure. Il n'avait pas occulté cette conversation, elle était disponible dans la partie du subconscient accessible à la mémoire. En quelque sorte, il s'était placé en inhibition de l'action. Si cela n'avait pas été le cas, il aurait conclu l'affaire sans attendre. On voit, par cet exemple, qu'après une Catharsis glaudienne, le tunnel et ses symboles restent un outil priviligié pour accéder au dialogue conscient-subconscient. Ce qui permet de toujours dégager l'essentiel de l'accessoire, d'une situation ou d'un problème.

Double communication au même hémisphère

Il est des situations où la double communication peut s'adresser au même hémisphère et non plus aux deux, comme dans le cas de Jacques. Il ne s'agit plus alors d'une lutte d'influence entre deux hémisphères, mais de l'installation d'un désordre: *des informations contradictoires parviennent au cerveau émotionnel* (hémisphère droit); aucun fonctionnement n'est possible, l'organisme se détraque. C'est ce que nous allons comprendre par un autre exemple tiré de mes dossiers:

Josée, trente ans, célibataire, a de graves problèmes intestinaux depuis plusieurs années et elle est totalement insensible sexuellement. En cours de Catharsis, elle se retrouve à l'école au cours de religion. La religieuse parle des pensées impures, un péché mortel. La petite en est bouleversée, torturée même (cette scène est enregistrée sur vidéo) du fait qu'elle a l'habitude de se donner du plaisir en serrant fortement les jambes. Elle ne pense bientôt plus qu'à la mort qui la précipiterait dans les flammes éternelles de l'enfer. C'est au point qu'elle arrive à s'interdire de ressentir encore les effets de son instinct le plus puissant. Elle devient alors victime du double message[4] parvenu au cerveau émotionnel; elle est dans une impasse, son néo-cortex ne peut fonctionner correctement, son cerveau limbique et son cerveau reptilien (hypothalamus) vont en subir le contrecoup; la «machine» s'affole, se détraque: c'est la frigidité totale et une maladie intestinale... Le soir même de cette désoccultation elle pouvait vérifier, avec le bonheur qu'on imagine, qu'elle avait retrouvé toute sa sensibilité sexuelle. Quelques jours plus tard, elle annonçait la disparition de tous les symptômes intestinaux. Comme quoi *on ne contrarie pas impunément la nature.*

---

4. Premier message: ce que je ressens est agréable et naturel, l'instinct m'y pousse. Deuxième message: c'est un péché, je mérite l'enfer. Mériter l'enfer pour quelque chose de naturel est on ne peut plus contradictoire. Donc deux émotions opposées qui «désorganisent» l'hémisphère droit. D'où occultation pour échapper à l'atroce dilemme.

Nous venons de comprendre que c'est toujours un double message reçu par l'hémisphère droit qui provoque une occultation. Il suffirait de revenir à la douzaine de cas exposés dans *Catharsis* pour le vérifier. Nous pourrions y vérifier aussi que s'installe alors une inhibition chronique de l'action, avec ses inévitables conséquences: les désordres de santé physique ou mentale. Et nous venons de voir qu'il suffit de rétablir la communication entre les deux hémisphères cérébraux pour que l'inhibition disparaisse et ses séquelles avec elle. *Il devient dès lors évident que l'on peut associer le subconscient à l'hémisphère cérébral droit et le conscient au gauche.* C'est une autre découverte que je revendique et que mes collègues connaissent depuis leur formation chez moi.

Je reviens au texte du groupe SIRIM:

> Ainsi, notre cerveau peut intégrer deux ou plusieurs messages contradictoires. Il peut s'agir de messages s'adressant à deux structures distinctes du cerveau: l'hémisphère droit et l'hémisphère gauche par exemple, qui traitent et mémorisent alors chacun pour leur part les données perçues. Il peut s'agir également de deux messages s'adressant au même cerveau. Or, le cerveau doit commander une action et une réaction physiologique adaptée. L'adaptation sera, pour le moins, perturbée. C'est dans ce cadre que peut apparaître la maladie.

Ils poursuivent sous ce titre:

> **Le délire**
>
> Nous venons de le voir: dès qu'il ne confronte plus ses productions à la réalité, grâce à l'action, le cerveau ne peut plus distinguer le réel de l'imaginaire. Oublie-t-il de vérifier la justesse de sa réflexion, il tourne alors en roue libre: c'est la porte ouverte au délire. Il faut distinguer du délire la rêverie banale qui constitue une simple évasion: l'adolescente transie qui attend son prince charmant, l'homme qui s'imagine gagner des sommes fabuleuses à la loterie, le jeune garçon qui rêve de conduire un avion supersonique...
>
> Ces chimères, qui viennent agrémenter par la fiction la grisaille quotidienne, restent sans grande conséquence. *(Et peuvent être, comme dans l'exemple de l'ascenseur en panne vu plus avant, une salutaire action de fuite. Ndlr.)*

Par délire, il faut entendre des phénomènes autrement plus complexes et inquiétants. C'est, d'après le Petit Robert, «l'état d'un malade qui émet des idées fausses, en totale opposition avec la réalité ou l'évidence, généralement centrées sur un thème personnel».

À cette définition, les manuels de psychiatrie ajoutent que l'esprit critique, les facultés de réflexion sont abolis dès qu'il est question du thème du délire.

On distingue plusieurs sortes de délires: délires oniriques, délires hallucinatoires, délires alcooliques, bouffées délirantes, délire de l'accès maniaque... Dans tous les cas, la machine cérébrale est comme détraquée. Elle produit de l'imaginaire. Le diagnostic de délire est, dans l'ensemble, relativement aisé à porter, surtout pour les psychiatres avertis de ce genre d'égarement.

Exemples banals pour commencer: une voisine persuadée que tout le monde lui en veut. Un grand-père certain que ses enfants cherchent à le déposséder de ses biens; un obscur artisan qui pense avoir fait de géniales découvertes en physique nucléaire.

Aussi longtemps qu'il reste strictement individuel, circonscrit si l'on peut dire, il est sans gravité. Mais il peut contaminer un ami, une famille, un voisinage. Il peut se propager à des dizaines de personnes. G. Roux, de Montfavet, employé des P.T.T, a réussi à convaincre certaines personnes qu'il était la réincarnation du Christ. Comme il se plaisait à le répéter lui-même: «Jadis, le Christ s'appelait Jésus. Aujourd'hui il s'appelle Georges.» En dehors du Vaucluse, ces histoires n'ont guère fait d'adeptes.

Les psychiatres ont déjà observé ces délires communicatifs. Le premier, Legrand du Saulle, a décrit avec précision ce phénomène («Délire de persécution » — Chapitre IV: Folie à deux, 1871).

Certains délires se propagent

Ce qui est inquiétant pour la collectivité, c'est que certains de ces délires se révèlent plus communicatifs que d'autres... Au même titre que la rougeole ou la scarlatine, ce sont des *maladies contagieuses*.

Examinons, à cette lumière, une situation apparemment banale: au bureau, Françoise, sténodactylo, s'ingénie à faire courir sur son chef les bruits les plus divers, les insinuations les plus sournoises. À l'en croire, ce chef est une brute à moitié alcoolique, un mal marié, un refoulé sexuel qui a besoin de se montrer autoritaire pour masquer ses complexes... Elle distille ainsi son venin au milieu des conversations, et bientôt plusieurs secrétaires la suivent dans son délire. Elles trouvent aussi, finalement, que Françoise a raison: le comportement de cet homme a quelque chose de ridicule, de bizarre. Désormais, dès que le chef de service pénètre dans la pièce, ce ne sont que regards complices qui s'échangent d'une machine à l'autre, et gare à lui s'il s'avise de demander quoi que ce soit à ces dames. Tout sera fait avec une négligence maussade.

Que s'est-il donc passé?

À l'origine de cette coalition, on trouve une femme *en mal de pouvoir*[5]. Sans doute n'est-elle pas si assurée que ça, face à son chef. Le discours qu'elle tient à ses collègues ne trouvera d'écho qu'auprès de celles qui rêvent aussi de pouvoir ou, plus banalement, ont peur de leur chef. Si l'on n'est pas branché sur ce genre de préoccupation, ce discours ne prend guère. Le voisin qui se voit entouré de gens malveillants en parle à d'autres qui, généralement, sourient... sauf si le confident a, lui aussi, une dent contre la personne qui fait l'objet de la calomnie du fabulateur. Un homme qui raconte à qui veut l'entendre que sa femme le trompe n'accroche pas les passants, sauf ceux qui éprouvent la même rancoeur contre leur compagne, fondée ou non.

Une mère qui prétend que d'autres lui «volent» ses enfants passera facilement pour une folle... sauf chez d'autres parents possessifs. *Là où les émotions sont communicables, le message, lui-même, passe par la même occasion.* Là où il ne peut pas y avoir de correspondance émotionnelle, le «message» ne passe pas du tout. Un haussement d'épaules et l'on passe à autre chose.

Au départ, Françoise reste plus ou moins consciente de la perfidie de ses paroles. *Mais elle finira bientôt par y croire*[6]. Quant aux autres, contaminées par le délire de leur collègue, elles risquent de ne jamais s'apercevoir que la réalité est tout autre. À partir du moment où elles entrent dans ce délire, elle interprètent les faits à travers ce miroir déformant qui fait voir le chef de service sous le jour le plus noir. «Serais-tu aussi chaste que la glace, aussi pure que la neige, tu n'échapperas pas à la calomnie», écrit Shakespeare dans *Hamlet*. Et Delavigne: «Plus une calomnie est difficile à croire, plus pour la retenir les sots ont de la mémoire.» Enfin, Jean-Paul Sartre: «Il suffit qu'un seul homme en haïsse un autre pour que la haine gagne de proche en proche l'humanité entière» (*Le Diable et le Bon Dieu*, Gallimard).

---

5. Souligné par moi.
6. Souligné par moi.

Les quatre marques de fabrique du délire communautaire

Ce fait divers dans un bureau nous amène à dégager les quatre grandes caractéristiques de ce délire socialement dangereux et si difficile à combattre.

— À la base, on trouve, chez le fabulateur, *une peur, une haine, une jalousie* qui vont généralement de pair avec *un désir secret de pouvoir, d'ascendant.*

— Cette base émotionnelle trouble donnera inévitablement au discours du délirant une tonalité elle aussi émotionnelle. Les personnes chez qui ces bouffées d'angoisse n'éveillent aucun sentiment n'entrent pas dans le délire. Par contre tous ceux qui, de près ou de loin, partagent des émotions semblables sont des proies faciles, prêtes à emboîter le pas du premier calomniateur venu titiller adroitement leur fantasme. C'est ainsi, sans doute, qu'un slogan comme «Vous êtes inquiets, rejoignez-nous» cherche à coaliser des foules.

— La raison de cette efficacité étrange est simple: *une émotion forte altère le jugement,* surtout si elle en exhume d'autres. En réveillant ainsi de vieux démons d'angoisse chez quelqu'un, on l'empêche d'exercer son esprit critique sur le contenu du message adressé. C'est d'ailleurs là un principe de l'hypnose[7].

Les psychiatres sont régulièrement invités à se prononcer sur la santé mentale de certains individus. L'embarras dont ils font preuve parfois pour diagnostiquer un délire est éloquent. En effet, les délirants élaborent de véritables fictions cohérentes et, par là, très convaincantes. Si le médecin chargé de l'expertise, réceptif à l'émotion du patient, ne prend pas la peine de vérifier systématiquement chaque élément, il se trouve rapidement happé lui aussi dans le délire[8].

— Autre caractéristique du délire: il crée une étrange cohésion, *une cohésion contre.* Les cibles de cette croisade peuvent être un bouc émissaire: tantôt un tiers innocent, tantôt une collectivité, accusés de circonstance. Parfois on amalgame des catégories de gens qui n'ont rien à voir entre eux mais qu'on rend tout à coup responsables de tous les maux, réels ou imaginaires, d'un pays. (...)

— Qu'une femme soit violée, qu'une villa soit dévalisée, qu'un homme soit précipité sous une rame de métro, certains témoins auront vu, le plus souvent, un «homme basané». Le racisme, lui aussi, constitue un délire cohésif. Issu d'une peur à l'égard de celui qui est diffé-

7. Très important à noter. Tellement que j'y reviendrai longuement plus loin.

8. Un constat majeur dont il sera également question plus loin, à propos de certaines régressions.

> rent, il se mue en haine militante, aveugle, qui porte à croire les pires absurdités et se justifie parfois par des élucubrations pseudo-intellectuelles des plus fantasques. (6-44)

Les auteurs continuent à développer le sujet mais nous venons de lire l'essentiel lié à notre propos. Il faut noter cependant deux autres paragraphes en guise de conclusion:

> Avec ceux qui entrent en délire, il devient rapidement impossible de dialoguer. Aucun argument venu du dehors n'a de prise car leur mémoire et leur réflexion critique sont pétrifiées. Bien au contraire, toute tentative de discussion sera prise pour une manoeuvre et provoquera plutôt un renforcement hérissé de la cohésion. Ces gens sont comme prisonniers d'une cage de verre, étanche et transparente: de l'extérieur, ils ont l'air d'être comme tout le monde, mais quand on leur parle, notre voix ne leur parvient pas. (6-51)
>
> Ces quelques pages sur le délire nous permettent de toucher du doigt ce qui menace quiconque néglige les règles de fonctionnement du cerveau. Nous avons tous le même cerveau et nous sommes tous exposés à être chevauchés par les fantasmes d'autrui si nous ne le faisons pas fonctionner sainement.
>
> La paléontologie, la physiologie attestent que le cerveau s'est développé pour nous permettre de nous adapter dans notre environnement, c'est-à-dire d'y agir. Cette perspective paraît trop finaliste à certains qui estiment que le cerveau sert aussi, pour ne pas dire exclusivement, à «penser». Si nous avons consacré quelques pages au délire, c'est justement parce que, hélas, le cerveau est un organe capable de «penser»; de penser à l'écart de toute réalité, de construire un monde imaginaire, puis de descendre dans l'arène pour matérialiser ses idées folles... Oui, mille fois hélas, le cerveau est capable de «penser».
>
> À travers sa longue évolution, il est devenu un organe de plus en plus sophistiqué, qui de ce fait est exposé aux dérapages les plus insensés et les plus meurtriers.
>
> Pourtant, il peut être utilisé à bon escient, notamment pour agir, en alternance avec une réflexion toujours critique; c'est alors que grâce à lui nous pouvons préserver notre intégrité biologique face à un environnement souvent hostile. (6-54)

Les mécanismes de l'occultation

Il était nécessaire de savoir comment est structuré notre cerveau et de comprendre comment il fonctionne pour appréhender les mécanismes d'occultation. C'est évidemment de première importance puisque ma thèse avait pour objectif de démontrer que nous sommes capables d'enfermer au niveau subconscient des émotions inconnues du conscient. Et que ces émotions occultées sont responsables (presque toujours) de nos maladies, donc d'un dysfonctionnement de notre système immunitaire.

Nous avons vu que le cerveau ne peut plus distinguer le réel de l'imaginaire dès qu'il ne confronte plus ses productions à la réalité grâce à l'action. Tout est là: à défaut d'agir (fuite ou attaque) le cerveau tourne en roue libre, c'est l'inhibition de l'action.

Revenons au cas de A. vu au chapitre précédent. Parce que le mari perd son emploi, la jeune mère de famille s'inquiète pour leur avenir. Rien ne laissant présager un travail prochain, n'importe qui, de nature sensible, réagirait comme elle. La situation perdurant, elle se sent impuissante et elle devient victime d'une inhibition de l'action, ce qui n'entraînerait normalement que des troubles du sommeil, perte d'appétit, nervosité, etc. Mais pour elle c'est bien plus grave, elle est victime d'une très importante éruption d'urticaire, dont elle avait pourtant guéri plusieurs années avant. *(Un cancer récidivant, ne peut s'expliquer autrement, nous le verrons au chapitre 4.)*

Nous constaterons qu'elle était en fait victime de deux types différents d'inhibition, la plus importante masquant l'autre. En effet, quand la désoccultation fait disparaître l'urticaire, l'inhibition majeure est levée; la guérison reste cependant en sursis (inconfort, tentatives de poussées) à cause de l'inhibition secondaire qui ne sera levée que le jour où le mari trouve du travail; la sécurité retrouvée, la guérison est complète. Dans la première situation, il y avait double message (double communication) à l'hémisphère droit (émotionnel), alors que dans la seconde, c'était un double message contradictoire entre hémisphère droit et hémisphère gauche.

Explication: Parce qu'elle avait une expérience négative, occultée à l'âge de dix ans, son organisme va réactiver sa maladie «de prédilection!» vingt ans plus tard lorsque confrontée aux mêmes émotions. À dix ans, sur la motoneige, elle s'inquiète pour la sécurité de ses petites soeurs et, vingt ans plus tard, incertaine de l'avenir, elle s'inquiète pour la sécurité de ses petites filles. Grâce au tunnel, le lien entre les émotions des deux époques se fait et, du fait de cette désoccultation, la communication cerveau droit cerveau gauche est établie. À la suite de quoi l'urticaire disparaît, comme il se doit.

Il ne subsiste alors qu'une inhibition courante qui la fige en attente, sous tension, d'un changement de situation matérielle... comme bien des gens l'auraient fait à sa place. Ni plus, ni moins.

D'accord, c'est très subtil. Mais les émotions le sont, autant que le fonctionnement du cerveau. Un cas résolu par une collègue va nous montrer par évidence comment un événement tout à fait banal a conduit un enfant à devenir un adulte timoré, vivant des crises d'angoisse.

Cela se passait dans un pays où les prises de courant électrique distribuent du 220 volts. En 1956, Pierrot a quatre ans. Ses parents viennent d'acheter un poste de radio (un poste de T.S.F., comme on disait alors). L'enfant est fasciné par l'homme qui parle, caché dans la boîte. Il lui est interdit de toucher à cet appareil magique. Il se retrouve seul pendant que l'appareil diffuse la voix de cet homme mystérieux. Du regard, il suit le fil qui relie le poste au mur, il cherche à comprendre à quoi ça sert. Il s'approche du mur, tire sur le fil et la voix s'éteint. Donc, se dit-il, l'homme n'est pas dans la boîte, il est dans le mur et on l'entend parce qu'il parle dans les petits trous. Il faut qu'il explore ça et il ne trouve rien de mieux qu'une épingle à cheveux... La décharge de 220 volts est fulgurante, très douloureuse. Son cerveau réagit: l'homme dans le mur est méchant et il vient de le punir parce qu'il a désobéi. Il ne raconte pas sa mésaventure, comme vous pensez bien; mais il est ébranlé par ce qui vient de lui arriver.

Le soir venu, dans son lit, il pense encore à cette punition infligée par l'homme qui se cache dans le mur, il n'arrive pas à comprendre tout ça, il est dépassé et troublé. Il finit par s'endormir et il fait un cauchemar épouvantable où un monstre sort du mur pour l'attaquer, peut-être le tuer. Les émotions vécues pendant le cauchemar sont infiniment plus fortes que celles ressenties pendant l'incident de la prise de courant, la peur est maintenant tellement intense qu'il faut impérativement qu'il «oublie» ça; sans quoi il pourrait littéralement basculer dans un désordre mental. Le lendemain il ne se souvient de rien, comme si l'événement de la veille n'avait pas eu lieu.

Ce cas nous montre qu'un banal incident, émotivement fort (vu l'âge de l'enfant), va être amplifié par l'imagination, créant un cauchemar où l'intensité des émotions est décuplée. Ce sont finalement ces émotions amplifiées en rêvant qui entraînent la nécessité de l'occultation. Pourquoi cela est-il possible? Parce que, comme mentionné plus avant dans le texte, ***le cerveau est un instrument trop sophistiqué pour distinguer le réel de l'imaginaire.*** L'occultation est, en dernière analyse, une réaction saine puisqu'elle met provisoirement l'individu à l'abri d'émotions insupportables. C'est une fuite salutaire. Mais une fuite qui pourrait faire lourdement payer son prix plus tard. C'est pourquoi j'ai déjà écrit que cela pouvait se comparer au slogan publicitaire disant «Achetez maintenant, vous payerez plus tard »... le sous-entendu étant: «Avec , bien évidcmment, des intérêts.»

> Affronter ou fuir une difficulté sont deux actions, deux stratégies élaborées par le cerveau pour répondre à une situation donnée. Ce sont deux solutions actives qui permettent de préserver l'intégrité de la personne. Or, il arrive que l'individu soit incapable aussi bien d'affronter sa difficulté que de la fuir. Prisonnier de la situation, il reste coincé. Le cerveau ne peut plus élaborer de stratégie adaptée aux nécessités de la situation. Engendré par l'environnement, ce désordre se répercute sur les systèmes de contrôle des organes. Alors apparaissent des troubles, des lésions, des maladies. (6-58)

C'est donc pour échapper à l'une ou l'autre maladie que Pierrot devait fuir la réalité des faits, surtout des émotions y étant liées, en «oubliant», donc en occultant totalement le souvenir de l'incident.

Cela nous confronte, une autre fois, à ce qui est le plus diffcile à comprendre par un hémisphère gauche: *le cerveau, le système nerveux et le corps ne peuvent faire de distinction entre une image de réalité, c'est-à-dire provenant de l'extérieur, et une image provenant de l'intérieur, c'est-à-dire imaginée ou rêvée. Dans les deux cas, il s'agit d'une image perçue comme une réalité.* Je viens de citer un auteur qui a écrit un livre synthèse auquel je ferai large place ici, pour des raisons que j'expliquerai[9]. Il nous dit:

> En novembre 1984, une conférence[10] scientifique importante avait lieu en Allemagne sur le thème des mécanismes moléculaires de la photoréception. Outre les explications très techniques concernant la transmission des grains de lumière au cortex par un mécanisme électrochimique, la rencontre se terminait par une affirmation étonnante:
>
> «C'est le cerveau qui voit. L'oeil, lui, ne fait que convertir en impulsions électriques les informations reçues des vibrations électromagnétiques émises par l'environnement. À la limite, on peut se passer des yeux et voir avec son esprit.»
>
> Ouvrons une nouvelle porte de notre compréhension. Observons une personne endormie en train de rêver. Nous pouvons percevoir que les globes oculaires sont en mouvement. Un encéphalogramme nous permettrait de mettre en évidence cette activité onirique sous forme de graphique.
>
> Pendant que nous observons le rêveur, nous pouvons croire qu'à cet instant précis il est conscient de ce qui se passe dans son rêve. Or, à partir du moment où nous «perdons» la conscience dans le sommeil, nous n'avons plus conscience, puisque la conscience objective nous a momentanément quittés.
>
> C'est lors du rappel vers la frontière objective que le rêveur se rappellera son rêve. Dès le réveil, il saura que ce n'était qu'un rêve et non la réalité. Pourtant, pendant le sommeil paradoxal du rêve, ce qui est vécu fait partie de la réalité; le lion qui veut manger le rêveur est bien

---

9. Léon Renard, *Le Cancer Apprivoisé*, éd. Soleil, 1990.
10. Il s'agit de la «Dalhem Konferenz», patronnée par l'Association allemande pour la promotion de la science.

réel, à un point tel que le corps réagit par un changement hormonal, cardiaque, respiratoire, etc.[11]

Cela est possible uniquement parce que le cerveau et le système nerveux ne peuvent, à eux seuls, faire une distinction entre la réalité venant de l'extérieur et une représentation provenant de l'intérieur. Dans les deux cas, il s'agit d'une réalité à laquelle il doit s'adapter! Seuls les règnes supérieurs qui possèdent un néo-cortex peuvent connaître ou commencer à connaître l'individualisation. L'homme est le seul, dans les différents règnes de la nature, à être conscient de lui-même. (...)

Puisque le cerveau (limbique et reptilien) et le système nerveux de l'homme ne peuvent faire aucune différence entre ce qu'ils perçoivent avec leurs cinq sens et ce qu'ils se représentent, nous pouvons comprendre la puissance de l'esprit quand il utilise les représentations, ou ce que l'on appelle à tort, la visualisation ou l'imagerie mentale. Il ne s'agit pas uniquement de voir des images, *mais d'utiliser une représentation la plus complète possible avec nos cinq sens intériorisés. Il s'agit donc plutôt de l'imagination.* (5-108)

Imagination, délire, hypnose

Quand un sujet hypnotisé grimace en mangeant une orange qu'on lui a dit être un citron, c'est la rigolade dans l'auditoire. Même chose quand il fuit à toutes jambes une horde de rats qui passent supposément à l'attaque. C'est parce que le comédien-hypnotiseur a su substituer dans le cerveau de l'autre une situation imaginaire à la réalité, qu'il le fait délirer.

Si les sujets hypnotisés gesticulent, c'est bien la preuve qu'ils ne «dorment» pas, qu'ils ne se trouvent pas en état de rêve. J'ai utilisé l'hypnose pendant plusieurs années. Au début, c'était absolument fascinant de refaire toutes les expériences vues au music-hall, puis d'inventer d'autres moyens pour tenter de savoir jusqu'où l'on pouvait «exploiter» la docilité d'un sujet. J'en suis arrivé aux mêmes

11. Il existe dans le cerveau une structure neuronale appelée «Locus Caeruleus» qui empêche le corps d'exprimer les actes du rêve. Un chat privé d'elle court après la souris qu'il voit en rêve.

conclusions que beaucoup d'auteurs-expérimentateurs: la limite est atteinte quand le sujet refuse la suggestion. Ce qui démontre que le sens critique n'a pas été aboli. Mais ce «seuil» critique peut varier fortement d'un individu à l'autre. Une démonstration éloquente pourrait être faite en testant le seuil pudique d'une dizaine de personnes des deux sexes, plongées en hypnose profonde et alignées sur une scène. À condition que l'hypnotiseur y mette les formes verbales voulues, il obtiendrait probablement qu'au moins une de ces personnes se retrouve complètement nue, qu'une ou deux autres ne gardent que leurs sous-vêtements, que d'autres aient seulement ôté quelques pièces vestimentaires ou accessoires. Et il s'en trouverait plus d'une qui n'aurait rien fait d'autre que les gestes mimant un déshabillage.

Dans l'hypothèse envisagée, tous les sujets seraient suggestibles au même degré. Ce n'est donc pas une différence de suggestibilité qui pourrait expliquer la docilité plus ou moins grande des sujets testés; c'est leur sens moral et les limites qu'il leur impose (ou ne leur impose pas) qui aurait été mis en évidence. Il faut retenir de cela que même les plus réticents auraient quand même fait semblant. Pourquoi? Parce que quelqu'un en transe hypnotique, même légère, fera tout pour plaire à l'hypnotiseur, hypnologue ou hypnothérapeute, comme on voudra bien l'appeler. Plus encore, le sujet en question ira jusqu'à imaginer des attentes secrètes prêtées à l'autre et, fort de sa conviction, il se comportera en fonction de ce fantasme!

Je l'ai expliqué dans mon premier livre: c'est en pratiquant l'hypnologie que j'ai été mis par hasard sur la voie de la Catharsis. Je dis bien par «hasard» pour indiquer que je ne cherchais rien, sinon à apporter une aide efficace à E.[12] Quelques semaines plus tard, j'avais pratiquement abandonné l'hypnose comme outil de travail. Je tiens comme important de dire ici pourquoi, non sans souligner que l'hypnothérapie reste une technique pouvant rendre de grands services si l'on vise des soulagements de douleurs, l'abandon d'habitudes, ou parfois certaines guérisons.

---

12. Dont l'histoire est racontée en détail dans *Catharsis*. Ce fut, historiquement, la toute première Catharsis glaudienne.

Par suggestion (hypnose suggestive classique ou hypnose dynamique ericksoniène), il est relativement facile de faire disparaître un symptôme ou de changer une habitude. J'ai pu y réussir souvent, pendant plusieurs années... avec bien des frustrations à la clé, en particulier dans les cas d'obésité. Cela fonctionnait comme un charme pourtant. En trois rencontres d'une heure chacune, en l'espace de dix jours, on constatait la perte de poids d'une demi-livre à une livre par jour (1 livre = 454 grammes). Quelques semaines ou mois plus tard, tout aurait été à recommencer. C'est que la boulimie (comme son contraire, l'anorexie) est un comportement inadéquat lié à un problème psychologique, donc émotionnel, qui, d'après mon expérience, ne peut se résoudre autrement qu'en débusquant *toutes les occultations.* Et la technique par excellence pour y arriver, c'est bien la Catharsis. Pour les autres cas — asthme, énurésie, eczéma — les résultats étaient souvent spectaculaires. Mais pour apprendre par la suite que le symptôme disparu réapparaissait ou était remplacé par un autre, parfois plus grave ou déplaisant.

Souvenez-vous de A. quand elle avait «imaginé» (auto-hypnose) que l'insomnie ou des maux d'estomac seraient moins visibles que son urticaire... On l'aura compris, le symptôme est un signal indiquant que le système immunitaire est déficient. Et que c'est le subconscient qui détient la connaissance des émotions responsables. On peut agir par suggestion ou autosuggestion au niveau de l'hémisphère droit qui répercute la «croyance» vers le système limbique et l'hypothalamus, ainsi disparaît le symptôme. Mais le problème de fond n'étant pas résolu, un autre signal d'alarme sera envoyé... et ainsi de suite.

Il y a deux raisons beaucoup plus importantes encore qui me font redouter les effets de la suggestion qui serait utilisée en cours d'exploration du tunnel symbolique de la Catharsis. La première: c'est le subconscient qui est (et doit être) le maître absolu de la démarche puisque *lui seul sait* ce que le conscient ignore; il est indispensable que son rythme ne soit pas faussé par d'intempestives interventions. La deuxième: les désoccultations successives doivent se produire dans l'ordre des priorités connues seulement du subconscient et cet ordre, non chronologique, est déterminé par l'importance relative des charges émotives. Dès lors, toute suggestion risquerait de perturber la démarche et même de la faire avorter. C'est pourquoi l'hypnose, donc la suggestion, est exclue de notre méthodologie dès que le processus est amorcé.

Rappelons-nous que l'hypnose, ce troublant phénomène, est en fait un délire provoqué en réveillant de vieux démons d'angoisse chez quelqu'un: on l'empêche ainsi d'exercer son esprit critique sur le contenu du message adressé. Cela exige quand même un consentement tacite du sujet... qui n'est pas toujours conscient de ce à quoi il s'expose. En cours de Catharsis, il m'est arrivé à quelques reprises de rencontrer des difficultés faisant craindre un échec et de découvrir que cela était dû au fait que la personne avait été jadis hypnotisée et qu'on lui avait fait une suggestion d'oubli. Dans de tels cas, il est parfois impossible de lever l'interdit enjoint par l'hypnotiseur; il faudrait retrouver la consigne posthypnotique afin de «sortir l'autre de sa transe», ce qui n'est pas évident.

Je me souviens d'un cas déconcertant: un homme dans la trentaine, ingénieur de formation, me semblait délirer bizarrement en cours de régression. Je finis par vérifier s'il n'avait pas été une victime de l'hypnose; c'était le cas mais, fort heureusement, tout rentra dans l'ordre. Voici comment et pourquoi. Il avait environ douze ans et participait à un camp de vacances. Il y remarque un attroupement d'où fusent rires et lazzis; il s'approche et assiste médusé à une séance d'hypnose improvisée par un plus grand. Il est tellement impressionné par le «pouvoir» de celui qui fait la démonstration, qu'il entre en transe dès que l'autre le regarde: toute une aubaine qui sera immédiatement mise à profit. Il s'agit de divertir, quoi de mieux que lui faire baisser culotte? Il s'exécute au grand plaisir de l'assistance. Un moniteur, curieux de savoir ce qui se passe dans le groupe, s'approche.

La troupe s'égaille, sauf le garçon «endormi» debout et fesses à l'air. Le moniteur tente en vain de l'interroger, de le secouer... Il remonte les vêtements de l'enfant et le transporte sur une couchette; il finira par se réveiller de lui-même un peu plus tard. Où est le problème? C'est que vingt ans plus tard il était encore sous l'effet de l'induction hypnotique: à cause des circonstances, il n'avait pas été «réveillé» par l'hypnotiseur. C'est moi qui ai dû le faire afin que sa démarche puisse enfin se faire normalement. Cet incident pourrait être longuement commenté théoriquement, ce n'est pas la place ici pour le faire. Ce n'était qu'un exemple pour illustrer ce qui a été exposé plus avant.

Brève conclusion

Nous venons de voir comment notre cerveau peut affecter notre bien-être sinon notre santé, et que c'est toujours en réaction à l'environnement qu'il nous placera en inhibition de l'action plus ou moins chronique. Nous avons compris que la fuite dans l'oubli peut être une réaction salvatrice au moment des faits mais que cela peut aussi, assez souvent, n'être qu'une rémission, une sentence suspendue. Il est entendu qu'il faudrait encore savoir comment les problèmes de santé se concrétisent par le jeu des échanges biochimiques, ce qui est passionnant. Mais voulant m'en tenir à l'essentiel, j'invite les lecteurs qui souhaitent en savoir plus à lire Henri Laborit ou, en plus vulgarisé, le groupe SIRIM qui s'est largement inspiré de ses travaux.

Nous aurons à voir comment et pourquoi notre système immunitaire est directement affecté par l'environnement. Cela viendra plus loin. Il m'a paru nécessaire de donner, dans les pages un peu touffues que vous venez de lire, les informations et références susceptibles de nous préparer au choc des prochains chapitres montrant que c'est très souvent des autres qu'il faut se guérir.

CHAPITRE 3

Sexe et maladies

Ce n'est pas dans la
connaissance qu'est le fruit,
c'est dans l'acte de saisir.
SAINT BERNARD

Que l'on ne s'y trompe pas, il ne s'agit pas ici des maladies transmises sexuellement, mais bien d'un éventail non limité de désordres de santé ayant pour point de départ des implications sexuelles. Dans *au moins 95 p. cent des cas* vus en Catharsis glaudienne, on retrouve des chocs émotifs vécus en relation avec la sexualité; des chocs occultés dans la petite enfance. Il ne s'agit pas nécessairement d'abus sexuels. Il arrive que des choses vues, entendues ou redoutées par l'enfant le bouleversent au point que la fuite dans l'oubli s'impose pour qu'il puisse maintenir son intégrité psychique; bien des psychoses n'ont d'autres origines que des surcharges émotives de cette nature.

Et que l'on ne s'étonne pas s'il s'agira ici majoritairement des femmes, principales victimes des sévices physiques et sexuels. Nous n'avons pas à faire l'historique des systèmes d'éducation ayant contribué à dévaloriser la femme sur le plan de la morale sexuelle, mais bien à établir un constat clinique. Même si les mentalités ont heureusement évolué dans le monde occidental, il demeure que bien des parents d'aujourd'hui furent des enfants marqués par cette morale maladivement puritaine.

Il n'y a pas si longtemps, on cherchait encore à imposer aux filles qu'elles protègent leur virginité jusqu'au mariage: avant de passer devant le prêtre, le pasteur ou le rabbin, il aurait idéalement fallu que la jeune fille soit aussi insensible sexuellement qu'un végétal et qu'elle devienne magiquement une hétaïre goulûment anxieuse d'enfanter dès la cérémonie terminée; elle devait donc sublimer les impérieuses forces de la nature avant les noces et s'en laisser envahir après! Encore frigide le matin, brûlante d'un feu utérin le soir! Toujours est-il que la future choisissait la date du mariage en fonction de son cycle menstruel. Et, patatra, il arrivait que les émotions provoquent le flot sanguin prématurément. Toutes les femmes ont expérimenté ce phénomène à l'occasion d'un déménagement, d'un examen scolaire, d'un départ en vacances: des occasions propices aux tensions nerveuses. Il arrivait aussi, et trop souvent, que de fiancé frustré qu'il était encore le matin, le marié se jette furieusement sur sa femme pour enfin goûter à ce qui lui avait été si longtemps refusé. Et la tendresse bordel?

Résultat: les beaux rêves amochés, le romantisme massacré et les séquelles à endurer.

Un exemple. Pendant les semaines précédant son mariage, Marie-Louise repassait en détail dans sa tête le scénario qu'elle avait imaginé pour sa nuit de noces. Elle s'isolerait dans la salle de bains où, après une bonne douche, elle se parerait de l'affriolant déshabillé qu'elle avait choisi d'acheter pour être porté à cette occasion. Enfin prête, elle apparaîtrait dans la chambre, radieuse fleur offerte à celui qui allait enfin être son amant. Elle se régalait par avance du succès qu'elle obtiendrait par sa minutieuse mise en scène. Cérémonie et réception se passent parfaitement et ils sont enfin seuls. Elle demande à son mari de patienter, lui dit qu'elle doit passer par la salle de bains et elle prend sa douche... quand l'autre arrive tout fringant et la possède illico. Adieu beau rêve. Elle mettra au monde plusieurs enfants avant d'entreprendre une Catharsis avec moi... et c'est seulement alors, donc plusieurs années après son mariage, qu'elle connut enfin l'orgasme avec son mari. Vous l'avez compris, elle avait totalement occulté les circonstances de sa nuit de noces et elle ignorait pourquoi sa vie sexuelle était aussi banale, très loin de ses attentes. Il faut ajouter que cette occultation de la nuit de noces (et l'anorgasmie) s'était produite par réaction à des péripéties sexuelles vécues avec son père et occultées dans l'enfance. Après cet exemple, revenons à mon exposé:

Par ailleurs, le cerveau des fillettes était imprégné de fréquents doubles messages concernant cette mystérieuse sexualité dont on ne parlait qu'à mots couverts. Un exemple banal et très souvent revécu en régression: l'enfant surprend ses parents en activité sexuelle. Les gémissements de sa mère lui font invariablement penser qu'elle est brutalisée, que son père lui fait mal. La fillette doit constater peu après que la maman ne semble pas en vouloir à son mari, qu'elle n'est pas maussade en préparant le petit déjeuner et, même, qu'elle embrasse son tortionnaire s'en allant travailler. La vie est donc ainsi faite, se dit-elle forcément, que les femmes doivent accepter d'être brutalisées par les hommes; ce qui renforce l'idée que l'homme a tout pouvoir. Si bien que quoi que fasse son père, c'est dans l'ordre normal des choses... et elle doit, à l'exemple de sa mère, l'accepter!

Avant de poursuivre, il faut clairement établir que l'instinct sexuel est actif en nous dès la naissance, inscrit au niveau de l'hypothalamus; c'est donc un automatisme inné, comme la faim ou la soif. Il suffit d'observer la nature pour comprendre que c'est notre instinct le plus important puisqu'il assure la reproduction de l'espèce. L'instinct de survie ne vient qu'au deuxième rang. En effet, l'individu compte pour relativement peu dans les desseins de la nature: nous sommes loin d'être immortels, notre durée de vie est infime si l'on considère l'âge de l'univers. Les lois régissant la chaîne alimentaire le démontrent: le plus petit est là pour être mangé par un plus gros, lui-même servant de victuailles à un autre... et ainsi de suite. Ce n'est pas l'individu qui est le plus important, c'est l'espèce qui doit survivre pour atteindre une finalité qui échappe à notre entendement. Cela n'est possible que grâce à l'instinct sexuel et il faut que cet instinct soit tellement puissant qu'il soit impossible de s'y soustraire. Ce à quoi veille notre système glandulaire et ses hormones.

Nous nous flattons d'être mieux que des animaux, nous croyons le démontrer en enrobant nos élans charnels de ce merveilleux sentiment humain qu'est l'amour. Et il est vrai, pour notre bonheur, que rien ne peut égaler l'extraordinaire chimie qui se produit quand amour et instinct sexuel se vivent en même temps. Mais nous sommes ainsi faits que le bonheur perd du goût à force de se répéter. Serait-ce que nous ne sommes pas naturellement monogames? Certaines espèces animales le sont, mais c'est une minorité! Quoi qu'il en soit, il faut se rendre à l'évidence que le sexe c'est l'être humain tout entier, comme l'écrit un certain docteur Darlambach[1]:

> Le sexe, c'est l'être humain tout entier, dans ses développements physique et psychique, et non pas seulement une zone circonscrite aux organes génitaux, comme on le croit la plupart du temps. Nous ne disposons pas d'organes qui agiraient de façon indépendante, puis d'un corps qui serait comme leur enveloppe visible, puis un cerveau qui fonctionnerait à part dans l'exercice de nos facultés mentales, enfin d'un esprit qui couronnerait la construction humaine en la spiritualisant; — d'un corps qu'il faut mépriser et d'une âme qu'il faut sauver, comme on l'a trop dit et redit jadis dans les assemblées culturelles, mais d'un corps et d'une âme indissolublement liés dans cette vie présente et formant un tout: notre Moi. Notre sexualité n'est pas non plus une fonction corporelle facultative, mais un état permanent inhérent à notre nature. On ne peut donc isoler le sexe du reste de notre personnalité, ni le dissocier de nos sentiments même les plus sublimes, encore moins l'ignorer. Il est là, et bien là, au même titre que notre intelligence. Il fait partie intégrante de nous-mêmes, qu'on l'admette ou non: nous sommes sexe du bout des cheveux jusqu'à la pointe des pieds! La grande erreur est la perpétuelle confusion entre Sexuel et Génital, l'infamante défiguration du Sexuel et l'importance donnée délibérément au Génital avec l'impératif de la procréation et, par voie de conséquence, les moyens de s'y soustraire. Or, la sexualité englobe ou affecte toutes sortes de manifestations humaines souvent très éloignées

1. *De la pérennité du couple,* éd. Arietis, Genève, 1979.

de ce qu'on appelle communément le sexe et imprègne profondément la vie affective tout entière de chaque homme et de chaque femme.

La normalité

La nature nous a dotés de trois «soupapes» pour assurer l'évacuation des tensions sexuelles commandées, parfois en dehors de notre vouloir, par l'hypothalamus: la copulation, la masturbation ou le rêve érotique. Sauf en cas de maladie dégénérative, il est impossible que l'un ou l'autre de ces moyens ne soit pas utilisé par l'humain. Bien des gens ignorent, par exemple, que tous les mammifères se masturbent si, à l'époque du rut, ils ne trouvent pas de partenaire sexuel. Je me souviens du cas d'une femme qui était convaincue de n'avoir jamais connu de contact sexuel, ni évidemment de jouissance, avant l'âge de 27 ans. Donc, ni masturbation, ni rêve érotique non plus.

En cours de Catharsis, dès la première séance de travail, elle se retrouva petite fille qui se masturbait régulièrement avant de s'endormir. Il arriva un jour, à l'occasion d'une retraite fermée (catholique) que le Père prêcheur aborda la question de la pureté avec la véhémence qui était de règle à l'époque. Jusque-là, la fillette avait ignoré que ce qu'elle faisait dans son lit était le plus grave de tous les péchés mortels et que non seulement elle méritait l'enfer, mais qu'elle ne pourrait jamais trouver mari parce que cette pratique dégoûtante la rendrait anormale à jamais. Un épouvantable cauchemar amplifia encore son angoisse. Le lendemain elle avait tout oublié et jamais plus elle ne s'accorda le plaisir qui l'aidait à dormir du sommeil des justes.

Une autre scène s'imposa peu après: elle est à l'école, on fait une dictée. Soudain sa vue s'embrouille, puis ses bras paralysent. Ses pleurs alertent l'enseignante qui n'a d'autre ressource que de conduire l'enfant à l'infirmerie. On appelle les parents et on lui donne un tranquillisant. Mise au lit, elle s'endort et... elle se masturbe en dormant, donc sans en avoir conscience. Quand elle se réveille un peu plus tard, la paralysie des bras a complètement disparu. Il arrivera encore trois ou quatre fois qu'elle paralysera à l'école. Un rituel s'installe: infirmerie, tranquillisant, au lit à la maison, masturbation et guérison. Le médecin de famille consulté n'y comprend absolument rien. Et pour cause!

Ainsi donc la nature imposait ses réflexes et le cerveau trouvait le moyen de laisser la paix de l'âme à l'enfant. Les régressions suivantes nous apprirent que sans jamais plus paralyser, elle se masturbait régulièrement en dormant... jusqu'à l'âge de 27 ans où, en vacances, elle rencontra un homme qui la libéra des peurs de l'enfer et de l'anormalité... puisque les terribles prophéties du prêcheur se révélaient complètement fausses. Depuis ce jour, elle pouvait vivre ses activités sexuelles en pleine conscience, ce qui put se faire parce que le dialogue s'établit enfin normalement entre hémisphères droit et gauche. Avant de quitter ce sujet, je ne résiste pas à l'envie de reproduire le début d'un article signé par Lise Cloutier, publié dans le numéro de février 1984 de la revue *Châtelaine* à Montréal:

> **Les bonheurs de Sophie**
>
> Sophie, deux ans et demi, assise sur le canapé du salon, trois boutons de sa salopette détachés: «Maman! Sophie chatouille ses foufounes! C'est amusant!» Scène tirée des récits de la comtesse de Ségur? Nenni! C'est Catherine qui raconte les explorations sexuelles de sa fille. Comme sujet de conversation entre parents, avouez qu'il y en a de plus courants. C'est à croire, certains jours, qu'il n'y a que nos anges à nous qui aiment se tripoter les fesses.
>
> **La masturba... euh!**
>
> «La plupart des parents sont réticents à parler de la masturbation de leurs enfants, dit Danielle Champagne, sexologue qui s'est particulièrement intéressée à cette question du "premier érotisme". Le mot masturbation choque souvent, poursuit-elle, quand il est employé pour nommer les jeux exploratoires des nourrissons et des jeunes enfants. Se masturber signifie pourtant simplement frottter ses parties génitales pour en éprouver du plaisir. Mais le terme agace les adultes parce qu'il les renvoie à leur propre sexualité. L'enfant, lui, est vierge de concepts sexuels. Il éprouve de la volupté à toucher ses parties génitales comme il en trouve à sucer son pouce ou à serrer sa couverture de laine.»

Y a-t-il des moments de sa vie où l'enfant s'intéresse davantage à la masturbation? Entre 2 et 5 ans nous disent les manuels de psychologie. Vers 6 ou 7 ans par contre, commence une phase dite de latence où les curiosités sexuelles seraient mises en veilleuse — jusqu'à la puberté— au profit de la socialisation et de l'activité intellectuelle. Cette période de latence est d'ailleurs contestée par plusieurs spécialistes de l'enfance qui préfèrent croire que l'enfant de cet âge est simplement plus conscient des interdits sociaux.(...)

Je suis du même avis, me référant aux innombrables situations revécues par mes clientes et clients. Il faut savoir que cette soi-disant période de latence est d'inspiration freudienne et qu'elle n'existe pas dans beaucoup de cas mieux observés. Il faudrait souligner qu'il est fort justement dit plus haut que *l'enfant est vierge de concepts sexuels* et ajouter que l'on parle bien de la petite enfance seulement. De façon générale, on observe, d'après le docteur Darlambach, déjà cité, que le développement sexuel des garçons et des filles en bas âge montre des évolutions physique et sentimentale très différentes. Il me paraît nécessaire d'en prendre connaissance avant d'aborder ce qui doit être exposé ouvertement à propos des abus sexuels, source de bien des maladies de toutes natures:

Le développement sexuel des garçons

	Évolution physique	**Évolution sentimentale**
Jusqu'à 3 ans	Découverte du corps, libido diffuse. Érection asexuelle du pénis.	La mère est le centre de l'univers, son seul et unique amour.
Vers 4 ans	Attouchements inconscients de la région pénienne.	Le père devient le rival, mais admiration pour lui. Manifestations amoureuses pour la mère.

Le développement sexuel des filles

	Évolution physique	**Évolution sentimentale**
Jusqu'à 3 ans	Attouchements intenses. Découvertes du corps. Très occupée d'elle-même	La mère est le centre de l'univers, son seul et unique amour.

Vers 4 ans	Masturbation et frictions possibles.	Attachement et admiration pour le père.
De 5 à 7 ans	Éveil rapide aux choses de la vie extérieure.	Amour pour la maîtresse d'école, début de la phase narcissique.

Il semble donc que les filles seraient plus précoces que les garçons. D'autre part, on comprend que bien avant six ans l'enfant est physiquement très sensible sexuellement et qu'il le manifeste sans gêne. Si l'on ajoute son fort attachement pour le parent du sexe contraire au sien et que, comme le dit avec brio Alice Miller[2], l'enfant est un objet sexuel pour l'adulte, nous possédons toute l'information expliquant les possibles abus sexuels, plus fréquents qu'on voudrait le croire... ou le savoir. Ce qui explique aussi pourquoi les premières occultations (les premiers chocs émotifs majeurs) se produisent généralement avant l'âge de six ans, comme je l'ai déjà signalé... et que c'est très souvent à la suite d'implications sexuelles, comme je me propose de le démontrer encore plus explicitement ici que dans mon ouvrage précédent. S'agissant d'un sujet délicat et plutôt dérangeant, je donnerai d'abord la parole à d'autres, à commencer par Alice Miller.

Alice Miller dénonce

Elle est née en 1923 et a fait ses études à Bâle, où elle a obtenu en 1953 son doctorat de philosophie. Pendant vingt ans, elle a exercé la profession de psychanalyste à Zurich, mais l'a abandonnée en 1980 pour se consacrer entièrement à ses recherches sur l'enfance. Elle a publié six livres sur les causes et les conséquences des mauvais traitements infligés aux enfants, qui sont à ses yeux la source de la destruction et de l'autodestruction qui se manifestent plus tard chez

2. *Le drame de l'enfant doué*, PUF, Paris 1983, *C'est pour ton bien, L'enfant sous terreur, Images d'une enfance, La souffrance muette de l'enfant et La Connaissance interdite*, éd. Aubier, Paris, de 1984 à 1990.

l'adulte. En 1986, elle a reçu à New York le prix Janusz Korczack. Deux ans plus tard, elle a quitté l'Association internationale de psychanalyse (IPA) parce que, à son sens, la théorie et la pratique psychanalytique, centrées sur le fantasme, ne prennent absolument pas en compte le fait que les patients ont été des enfants maltraités: elles ne peuvent donc les libérer des conséquences des blessures qui leur ont alors été infligées.

Il faut comprendre que sa dénonciation, à propos des fantasmes, est une contestation sans appel et, à mon sens totalement justifiée, de la théorie freudienne voulant que l'enfant est naturellement pervers et qu'il est un fabulateur dangereux, principalement en matière sexuelle, mais non exclusivement. Alice Miller parle de la «pédagogie noire» pour la dénoncer et en proposer les remèdes, en appendice à l'un de ses livres, à l'intention des lecteurs qui ne connaissaient pas ses précédents ouvrages:

> Lorsqu'en 1613 Galileo Galilei apporta la preuve mathématique de la théorie de Copernic, selon laquelle c'était la terre qui tournait autour du soleil et non l'inverse, l'Église condamna son système comme hérétique et par conséquent «philosophiquement faux et absurde». Galilée fut contraint d'abjurer ses affirmations et peu de temps après il perdit la vue. Trois siècles plus tard, l'Église se décida enfin à renoncer à son illusion, à rayer de l'index les écrits de Galilée et à en autoriser la lecture.
>
> Nous nous trouvons aujourd'hui dans une situation analogue à celle de l'Église au temps de Galilée, mais ce qui est en jeu pour nous est beaucoup plus grave. Notre décision en faveur de la vérité ou de l'illusion aura des conséquences bien plus lourdes sur la survie de l'humanité. Depuis quelques années, il est scientifiquement prouvé que les effets dévastateurs des traumatismes infligés à l'enfant se répercutent inévitablement sur la société. Cette vérité concerne chaque individu pris isolément et devrait — si elle était suffisamment connue — conduire à modifier fondamentalement notre société, et surtout à nous libérer de l'escalade aveugle de la violence. Les points suivants voudraient préciser cette thèse:
>
> 1. Tout enfant vient au monde pour s'épanouir, se développer, aimer, exprimer ses besoins et ses sentiments.
>
> 2. Pour s'épanouir, l'enfant a besoin de respect et de la protection des adultes, qui le prennent au sérieux, l'aiment et l'aident à s'orienter.

3. Lorsque l'enfant est exploité pour satisfaire les besoins de l'adulte, lorsqu'il est battu, puni, manipulé, négligé, qu'on abuse de lui et qu'on le trompe, *sans que jamais un témoin n'intervienne,* son intégrité subit une blessure inguérissable[3].

4. La réaction normale à sa blessure serait la colère et la douleur. Mais, dans la solitude, l'expérience de la douleur lui serait insupportable, et la colère lui est interdite. Il n'a d'autre solution que de réprimer ses sentiments, de refouler le souvenir du traumatisme et d'idéaliser ses agresseurs. *Plus tard, il ne sait plus ce qu'on lui a fait.*

5. Ces sentiments de colère, d'impuissance, de désespoir, de nostalgie, d'angoisse et de douleur, coupés de leur véritable origine, trouvent malgré tout à s'exprimer au travers d'*actes destructeurs,* dirigés contre les autres (criminalité, génocide) ou contre soi-même (toxicomanie, alcoolisme, prostitution, troubles psychiques, suicide).

6. Devenu parent, on prend souvent pour victime ses propres enfants, qui ont une fonction de bouc émissaire: *persécution pleinement légitimisée par notre société,* où elle jouit même d'un certain prestige dès lors qu'elle se pare du titre d'éducation. Le drame, c'est que le père ou la mère maltraite son enfant pour ne pas ressentir ce que lui ont fait ses propres parents. Les racines de la future violence sont alors en place.

7. Pour qu'un enfant maltraité ne devienne ni criminel, ni malade mental, il faut qu'il rencontre au moins une fois dans sa vie quelqu'un qui sache pertinemment que ce n'est pas lui, mais son entourage qui est malade. C'est dans cette mesure que la *lucidité ou l'absence de lucidité de la société peut aider à sauver la vie ou contribuer à la détruire.* Ce sera la responsabilité du personnel d'assistance sociale, des thérapeutes, des enseignants, des psychiatres, des médecins, des fonctionnaires, des infirmières.

8. Jusqu'à présent, la société a soutenu les adultes et accusé les victimes. Elle a été confortée dans son aveuglement par des théories qui, parfaitement conformes aux *théories de l'éducation de nos arrière-grands-parents,* voient en l'enfant un être sournois, animé de mauvais instincts, fabulateur, qui agresse ses parents innocents ou les désire sexuellement. *La vérité, c'est que tout enfant a tendance à se sentir lui-même coupable de la cruauté de ses parents.* Les aimant toujours, il les décharge ainsi de leur responsabilité.

---

3. «Inguérissable!» Si elle avait connu ma Catharsis, elle n'aurait pu écrire ça.

9. Depuis quelques années seulement, l'application de nouvelles méthodes thérapeutiques a permis de prouver que *les expériences traumatiques de l'enfance, refoulées*[4], *sont inscrites dans l'organisme,* et qu'elles se répercutent inconsciemment sur la vie entière de l'individu. De plus, des ordinateurs qui ont enregistré les réactions de l'enfant dans le ventre de sa mère ont révélé que le bébé sent et apprend, dès le début de sa vie, la tendresse aussi bien que la cruauté.

10. Dans cette nouvelle optique, tout comportement absurde *révèle sa logique jusqu'alors cachée,* dès l'instant où les expériences traumatiques de l'enfance ne restent plus dans l'ombre.

11. Dès que nous serons sensibilisés aux traumatismes de l'enfance et à leurs effets, *un terme sera mis à la perpétuation de la violence* de génération en génération.

12. Les enfants dont l'intégrité n'a pas été atteinte, qui ont trouvé auprès de leurs parents la protection, le respect et la sincérité dont ils avaient besoin, seront des adolescents et des adultes intelligents, sensibles, compréhensifs et ouverts. Ils aimeront la vie et n'éprouveront pas le besoin de porter tort aux autres ni à eux-mêmes, encore moins de se suicider. *Ils utiliseront leur force uniquement pour se défendre.* Ils seront tout naturellement portés à respecter et à protéger les plus faibles, et par conséquent leurs propres enfants, *parce qu'ils auront eux-mêmes fait l'expérience de ce respect et de cette protection,* et que *c'est ce souvenir-là,* et non celui de la cruauté, qui sera inscrit en eux.

Catharsis était sorti des presses depuis quelques mois quand j'ai lu Alice Miller pour la première fois. D'emblée j'étais en plein accord avec ses prises de position, ses commentaires pertinents qui exposaient, bien mieux que j'aurais pu le faire, la victimisation des enfants par leur environnement. Je me suis réjoui de constater, au fil de ses publications, qu'elle contestait de plus en plus les théories freudiennes et tout particulièrement la théorie des pulsions... au point d'en entreprendre une démolition systématique. Par après, dans *La connaissance interdite,* elle écrit:

> ... que Freud avait mis au point avec sa méthode un système destiné à se tromper soi-même et qui fonctionne avec une parfaite fiabilité dans

4. Lire «occultées».

le sens du refoulement[5]. Si l'on ne *veut pas* savoir la vérité sur sa propre vie, on peut trouver de l'aide auprès de la psychanalyse. On y trouvera en tout cas le moyen de renforcer les vieilles défenses contre les blessures subies dans l'enfance et de ne jamais découvrir la vérité sur ce qui s'est passé. (4-224) Et un peu plus loin:

Par la «pensée passionnée» sur «la nature de la vérité», un enfant peut se protéger toute sa vie de la vérité tragique et insupportable de son existence, et tant que ses symptômes ne sonnent pas l'alarme, les choses en restent là. Or la psychanalyse est un système offert justement aux individus atteints de symptômes pathologiques pour échapper à leur détresse. C'est pourquoi il faut qu'ils soient informés qu'ils ne trouveront là aucune solution. Ils trouveront tout au plus un labyrinthe aux galeries bien entretenues, mais sans issue vers la liberté. C'est une prison construite avec des théories d'un homme qui se trouvait il y a cent ans dans la même situation de détresse que la plupart des patients d'aujourd'hui. Ayant entr'aperçu les souffrances de son enfance, il s'est enfui dans les dédales des constructions intellectuelles et ses symptômes ont disparu en un premier temps. Mais ils sont revenus par la suite en dépit des efforts de plus en plus grands qu'il faisait pour entretenir artificiellement l'édifice.

Galileo Galilei perdit la vue lorsqu'il fut contraint par l'Église à réfuter la vérité en dépit de sa conviction la plus profonde. Sigmund Freud s'interdit d'exprimer la vérité qu'il avait lui-même découverte. Il la trahit après la mort de son père. Lorsque je lis qu'il souffrit par la suite d'un cancer de la bouche, qu'il dut se soumettre à de multiples opérations successives et finit par mourir de ce cancer, je ne puis m'empêcher de me demander si cette bouche ne se révolta pas en dernier ressort au nom de cette vérité dont Freud ne voulait plus rien savoir. Je ne me pose cette question qu'à titre d'hypothèse, invérifiable en l'absence de l'intéressé. Mais je remarque que parmi les innombrables analystes qui se plaisent tant à fournir quotidiennement des foules d'interprétations aux patients dépendant d'eux, aucun n'a jusqu'à ce jour publié, pour autant que je sache, d'interprétation de la maladie de Freud.

Les disciples n'auraient-ils même pas le droit de se demander pourquoi une figure du père si vénéré a été atteinte d'un cancer? N'est-ce pas reconnaître que ces interprétations sont des armes utilisées contre des êtres sans défense, mais non pas contre l'autorité que

---

5. Lire «occultation».

> l'on redoute? Les patients sont nourris de toutes les constructions intellectuelles du vieil homme et ils croient recevoir là une nourriture authentique. Ils croient tout parce qu'ils ont besoin de quelqu'un qui les écoute enfin. Et ils ne percent pas à jour l'abus, parce que quelqu'un qui n'a rien connu d'autre dans son enfance que l'abus ne peut pas le déceler par la suite. (4 -226)

Les lecteurs pourraient se demander pourquoi c'est dans ce chapitre-ci que je cite Alice Miller. Ses textes auraient très bien pu être présentés quand j'ai distingué la Catharsis glaudienne de la méthode cathartique freudienne. La raison de ce choix est simple: les commentaires qui suivent n'auraient pas été étayés par ce que j'ai exposé entre-temps.

Commentaires

Quand Alice Miller nous dit que tout individu ayant été un enfant maltraité ou abusé de diverses façons *sera porté à reproduire* les mêmes comportements avec ses propres enfants, elle abjure qu'on mette fin à ce cycle infernal; sans quoi notre société ne pourra se libérer de l'escalade aveugle de la violence. Et, dit-elle, la seule solution serait que ces individus acceptent de connaître la vérité sur leur vécu occulté. Comment ne pas être d'accord avec elle, après tout ce que j'ai tenté de montrer en prenant la «plume»?

Je crois nécessaire de revenir sur certains points de sa thèse afin de souligner le parallélisme de nos pensées:

1. Comment ne pas approuver?

2. Ce point me donne l'occasion de reprendre ici un exemple qu'il m'arrive souvent de donner au cours de mon travail. J'ai bénéficié de parents extraordinaires sur un point particulier et majeur: la confiance. Nous habitions un village, en Wallonie (Belgique francophone), trop petit pour y faire vivre un pharmacien. Il y en avait un dans la ville la plus proche, éloignée de sept ou huit km. J'avais au maximum cinq ans et, sur ma petite bicyclette, j'allais fièrement y faire remplir les ordonnances délivrées à ma mère par le médecin. Je

me revois encore, tout imbu de ma mission, pédalant allègrement sur les routes, prudent mais sans peur. Pourquoi aurais-je eu peur? Mes parents avaient confiance en mes moyens, donc j'avais en moi la même assurance... qui ne m'a jamais quitté depuis. Il est probable que ma mère se morfondait tant que je n'étais pas de retour, mais jamais elle n'en laissa rien paraître.

Le résultat de ce mode d'éducation apparut au fur et à mesure que je progressais dans la mise au point de la grille d'évaluation permettant de déceler l'existence ou non d'occultations majeures justifiant une démarche en Catharsis: tout indiquait que je n'avais jamais eu à fuir en occultant un événement dramatique de ma vie; grâce à des parents qui avaient confiance en eux, dépourvus du besoin de répercuter sur leurs fils des avanies dont ils auraient été victimes.

3. La blessure à l'intégrité de l'enfant ne peut se guérir que si un témoin intervient. À défaut de s'en être trouvé un à l'époque, c'est un(e) intervenant(e) qui pourrait, plus tard, en faire fonction. Mais encore faudrait-il que dans cette relation d'aide ne puissent intervenir les «pollutions» de l'autre. C'est pourquoi il est pour moi impérieux que les candidats à ma formation se soumettent à la même évaluation que leurs éventuels clients. Cette évaluation permet de savoir, avec une marge minimale d'erreur possible, si quelqu'un a ou non occulté des faits majeurs de son enfance. Seuls les candidats chez qui cette évaluation ne met pas d'indices en lumière sont admis sans avoir dû amorcer une démarche en Catharsis glaudienne au préalable. Il arrive, hélas, à cause de diverses circonstances, que des candidats acceptés ne terminent pas complètement leur cheminement vers la Catharsis. La qualité de leur travail peut être, du moins partiellement, sujette à caution.

4. L'enfant n'a d'autre solution que de réprimer ses sentiments, de refouler (d'occulter) le souvenir du traumatisme et d'idéaliser ses agresseurs. Donc, constate Miller, *plus tard il ne sait plus ce qu'on lui a fait.* Nous ne pouvons mettre en doute ce constat. Ce qui est à souligner c'est que les faits, après occultation, vont porter à idéaliser les agresseurs. Veuillez croire que cette idéalisation peut aller jusqu'à installer d'énormes résistances et inciter à nier l'évidence. C'est un point délicat à négocier pour les intervenants.

5. Les sentiments occultés trouvent malgré tout à s'exprimer au travers d'actes destructeurs pouvant aller jusqu'au suicide. Cette solution radicale n'est pas nécessairement «choisie». Le plus souvent ce sera un suicide lent par maladie dégénérative. Encore une fois, pour se libérer d'une tendance aux actes destructeurs, la désoccultation est essentielle.

6. Les racines de la future violence sont en place quand un parent maltraite un enfant, *poussé à cela* pour ne pas ressentir ce que lui ont fait ses propres parents... et dont il n'a pas de souvenirs conscients. Ce n'est qu'en retrouvant ces souvenirs que le parent pourrait briser enfin la chaîne reproductive. Quelqu'un devra l'aider à rétablir le dialogue subconscient-conscient, comme souligné au point 7.

7. Comment ne pas être d'accord avec elle quand elle écrit que *la lucidité ou l'absence de lucidité de la société peut aider à sauver la vie ou contribuer à la détruire?*

8. À mon avis, si la société a soutenu les adultes et accusé les victimes, c'est que Freud a cautionné les théories de l'éducation de nos arrière-grands-parents en laissant entendre que, oui, l'enfant est un être sournois, animé de mauvais instincts, fabulateur, qui agresse ses parents innocents ou les désire sexuellement. Ayant acquis l'autorité que l'on sait, Freud aurait pu empêcher que cela se perpétue. Au contraire, à cause de son silence sur des choses qu'il savait pourtant, des parents, éducateurs, psychologues, psychanalystes et magistrats (se fiant aux «experts») ont systématiquement (et au nom de la «science») nié les abus sexuels dénoncés par des enfants... ce qui a tellement conforté les abuseurs qu'ils purent continuer de plus belle à se servir d'eux comme objets sexuels, désormais assurés que personne ne croirait les victimes... et cela grâce aux théories freudiennes.

Il fallait dire ces choses et Alice Miller les ayant comprises, a décidé de faire ce que Freud n'a pas osé faire, notre époque étant quand même plus propice à entendre ces vérités. Ce qui n'a peut-être pas encore été dit clairement, c'est que *le petit enfant n'a pas spontanément de fantasmes sexuels.* On sait combien l'enfant est porté à fantasmer, mais son monde de l'imaginaire n'est pas peuplé d'érotisme. C'est seulement après initiation par un adulte[6] qu'il pourra commencer à «imaginer» des situations érotiques. Alors, oui, le préadolescent, l'adolescent ou l'adulte, peuvent devenir sournois, animés de mauvais instincts, fabulateurs, agresseurs sexuels ou délirants. Mais à qui la faute?

9. Concernant le fœtus, je me souviens d'une jeune cliente, très intelligente mais rebelle, agressive, décrocheuse, *très attachée à sa mère,* qui revécut en Catharsis des choses qui me déconcertèrent d'abord par leur étrangeté. Nous finîmes par comprendre qu'elle exprimait un grand inconfort alors que le moment de sa naissance approchait. Elle ne voulait pas naître, comme si elle était informée que le monde extérieur était hostile ou pouvait l'être. Bien que résistant du mieux qu'elle pouvait, elle finit par être expulsée du ventre de sa mère. Elle se sentait physiquement mal, éprouvant de la difficulté à respirer (elle tentait peut-être de s'empêcher de le faire). Elle me décrivit ensuite un grand désarroi, une impression de vide immense et une douleur dans la nuque comme si elle avait la tête coincée. Elle hurlait de tous ses petits poumons et elle ressentait qu'on lui faisait des choses, le contact avec quelque chose de froid. Ce qui dominait tout, c'était un sentiment d'abandon, d'extrême solitude. Nous retrouvions là un sentiment qu'elle ne cessait de souligner au cours de nos rencontres.

Sa mère ayant accepté de me rencontrer, je demandai les circonstances de sa grossesse et de son accouchement. Cette femme était une universitaire très absorbée par son travail; toujours à la course et sous tension, en plus d'avoir de sérieuses préoccupations d'ordre personnel, sa grossesse était loin d'être une attente calme et sereine. Elle me raconta qu'à sa naissance, sa fille avait des difficultés à respirer et qu'elle était très agitée. Alertés, médecin et infirmières s'occupèrent du bébé puis l'abandonnèrent dans une couchette

6. Quand des enfants s'initient entre eux, rien n'est plus normal et naturel: il n'y a pas traumatisme puisqu'ils sont sensiblement au même stade de développement… sauf si un(e) adulte intervient intempestivement pour les culpabiliser.

pendant qu'ils s'occupaient de la parturiente. C'est ainsi qu'on retrouva le nouveau-né la tête coincée dans l'angle du meuble. On dut garder le bébé à l'hôpital pendant quelques jours, ce qui accentua encore son sentiment de solitude, d'abandon. Les parents travaillaient tous les deux et rentraient tard le soir. C'est une gardienne qui prenait soin du bébé... qui continua de plus belle de se sentir abandonné par sa mère...

Alice Miller nous dit que Freud avait vu disparaître ses symptômes après avoir entr'aperçu les souffrances de son enfance et que, plus tard, il eut un cancer... comme si sa bouche se révoltait au nom de cette vérité dont il ne voulait plus rien savoir. En d'autres termes, c'est comme s'il se punissait par où il avait péché! L'auteure souligne bien qu'il ne s'agit que d'une hypothèse. J'oserai m'en permettre une à mon tour.

Si, au lieu de seulement entr'apercevoir les souffrances de son enfance, Freud avait pu être aidé pour que toutes ses souffrances soient débusquées, il n'aurait jamais fait ce cancer. Pourquoi? Parce qu'*un cancer survient seulement si une émotion forte précède de quelques mois son apparition* (ce qui pourrait être le cas du fait qu'il n'osait proclamer ce qu'il avait découvert). *Mais* cette émotion à elle-seule ne suffit pas, *il faut encore qu'elle soit mise en résonance avec une émotion de même nature et qui est restée occultée.*

C'est pourquoi je fais l'hypothèse que Freud n'aurait pu développer un cancer s'il avait su atteindre la Catharsis, le récurage complet de la mare. Et qu'il aurait alors parlé. J'aurai l'occasion d'y revenir quand, plus loin, il sera question des cancers et du sida. Mon commentaire ci-dessus à propos du point 8 avait pour second objectif d'introduire le sujet des abus sexuels et de l'inceste.

L'inceste

Les juristes font une distinction entre inceste et abus sexuel. Dans le premier cas, il s'agirait de relations sexuelles complètes, alors que dans l'autre, il s'agirait d'attouchements, d'exhibitionnisme... Par ailleurs, on ne parlera habituellement d'inceste que si les choses se passent «en famille». Les lecteurs sauront faire ces distinctions sans qu'il soit nécessaire que j'y revienne continûment. Parlant d'inceste, on pense généralement à des relations père-fille alors qu'il y a d'innombrables cas père-fils, mère-fils et mère-fille... et toutes combinaisons impliquant la *parenté*. Il ne faut pas se le cacher, ces pratiques sont universelles et il y a même des milieux culturels où elles sont admises, sinon tacitement encouragées[7].

Nous avons vu un peu plus tôt que l'enfant ressent génitalement des choses très agréables et qu'il les trouve aussi naturelles que le plaisir de manger, de boire, de déféquer, etc. Il manifeste sans gêne la volupté qu'il éprouve en se touchant... jusqu'au jour où quelqu'un — toujours bien intentionné — lui fera comprendre que «c'est vilain de faire ça». C'est déjà un double message que l'on inscrit dans son cerveau, une contradiction qui dépasse son entendement. Il est important de souligner que pour une large majorité, *le tout premier double message est lié à la sexualité;* donc que c'est l'instinct le plus puissant qui est contrarié. Cela noté, on comprendra peut-être mieux pourquoi *c'est presque toujours la sexualité qui s'impose en premier* quand, en Catharsis, *on laisse le subconscient s'exprimer librement, sans restrictions.*

Donc, sans arrière-pensée, sans autre intention que de vivre pour lui-même des sensations agréables qui s'imposent à lui, l'enfant n'a aucune raison de s'en cacher: la petite fille à cheval sur le pied ou la jambe d'un adulte ressent le plus souvent des sensations qu'elle cherchera à accentuer en se frottant de plus en plus vigoureusement. C'est alors qu'un «déclic» éveille une réaction dans l'hypotha-

---

7. Dans certaines régions d'Afrique (et probablement d'autres continents) il est de pratique courante que les mères caressent ou embrassent le sexe des bébés pour calmer leurs pleurs. Il ne faut pas se cacher que c'est assez fréquent dans le monde occidental aussi... mais que ce n'est pas une pratique culturellement préconisée. Je ne prétends pas qu'il s'agit d'inceste, je ne vois pas en quoi ce serait traumatisant pour les nouveau-nés! Ce n'est que si, l'habitude étant prise, il arrivait plus tard que cela devienne un moyen pour donner ou ressentir une jouissance qu'il s'agirait d'inceste. Cela arrive.

lamus de l'adulte qui, s'il n'y prend garde, pourrait alors être dominé, lui aussi, par des impulsions qui viennent du fond des âges... L'adulte n'a *jamais* raison de se défendre en accusant l'enfant de l'avoir provoqué. Lui sait parfaitement qu'il pose des gestes inacceptés par notre culture, l'enfant ne le sait pas; au contraire, il cherchera à reproduire encore et encore ce jeu passionnant. Mais s'il arrive qu'un *témoin intervienne* pour mettre abruptement fin au jeu, l'enfant en restera marqué car, même s'il n'est pas accusé de provocateur, il assistera à une scène entre adultes qui lui signifiera qu'il a participé à quelque chose de mal.

Scène revécue dans mon fauteuil: une petite fille d'environ trois ans couche dans un petit lit-cage installé dans la chambre de ses parents. En s'éveillant un matin, elle voit sa mère faire une fellation à son mari. Moins que l'acte en lui-même, c'est l'expression ravie de son père que l'enfant remarque surtout; elle l'adore et est contente de lui trouver un air si heureux. Un autre matin, il est seul dans le lit, il dort profondément. L'enfant sort du sien, se glisse à côté de son père et cherche le pénis avec l'intention de «faire comme maman» pour, elle aussi, rendre son père heureux. Il se réveille et, sans gronder l'enfant, lui dit délicatement que ce sont seulement les grandes personnes qui peuvent faire ça.

Un autre matin, même situation. L'enfant n'a pas été découragée par un premier refus, elle a vraiment très envie de le voir réagir comme l'autre jour. Cette fois, quand elle touche le pénis, il est déjà en érection (érection réflexe du matin) et quand elle y porte la bouche, le père s'éveillant ne trouve pas en lui assez de *conscience* pour la chasser... et la mère surgit. La scène est violente et l'enfant terrorisée quand son père est mis à la porte avec armes et bagages. Sa mère, très en colère, lui apprend qu'elle ne reverra jamais plus son père, qu'il est parti pour toujours. La petite comprend qu'elle a perdu son père par sa faute mais elle ne peut concevoir qu'elle ne le verra jamais plus et son bouleversement est tel qu'elle n'a d'autre ressource que d'occulter l'événement... ce qui se vérifiera quand, à ma question, elle répondra sans émotion que son papa est seulement parti travailler au chantier. (Elle ne reverra son père qu'à l'âge de 16 ans.)

En racontant ce fait authentique, je voulais souligner qu'il y a *nécessairement* une initiation pour que l'enfant puisse être tenté de reproduire. Dans ce cas-ci, c'était tout bêtement le fait d'avoir «vu» qui était initiateur. Cet exemple, et tous les autres qui suivront, nous ramène à l'essentiel de ma thèse qui veut démontrer qu'il y a infiniment plus d'implications sexuelles infantiles que l'on pense, ou que les statistiques le montrent. Dans le domaine qui nous occupe ici, toute étude statistique qui est conduite en récoltant les *souvenirs* des gens est nécessairement fausse. J'ignore par quel facteur il faudrait multiplier les chiffres publiés pour approcher la réalité, mais compte tenu des innombrables occultations débusquées, ce facteur devrait être très grand. Après des centaines de cas vus par des Catharsistes glaudiens, il est probable que les doigts d'une seule main suffiraient pour dénombrer les cas où, d'une façon ou d'une autre, la sexualité *infantile* n'était pas impliquée dans l'apparition de problèmes de santé! Quand il m'arrivera de citer des chiffres *officiels*, il sera bon de tenir compte de cette remarque.

Sous le titre de «Violence sexuelle, inceste et famille[8]», plusieurs auteurs signent des articles sur le sujet. On y lit que Fabienne Glowacz, psychologue de l'université de Liège, a mené une enquête par interview de 250 femmes de Wallonie âgées de 30 à 40 ans. C'était à la demande de Miet Smet, Secrétaire d'État à l'Émancipation sociale. Cette recherche a mis en évidence que 27 p. 100 des personnes interrogées avaient subi un acte sexuel dans leur enfance (si on inclut les personnes victimes d'exhibitionnisme, ce chiffre montait à 33 p.100).

Je ne serais nullement surpris, du fait qu'il y a probablement plus de cas occultés — donc totalement absents de la mémoire consciente —, si le véritable chiffre était plus que le double de celui publié. Il faut savoir que cette enquête fut faite auprès de femmes qui

8. *Cahiers critiques de thérapie familiale et de pratiques de réseaux* n° 10, sous la direction de Edith Goldbeter-Merinfeld, éd. Privat, Toulouse 1989.

ne consultaient pas, qui ne sollicitaient pas une aide, donc des madame-tout-le-monde. Il est également utile de signaler qu'aucune différence significative n'apparaît si l'on considère le milieu socio-économique d'origine des victimes (niveau de revenu, ou catégorie socio-professionnelle).

L'expérience clinique permet de constater que les victimes d'abus sexuels qui en ont gardé le souvenir sont *relativement* moins traumatisées par l'événement que celles qui l'ont occulté. C'est probablement une minorité des premières qui auront besoin d'aide ou en réclameront. Par la force des choses les organismes sociaux ne connaissent — et ne traitent éventuellement — que les cas où la victime se souvient... et les Maisons d'enseignement ne sont pas mieux nanties. Des sommes importantes, qui ne le seront jamais trop, sont consacrées à l'étude de ces cas minoritaires. Les autres, *qui n'ont aucun souvenir,* vont inévitablement développer des maladies physiques ou mentales qui seront traitées *à l'aveugle,* sans connaissance des causes, avec des résultats décevants pour tous... et à frais astronomiques cette fois. Mais le plus grave restera que ces personnes, qui ignorent tout des traumatismes émotifs de leur passé, seront des malades à vie et une menace aussi bien pour leur progéniture que pour la société, comme Alice Miller l'a si bien démontré.

Comment savoir?

Mais comment savoir si nous avons occulté des traumatismes sexuels de l'enfance expliquant nos problèmes de santé? Je vois au moins deux solutions: la première, objective, rapide et sûre qui consiste à se soumettre à l'évaluation faite par quelqu'un de la Corporation internationale des catharsistes glaudiens; l'autre indirecte, plus subjective mais assez révélatrice, qui est suggérée aux intervenants par Diana Sullivan Everstine[9] dans l'ouvrage cité plus haut. Elle écrit ce qui suit:

---

9. Mental Research Institute, Paolo Alto, Californie, U.S.A.

Lorsqu'il y a 14 ans nous avons ouvert notre centre pour familles en crise, les conceptions en cours à propos de l'inceste étaient celles des psychanalystes: l'inceste était considéré comme un fantasme d'enfant: Weinberg, par exemple, écrivit (in *Incest Behavior*, 1955): «L'inceste, crime universel, viole un tabou qui est aussi solide chez les primitifs que chez les hommes modernes et sophistiqués (...) Il est le recours d'individus très dérangés et très pervers (...) En dépit du (...) tabou, l'inceste apparaît, rarement il est vrai, dans toutes les sociétés occidentales.»

C'est en 1981 qu'Anna Freud écrivit: «Bien loin de n'être qu'un fantasme, l'inceste est (...) un fait largement plus répandu à certaines périodes qu'à d'autres dans la population. Dans les cas où il existe des risques d'altération du développement normal de la croissance de l'enfant, on retrouve l'inceste bien plus souvent que l'abandon, la négligence, la maltraitance physique ou toute autre forme d'abus. Ce serait une erreur fatale que de sous-estimer l'importance ou la fréquence de sa véritable existence.»

Ces deux citations reflètent clairement combien notre champ est en train de modifier ses conceptions à ce sujet. On peut se demander quelles sont les raisons de cette évolution. Est-ce parce que nous, professionnels, sommes enfin prêts à écouter ce que ces victimes essayent de nous dire? Dans mon expérience, elles ont tenté de s'exprimer depuis longtemps, mais *nous les avons fait taire*[10]. Beaucoup de victimes d'inceste ont essayé de raconter à leur thérapeute ou à d'autres professionnels leur victimisation; ces derniers leur ont envoyé, d'une façon ou d'une autre, un message indiquant qu'*ils ne désiraient pas entendre* ce discours, que ce sujet était répugnant et qu'ils étaient plus intéressés aux aspects intrapsychiques qu'à la violence vécue, dans la réalité, par leurs patientes.

Certains de nos patients nous ont raconté que *leur thérapeute changeait de sujet* lorsqu'était amené en séance le thème d'une expérience incestueuse, donnant ainsi clairement le message que ce sujet ne pouvait être discuté au cours de la thérapie. De notre point de vue, la psychothérapie est un champ d'étude trop jeune encore: il est dans son enfance. Notre profession devrait développer ses propres bases historiques et philosophiques pour être apte à approcher des sujets comme l'inceste et la violence. Notre volonté de parler enfin d'un phénomène aussi complexe que l'inceste est le reflet, dans notre profession, des forces actives existant dans la société actuelle.

---

10. Tous les passages en italique et les renvois en bas de pages sont de moi.

Que pouvons-nous faire en tant que thérapeute? Nous pensons que la procédure d'«intake» en psychothérapie générale devrait tenir compte de l'écran psychologique construit par les victimes d'abus sexuels dans l'enfance. En effet, la plupart des études estiment qu'approximativement 30 p. 100 de la population ont été victimes de tels abus. Ce pourcentage se retrouve dans plusieurs pays. Les échantillons à partir desquels ont été calculées ces statistiques sont fréquemment choisis dans une population qui ne consulte pas les services d'aide psychologique. Si l'on ajoute à ce total les personnes suivies régulièrement en thérapie, le pourcentage de victimes d'abus peut dépasser ce nombre[11]. Les thérapeutes *devraient absolument être vigilants* à propos des enfants, des adolescents et des adultes qui peuvent avoir été de telles victimes.

Cet article présente d'abord une énumération de facteurs de risques et de descriptions de *dynamiques familiales*, pouvant jouer le rôle d'*«indicateurs d'inceste»* dans une famille. (Les observations ont porté sur les cas d'inceste père-fille). *Si plus de trois ou quatre* de ces facteurs apparaissent dans une famille, le thérapeute devrait pousser son investigation plus loin:

1. Des parents alcooliques: notre expérience (et celle de beaucoup d'autres cliniciens) suggère qu'il y a un taux très élevé d'alcoolisme dans la famille où il y a inceste.

2. Un père soupçonneux, autoritaire ou puritain.

3. Un père violent, qui a peut-être lui-même une histoire d'abus physiques par les membres de sa famille d'origine.

4. Une mère passive, «absente» ou incapable de s'imposer au père lorsque cela est nécessaire.

5. Une fille jouant le rôle de mère. En d'autres mots, les familles dans lesquelles il y a, de façon évidente, un renversement des rôles de mère et de fille.

6. Une fille «pseudo-mûre».

7. Des parents qui ont une relation sexuelle troublée ou inexistante.

8. Des familles où un beau-père a remplacé le père naturel.

9. Des situations où le père est laissé seul avec les enfants pendant de longues périodes de temps et où, en d'autres termes, il doit assumer fréquemment le rôle de mère.

---

11. Encore et toujours en ne tenant compte que des gens *qui n'ont pas occulté.*

10. Des facteurs qui peuvent limiter le contrôle de soi du père.

11. Une fillette fugueuse, trop familière, très autodestructrice ou toxicomane (pouvant présenter en particulier des comportements qui paraissent étrangement paradoxaux).

12. Des enfants ou des adolescents qui ne supportent aucun rapprochement, qui n'ont ni amis ni relations véritablement proches: dans notre expérience, les enfants et les adolescents victimes d'inceste ne comprennent pas, et ne peuvent tolérer un rapprochement authentique avec autrui car ils associent le rapprochement à l'abus.

13. Un comportement sexuel non approprié à l'âge: lorsqu'on apprend, par exemple, qu'un enfant s'est engagé dans un jeu sexuel bien au-delà d'un comportement considéré comme normal pour son âge, nous nous trouvons en présence de *la «signature-diagnostic» d'un abus sexuel d'enfant*[12].

14. Des parents qui répugnent à autoriser un professionnel à avoir un entretien avec leur enfant seul à seul.

15. Une attitude hostile et paranoïde de la famille envers tout étranger; une famille qui a une attitude de « nous contre eux » envers le monde.

16. Un passé incestueux dans la famille d'origine d'un parent ou même des deux parents.

17. Des familles où les parents sont originaires eux-mêmes de milieux démunis, négligents ou abusifs.

18. Une jalousie extrême du père lorsque la fille devient adolescente et commence à montrer de l'intérêt pour les garçons.

Je me tourne maintenant vers *les adultes qui ont été victimes d'abus sexuels* dans leur enfance et leur adolescence. D'après mon expérience, bien peu de ces anciennes victimes présentent l'abus comme «le» problème[13]. Lorsque le thérapeute amène cette éventualité en début de thérapie, ces patients vont soit dénier l'existence de ces événements, soit admettre qu'ils ont eu lieu tout en ajoutant que cela ne les a

---

12. Si un enfant se masturbe en présence d'un adulte (au salon en regardant la télé, ou en ayant l'air de le faire sans s'en rendre compte, par exemple) c'est généralement un signe clair que cet enfant a eu des contacts sexuels avec un adulte. On peut y voir le même signe quand un adulte, au cours d'une démarche thérapeutique, éprouve l'envie de se masturber ou le fait effectivement.

13. Il arrive souvent que les personnes consultent pour un problème de santé sans savoir, comme nous le décelons immédiatement, que «le» véritable problème est relié à la sexualité infantile.

pas tracassés tellement; ils peuvent également écarter ce sujet en le trouvant hors de propos[14].

Le clinicien ne doit pas accepter, dans sa valeur nominale, le déni initial du client. (...) Un thérapeute devrait également, toujours de façon prudente, refuser la sous-évaluation faite par le patient de cette ancienne expérience d'abus sexuel quand celui-ci la présente comme insignifiante, inoffensive ou triviale. (...) Il faut indiquer clairement qu'on considère que cet abus sexuel infantile est sérieux. Le clinicien devrait ne pas oublier que si un patient minimise l'impact d'un abus sexuel infantile, cela indique que cette expérience est habituellement masquée par le déni, le refoulement[15] et/ou par un processus dissociatif. (...)

Les symptômes caractéristiques des *adultes ayant vécu une victimisation secrète* au cours de leur enfance ou de leur adolescence sont les suivants:

1. Un style de vie autodestructeur: ce sont des personnes qui ont une opinion extrêmement médiocre à propos d'elles-mêmes et qui prennent souvent des décisions potentiellement autodestructrices. Elles sont constamment froissées et déçues par les autres, et sont inconscientes d'être elles-mêmes partie prenante du processus qui fait qu'elles sont traitées comme elles le sont.

2. Les individus qui ont une attitude tout à fait opposée à celle citée ci-dessus, exprimant des phrases comme: «j'ai le droit», «le monde me le doit»; ils sont intègres avec eux-mêmes, souvent puritains, facilement en colère ou indignés; ils ne perçoivent pas le rôle de leur hostilité propre dans le comportement *«injuste»* qu'ils reprochent à leur entourage.

3. Les personnes qui ont choisi, à plusieurs reprises, des partenaires abusifs.

4. Les gens qui souffrent d'une certaine forme de dépersonnalisation. Ils peuvent parfois se décrire eux-mêmes comme «engourdis», ou comme ayant perdu contact avec la réalité; ils éprouvent une sorte de sentiment «gelé» lorsque d'autres sont en colère contre eux. Il se trouve également parmi eux, des personnalités à pathologies multiples, des cas extrêmes de maladies liées à un stress post-traumatique. Ces derniers patients ont souvent une histoire d'abus fort grave dans leur enfance.

---

14. Ou ils décrètent in petto que le thérapeute est un obsédé sexuel, ce qui est un indice on ne peut plus révélateur de l'incidence sexuelle dans leur passé occulté.
15. Lire «l'occultation».

5. Les personnes incapables de *«s'attacher»* d'une façon réelle et intime: elles sont capables de vivre des unions brèves et extrêmement enchevêtrées, mais, par contre, elles ne peuvent construire des relations *«complètes»* ou durables.

6. Les gens paniquant devant les demandes de proximité et d'intimité faites par autrui.

7. Les individus ayant un mode de vie « solitaire » ou socialement isolé. Ils se décrivent fréquemment comme aimant être seuls et n'ayant aucun intérêt à connaître les autres.

8. Les personnes qui affirment ne jamais être dépendantes de quiconque.

9. Les individus qui ne peuvent accepter leur propre réussite ou ceux qui, tout en étant *«capables»* de réussir, ne peuvent se permettre d'en prendre les risques.

10. Les personnes dont la rage est explosive; elles se montrent très strictes vis-à-vis d'elles-mêmes et sont facilement offensées. Elles se mettent en colère pour la moindre raison et sont alors incapables de se contrôler.

11. Les gens qui prennent toujours soin des autres. Ce sont les éternels « aidants» qui se plaignent de servir aux autres ou d'être utilisés, mais qui, constamment, s'arrangent pour qu'on dépende d'eux. Pour eux, dépendre d'un autre équivaut à être abusé. Ils préfèrent (inconsciemment) qu'on profite d'eux constamment, plutôt que de risquer de devenir eux-mêmes dépendants. Être le soutien constant de quelqu'un qui en profite leur donne au moins un sentiment de pouvoir ou de contrôle sur la situation, même si le prix en est élevé.

12. Les gens qui passent d'une histoire d'amour intense à une autre. Ils accablent l'objet de leur affection, de leurs besoins de dépendance inassouvis, respectant peu les limites ou les frontières. Ils finissent ainsi par faire fuir leur partenaire; ils ne comprennent jamais pourquoi aucune de leurs relations amoureuses ne dure et ils en souffrent.

13. Les personnes qui expriment des plaintes psychosomatiques et sont enclines fréquemment aux accidents. La seule façon acceptable ou *«sûre»* pour elles de prendre soin de soi est de se faire mal, d'être blessées. Dans beaucoup de ces cas-ci, leurs parents ne s'occupaient d'elles qu'après avoir abusé d'elles. Elles associent donc douleur et affection.

14. Nous avons observé, parmi celles qui furent grièvement abusées dans leur enfance, la présence encore actuelle des états dissocia-

tifs[16] leur ayant permis de se protéger ou de se défendre pendant l'abus. Elles se sont ensuite infligées des souffrances à elles-mêmes afin de briser ces états qui continuent de les submerger à l'âge adulte en période de stress.

15. D'autres personnes, qui ont été abusées souvent, peuvent se faire mal pour se soulager d'une anxiété intense ou d'une peur causée par une expérience positive

16. Les cliniciens devraient être particulièrement prudents lorsqu'ils sont en présence de patients ayant présenté des troubles de conduite alimentaire[17](...) Le pourcentage de sujets souffrant de tels troubles et dont la victimisation dans l'enfance fut tenue secrète est élevé. Nous trouvons également parmi eux des femmes qui essayent de se rendre elles-mêmes asexuelles ou repoussantes en devenant obèses.

17. Les gens qui viennent en thérapie avant une future naissance; ils ressentent de l'anxiété à l'idée de devenir prochainement parent ou depuis qu'ils le sont devenus. Il y a également ceux qui consultent lorsque leurs enfants arrivent au même âge que celui auquel ils ont été abusés pour la première fois. Certains de ces patients sont conscients de ces relations entre les âges, mais ceux qui sont traumatisés le plus gravement ne comprennent pas la cause de leur anxiété.

18. Des adultes peuvent exposer leurs propres enfants à un abus sexuel afin de *«défaire»* ou de venir à bout d'une victimisation vécue dans leur propre enfance.

Nombreux sont les individus ou les familles qui consultent et présentent l'*un des signes énumérés ci-dessus*. Nous pouvons poser sur ces cas *un diagnostic d'«abus sexuel d'enfant probable»*... (p. 29)

Commentaires

J'estime qu'il faut aider la société, comme Alice Miller cherche à le faire, à enfin se libérer de la peur de savoir. Par ailleurs, trop peu de

16. Dissociation mentale: rupture de l'unité psychique. Il s'agit ici d'une évasion mentale permettant de se couper de la réalité des faits vécus pendant l'abus, comme si «on n'était pas là».

17. Boulimie, anorexie...

cliniciens connaissent les indices énumérés plus haut. J'ose croire qu'ils seront désormais plus attentifs aux signes révélant des abus ayant victimisé leurs patients quand ils étaient enfants. Je sais que toutes et tous ne seront pas capables d'être confrontés à ces réalités, il faudrait qu'après avoir fait très objectivement une auto-évaluation, ils se libèrent complètement, sans tricherie, de leur passé occulté. Je pourrais donner plusieurs exemples dont j'ai une bonne connaissance pour appuyer mes dires mais je crois qu'un seul pourra suffire.

Une personne, psychologue spécialiste du traitement d'enfants en difficulté, a un jour déclaré en comité restreint que même si des tests fiables existaient pour mettre en évidence une situation d'abus sexuel, elle refuserait de s'en servir... qu'elle ne voudrait pas le savoir. Pourquoi? Parce que la Loi sur la protection de la jeunesse la met dans l'obligation de signaler un cas dont elle aurait connaissance! Elle expliquait, non sans raison, tous les avatars qui risqueraient alors de perturber encore plus l'enfant s'il était, de ce fait, confié à des réseaux officiels auxquels elle ne fait pas confiance. L'argument est théoriquement recevable, mais il me semble que la première responsabilité est d'aider l'enfant le mieux possible. Et comment y arriver si l'on refuse de savoir que ses troubles pourraient être dus à des abus au sein de la famille?

Au fond, cette personne est le parfait prototype du théoricien embourbé dans sa «scolarité». Ce n'est pas irrémédiable, certains finissent par se «désengluer»... au meilleur profit de leurs patients.

À propos des théoriciens embourbés dans leur scolarité, Miller rapporte ce qui suit:

> J'entends souvent dire que l'on doit à la psychanalyse la découverte des mauvais traitements infligés aux enfants. De pareilles erreurs permettent de mesurer la confusion qui règne dans ce domaine. Car la psychanalyse a au contraire freiné et freine encore l'accès à ce savoir. Néanmoins je ne m'étonne pas de cette confusion: j'ai mis, moi aussi, très longtemps à la déceler. Certes je ne croyais pas aux dogmes, mais je n'avais pas compris, pour autant, la fonction qu'ils remplissent: je n'avais pas compris qu'ils interdisent de prendre en compte sérieusement des faits nouveaux et de reconnaître les erreurs passées.

> Parmi les nombreuses lettres que je reçois et qui confirment cette affirmation, figure celle d'un analyste connu m'écrivant que dans ses 40 années de pratique psychanalytique, il n'avait presque jamais vu de victime d'abus sexuels. Quelques femmes avaient certes parlé d'agressions sexuelles, mais «il s'était révélé» au cours du travail d'analyse qu'il s'agissait en l'occurrence de fantasmes reposant sur le désir infantile de séduire le père et de l'entraîner à un acte de cet ordre pour l'utiliser ensuite contre la mère. S'appuyant sur des auteurs psychanalytiques comme Fenichel et Nunberg, mon correspondant affirmait en outre que tout enfant trouverait du plaisir aux relations sexuelles avec les parents, si l'inceste n'était pas interdit. Les sentiments de culpabilité et la névrose intervenaient uniquement parce que la société interdisait ce type de rapports, et c'était précisément l'interdit qui faisait problème. Cette lettre, et beaucoup d'autres que j'ai reçues, me montre avec une effrayante clarté jusqu'où a pu aller la psychanalyse classique dans la négation de la réalité. En effet, si l'on en croit le psychologue historien Lloyd de Mause, on estimait déjà, en 1986, que plus de la moitié des femmes américaines avaient subi des abus sexuels dans leur enfance. (L. de Mause, 1987.) (4-77)

Nous savons que l'expérience clinique nous a appris qu'un grand nombre des personnes qui nous consultent ont subi de tels abus. Cependant, ayant à faire face à de cruelles vérités en retrouvant, par régression et désoccultation, l'origine de leurs maladies, ces personnes se trouvent confrontées à un problème ardu: *accepter ou non de guérir des autres.* C'est parfois moins facile qu'on le pense, à cause de la « pédagogie noire» dont elles sont restées marquées. Alice Miller a très bien montré comment notre système d'éducation a réussi à ancrer en nous l'absurde croyance que nos parents avaient tous les droits, qu'ils étaient dépositaires de toutes les vérités, que nous devions comprendre et accepter que, même et surtout, les sévices servaient nos intérêts, nous forgeraient le caractère.

La seule façon pour l'enfant de canaliser ses révoltes et son agressivité était de se culpabiliser pour n'être pas toujours l'enfant docile, discipliné, silencieux tels que sont les «bons» enfants respectueux. Une culpabilité tellement ressentie qu'elle faisait tirer un voile opaque sur les agissements parentaux: Tes père et mère honoreras...

Pour guérir, il est vain, comme la majorité des thérapeutes le croient, de *se forcer à pardonner* aux parents responsables des vilenies redécouvertes par la désoccultation. Se contraindre à cela c'est se condamner à ne pas guérir. Il faut être lucidement capable de dénoncer, à soi-même, les culpabilités, les turpitudes vécues dans l'enfance... *et la part que l'on a pu y prendre.* C'est seulement alors que la guérison peut vraiment s'accomplir. Ce qui étonne le plus les personnes qui ont réussi cet exercice, c'est de constater la suite: il n'y a plus ni rancoeur, ni rancune; on a redonné aux tourmenteurs leurs dimensions réelles d'êtres humains imparfaits. Se tissent alors des liens entre égaux. L'exercice est plus facile si, par exemple, le père jadis abuseur est toujours vivant. Dans le cas contraire il faut encore réussir à franchir l'obstacle du tabou qui, culturellement, interdit de «salir» la mémoire des défunts. Nous verrons en étudiant quelques cas combien cela peut être difficile pour certains alors que pour d'autres cela se fait sans effort parce qu'au lieu de s'imposer de pardonner aux autres, c'est à eux-mêmes qu'ils ont donné l'absolution.

Le lecteur se trouve peut-être confronté à un dilemme si, en y répondant objectivement et pour soi-même, les indices énumérés plus haut indiquent une probabilité d'abus sexuel quand il était enfant. Je voudrais rappeler une règle qui s'est dégagée au cours de mon travail: beaucoup de gens ayant été forcés d'occulter des émotions trop violentes pourront aller au bout de leur vie sans avoir à «payer» par de sérieux problèmes de santé. S'il n'est jamais arrivé plus tard qu'un événement fortuit, parfois banal, vienne «réveiller» l'affect. J'ai déjà mentionné que le fait d'occulter était une sauvegarde mais que c'était l'installation d'une sorte de bombe à retardement pouvant être facilement amorcée. Ce sont donc bien les symptômes qui en sont le signe. Cependant, il y a autre chose que les symptômes à considérer: des comportements excessifs ou anormaux peuvent s'imposer à la place de maladies physiques et pousser à...

Aller jusqu'au meurtre...

Pour soutenir cette thèse, Alice Miller est incontestablement, selon moi, une experte. Je vous propose un extrait de son oeuvre où, pour éviter un vocable freudien, je me suis permis de remplacer «refoulement» par «occultation», ce qui n'altère en rien l'exposé de l'auteure et nous permet d'éviter les confusions:

> ... tout homme a la liberté de lever ses occultations pour se rendre réceptif à de nouvelles informations: informations sur les besoins du petit enfant, sur sa vie affective et sur les dangers que comporte l'étouffement des sentiments de l'enfance.
>
> On ne peut donc pas contourner cette question de la culpabilité, et je tiens à la poser explicitement: je ne veux pas éluder plus longtemps la tâche de l'éclaircir. Il y a belle lurette que cet éclaircissement aurait dû être donné, mais sans doute ne peut-il l'être qu'aujourd'hui (...) Lorsque je feuillette maintenant mes premiers livres, je suis frappée de voir que j'y ai veillé, constamment, à échapper au reproche d'accuser les parents. J'ai toujours maintenu qu'il fallait accorder au patient le plein droit de ressentir et d'exprimer ses sentiments de révolte, de colère et même de fureur à l'égard de ses parents. Mais je m'empressais toujours d'ajouter que je ne pouvais faire aucun reproche à ces parents, parce que ce n'était pas moi qu'ils avaient éduquée, manipulée et empêchée de vivre. Ils ne l'avaient fait qu'avec leur propre enfant.
>
> Aujourd'hui je vois les choses autrement. Bien sûr, mon propos n'est pas de faire des reproches à des gens que je ne connais pas, mais je n'hésite plus à concevoir et à formuler l'idée que les parents se rendent coupables à l'égard de leur enfant, *bien qu'ils* agissent sous l'effet d'une contrainte intérieure et à cause de leur propre passé tragique.
>
> Je ne peux pas imaginer qu'il existe des meurtriers ou des criminels *qui n'agissent pas* sous l'effet d'une contrainte intérieure. Il n'empêche qu'ils sont coupables lorsqu'ils détruisent ou mutilent la vie humaine. Le droit connaît certes ce que l'on appelle des circonstances atténuantes, lorsque le criminel peut être considéré comme irresponsable. Mais la motivation du criminel et sa détresse personnelle ne changent rien au fait qu'une ou plusieurs vies aient dû être sacrifiées à cause de cette situation. *Il devient coupable parce qu'il tient à ses occultations.*
>
> Contrairement aux tribunaux, je suis d'avis que tout meurtre qui n'est pas directement de la légitime défense, mais est perpétré sur un

substitut innocent, est l'expression d'une contrainte intérieure, l'irrépressible besoin de venger les terribles sévices, les abandons et les désarrois subis dans l'enfance et de maintenir occultés les sentiments qui s'y rattachent. Même un meurtrier agissant de sang-froid, avec préméditation, obéit à des compulsions de cet ordre. Je le montrerai par un exemple:

En 1984, la *National Public Radio* de Washington me demanda une interview. La journaliste qui m'interrogeait avait lu mes livres, arrivait bien préparée à l'émission et semblait avoir parfaitement compris tout ce que je disais. Une seule chose lui restait apparemment assez incompréhensible, ma thèse selon laquelle *jamais quelqu'un qui a eu le droit de ressentir ce qui lui a été infligé dans son enfance ne commettra de meurtre*[18]. Je m'expliquai plus précisément, en disant que les gens qui étaient en prison n'avaient justement jamais pu vivre consciemment leur enfance, parce qu'elle était trop terrifiante et qu'ils n'avaient trouvé personne pour leur venir en aide. La biographie de Jürgen Bartsch, dont je cite des extraits dans *C'est pour ton bien,* n'a pu exister que parce que le journaliste Paul Moor se rapprocha de Bartsch, gagna sa confiance et fit revivre en lui les sentiments de l'enfant blessé.

Dans tous les cas similaires, le meurtrier se souvient certes des faits, il peut les raconter et même publier des livres sur les mauvais traitements subis dans son enfance, mais il le fait sans rien ressentir, sans participation intérieure, comme s'il s'agissait de quelqu'un d'autre, d'un étranger. Et c'est précisément pourquoi il reste sous l'emprise du besoin compulsif de chercher une nouvelle victime à sa fureur latente, réprimée, qui est restée intacte. Les plus longues peines de prison ne changent rien à cette dynamique intérieure, car la compulsion date de l'enfance et peut même se perpétuer 60 années durant si cet individu ne rencontre pas un être humain capable de ranimer les sentiments «gelés», contribuant ainsi à effacer au moins partiellement la compulsion qui le poursuit depuis si longtemps...(4-33)

Se donner l'absolution

Je n'ai pas perdu le fil de ma démonstration et je reviens sur la nécessité de se donner l'absolution, ce qui sous-entend que les victimes

18. Souligné par moi.

en étaient arrivées à se sentir coupables. C'est en cela que réside la grande différence entre les victimes qui se souviennent et celles qui ont occulté: *on occulte seulement si, à tort ou à raison, on se sent une responsabilité*[19] *dans l'événement,* le double message au niveau de l'hémisphère droit se produit quand il y a à la fois deux intenses émotions contradictoires, jamais autrement. Encore un fait authentique pour illustrer cela:

La maman d'une fillette lui a très souvent dit de ne jamais aller à un certain endroit isolé où, paraît-il, se tiennent des vagabonds. Par un bel après-midi d'été, probablement désoeuvrée, l'enfant d'une dizaine d'années décide d'aller visiter cet endroit, malgré les avertissements. Elle en approche en catimini et il s'y trouve en effet un homme se chauffant au soleil, assis sur un petit rocher; c'est une sorte de mendiant.

Figée et curieuse, elle observe l'autre qui, la remarquant, lui adresse gentiment la parole. Peu à peu rassurée, elle finit par s'approcher timidement de lui. Il parle correctement, débonnaire et souriant; il raconte qu'il a pris un lièvre au collet et, le sortant d'un sac, il explique comment s'y prendre pour poser des pièges.

Voilà qui est passionnant et l'enfant s'approche, trop près pour éviter qu'il l'agrippe. La maintenant fermement, il montre son pénis puis il tente de glisser la main dans la culotte de la petite. Elle hurle et se débat tellement qu'il n'arrive pas à ses fins. Mais il continue de la maintenir fermement et il se masturbe. Après quoi il s'en va, non sans avertir qu'il la retrouvera si elle parle de ce qui s'est passé. Restée seule dans cet endroit désert, elle n'a pas le réflexe de se sauver sur-le-champ; elle veut se donner le temps de reprendre ses esprits avant de rentrer chez elle; bouleversée comme elle l'est, c'est certain que sa mère saurait qu'il s'est passé quelque chose!

19. D'après mon expérience, c'est vers l'âge de trois ans que s'installe la capacité de développer un sentiment de culpabilité. Avant cet âge, l'instinct de survie aidant, une grande peur peut être occultée par l'enfant.

Elle épie cependant l'environnement, prête à s'enfuir si l'autre revenait. Mais non, tout est calme. Elle pense alors à ce qui s'est passé, surtout à ce qu'elle a vu: les gestes de son agresseur se donnant rageusement un plaisir que son faciès exprime intensément... et elle sent monter en elle une excitation telle que ses doigts se précipitent là où l'autre aurait voulu l'atteindre. Après coup, cela lui paraît absolument aberrant, insensé, inexplicable. Mentalement incapable d' accepter le plaisir qu'elle vient de se donner en pensant à son agresseur, les mises en garde de sa mère la torturent. C'est trop pour ce qu'elle peut «encaisser»; le souvenir de ce qu'elle vient de faire dans de telles conditions risque de la hanter à jamais. Non ce n'est pas vrai, il n'est rien arrivé, il faut oublier... oublier... oublier. Et, sur le chemin du retour, elle ignore totalement ce qu'elle vient de vivre; c'est une fillette insouciante qui rentre paisiblement à la maison après une agréable promenade par un bel après-midi d'été, loin des endroits défendus!

Sceptique! Peut-être faudrait-il relire le début de ce chapitre 3? Ce fait est absolument authentique et des cas similaires ont été revécus des dizaines de fois en cours de régression. Ce qui peut le mieux démontrer qu'il ne s'agissait pas du fruit d'une imagination débordante, c'est que cette personne se trouvait, 25 ans après, instantanément débarrassée d'un problème de comportement que personne n'arrivait à résoudre. Je comprends que cela puisse heurter le «rationnel», mais quand notre instinct le plus puissant se manifeste certaines fois, le rationnel est relégué bien loin, très loin pour nous faire vivre un effondrement du Moi par la jouissance sexuelle. Toujours est-il que nous avons vu un exemple du «pourquoi on occulte» quand une très grande culpabilité est liée à un plaisir «défendu». Sur le plan clinique, tout est limpide et n'apprendra rien aux thérapeutes avertis.

Il est quand même relativement rare que la réaction d'excitation soit aussi immédiate; généralement c'est le soir, dans son lit, que la victime se remémore, réagit comme l'autre et s'endort tourmentée par la culpabilité; c'est par un cauchemar amplifiant l'émotion négative que l'occultation se produit. Un des grands mystères de la nature reste l'énorme puissance de cette libido qu'aucune contrainte moralisatrice ne peut indéfiniment contenir. Mieux que personne, les individus des deux sexes qui ont fait voeu de chasteté en savent quelque chose. Les prêtres catholiques, plus instruits de ces choses, font seulement voeu de célibat!

Le moment arrive maintenant de tenter de faire une synthèse de ce qui a été vu jusqu'ici. Notre cerveau très sophistiqué peut nous jouer de vilains tours. L'humain est pratiquement à la merci de ses émotions; ses maladies y sont liées et c'est dans la petite enfance que tout semble se décider. Les émotions infantiles, trop intenses pour être intégrées, sont occultées par mesure de sauvegarde et, de ce fait, ignorées du conscient. C'est le subconscient seul qui a une parfaite connaissance des faits et des émotions qui en découlent. Le plus souvent, les émotions sont occultées à l'occasion de sévices[20] envers l'enfant et, dans le monde occidental où la morale judéo-chrétienne prévaut, c'est majoritairement la sexualité qui est en cause. Lié à cela, mais pas uniquement, c'est un sentiment de culpabilité qui oblige à la fuite dans l'oubli.

Cela dit, il faut donc revenir à la sexualité infantile pour voir comment et pourquoi elle est très et trop souvent à l'origine des problèmes de santé. Ne voulant pas m'égarer dans des élucubrations théoriciennes, je continuerai de me référer à ce que la clinique permet d'observer. Il se vérifie que l'enfant, dès sa naissance, est un être sexué ressentant des «sensibilités» dans la région génitale; sensibilités qui annoncent son futur rôle de géniteur. Ce rôle est la finalité commandée impérieusement par son instinct le plus puissant en vue de la survivance de l'espèce. Cet instinct, inscrit au niveau de l'hypothalamus comme tous les autres, se développera progressivement et sans heurts si l'enfant découvre le plaisir sexuel par ses propres moyens ou en compagnie d'autres humains de même niveau de développement, c'est-à-dire avec des enfants de son âge. L'arrivée

---

20. Effrayer un enfant en le menaçant des flammes éternelles de l'enfer fait incontestablement partie des sévices. Il suffit de constater en clinique les innombrables troubles de santé résultant de cette cruelle manipulation pour en avoir la conviction.

de la puberté marquera alors un tournant majeur qui éveillera des élans de plus en plus irrésistibles vers l'accouplement. Mais s'il arrive que les agissements d'un adulte viennent perturber l'harmonie de son développement sexuel et émotif, l'enfant devient une victime sacrifiée pour la satisfaction des besoins sexuels pervers de l'autre. Au mieux(!), cet enfant deviendra à son tour un abuseur potentiel. Ce qui implique que l'adulte qui l'a perverti était lui aussi une victime d'agissements semblables.

Alice Miller mène une campagne lucide et courageuse pour que nous prenions conscience de cette réalité et que nous cessions de perpétuer cette compulsion destructrice d'humanité. Elle a raison de déborder du cadre strict des abus sexuels pour montrer que tout type d'abus (cruautés, manipulations, autoritarisme...) fera de l'abusé un probable abuseur, distributeur de sévices semblables.

Mon travail m'a obligé de constater que tous les types d'abus conduisaient assez souvent aux abus sexuels directs ou indirects. Il est donc fondé de dire que la sexualité infantile est très souvent perturbée par les agissements d'adultes et que l'on retrouve là l'origine de presque toutes les maladies. Il faut cependant nuancer en disant que le jeune enfant peut générer lui-même les abus à partir du moment où il a été initié, jamais autrement. Je veux dire que l'instinct sexuel de l'enfant ne le poussera pas à rechercher spontanément une promiscuité sexuelle auprès d'un adulte, mais qu'il sera porté à le faire si on «lui montre le chemin». Alice Miller ne semble pas être du même avis et je ne puis me dispenser de la citer sur ce point. Elle écrit à la page 56 de *La connaissance interdite:*

> La sexualité est la pulsion d'accouplement de l'individu humain qui ne reçoit son substrat hormonal qu'au moment de la puberté. Partant de cette définition biologique, il est parfaitement compréhensible que je ne la trouve pas chez les enfants. Bien sûr, l'abus sexuel laisse des traces chez les enfants qui le subissent. L'enfant peut simuler un comportement «sexuel» pour ne pas perdre l'affection de l'adulte...

Elle part d'une *définition biologique* qui n'est pas du tout la même que celle trouvée dans nos dictionnaires. Du petit Larousse (1990): Sexualité: 1.Biol. Ensemble des phénomènes sexuels ou liés au sexe, observables chez les êtres vivants. 2.Ensemble des diverses modalités de la satisfaction instinctuelle liée à la reproduction de l'espèce. Du petit Robert (1984): Sexualité:*Biol.* 1° Caractère de ce qui est sexué, ensemble des caractères propres à chaque sexe. 2° (1924) Ensemble des comportements relatifs à l'instinct sexuel et à sa satisfaction (qu'ils soient liés ou non à la génitalité). Il semblerait donc qu'Alice Miller ait réussi à trouver une définition où la sexualité est confondue avec la... génitalité psychanalytique. Curieux! Non? Remarquez que je lui prête de nobles intentions: elle veut éviter que l'on accuse encore l'enfant d'être pervers. Elle poursuit ainsi:

> Je me suis longtemps demandée pourquoi la détresse de ces enfants et leur comportement étaient toujours pris pour preuve de leur culpabilité. C'est ce qui se passe aussi bien dans les salles de tribunaux que dans la pratique psychanalytique. On se décharge là aussi d'une sexualité «impure» en l'attribuant à l'enfant par le biais de la projection et même si – hypothèse complètement absurde – la pulsion d'accouplement était déjà active chez le nouveau-né, pourquoi faudrait-il considérer cela comme condamnable? La sexualité est une pulsion naturelle qui ne peut être tenue responsable du fait que des hommes l'utilisent pour influencer ou détruire la vie d'autres hommes. S'ils le font, ils se rendent coupables, non pas parce qu'ils succombent à la pulsion d'accouplement, mais parce que celle-ci est associée dans leur histoire à d'autres facteurs comme la cruauté, l'humiliation et l'exercice du pouvoir et, qu'à cause de cette histoire, ils agissent de façon destructrice. S'ils font agir la sexualité dans leur action destructrice, ce n'est pas la sexualité qui est en faute. J'ai montré par l'exemple de Jürgen Bartsch comment un être torturé dans son enfance devient criminel, et combien il est fallacieux d'en rendre responsable sa sexualité ou ses prétendus «instincts».

Voilà une auteure respectée, dénonciatrice lucide de la théorie freudienne des pulsions, qui évoque une... pulsion... au lieu d'un instinct pourtant évident! Si cela arrive, c'est parce qu'elle semble manquer d'un savoir clinique majeur... ou qu'elle cherche trop à prouver? À mon avis, dans les situations d'abus, l'enfant qui est incontestablement sexué, ne répond pas à une pulsion d'accouplement, c'est bien évident. Il répond à des sollicitations instinctuelles, c'est-à-dire à la perception *innocente* de sensations agréables. Si un enfant est initié par un adulte et s'il ressent alors une certaine forme de plaisir, il est *naturel* qu'il cherche à connaître ce plaisir à nouveau.

Ce sont des caresses et des sensations agréables qu'il réclamera auprès d'autres personnes, *sans le moindre sentiment de culpabilité, sans être pervers ou mû par de mauvais instincts:* il ne réclamera qu'un naturel plaisir physique, ni plus ni moins que lorsqu'il réclame de la nourriture ou son petit pot, en toute et parfaite légitimité. Ce qui est bien loin d'un désir d'accouplement. S'il arrive alors qu'il se trouve un adulte, que ce soit l'abuseur ou un autre, pour acquiescer à la demande de l'enfant initié, le mal sera irrémédiablement fait et, tôt ou tard, l'enfant s'en culpabilisera, inscrivant dans son subconscient les germes d'une future maladie, en plus d'être marqué par l'empreinte du futur abuseur.

Veuillez croire que j'aborde ainsi quelque chose d'une importance capitale: *L'enfant qui n'a pas été initié n'usera jamais de séduction pour obtenir des satisfactions sexuelles, mais il utilisera tous les moyens pour en obtenir si on lui a appris ce plaisir.* Non, mille fois non, l'enfant ne simule pas alors un comportement sexuel pour éviter de perdre l'affection de l'adulte. Ce qui est vrai, c'est que l'enfant découvrira très souvent que l'abuseur lui porte attention seulement quand il y a promiscuité sexuelle. Ce qui le poussera de plus en plus vers cette promiscuité par *besoin de tendresse, d'affection* et non par «impureté».

Il est fréquent que cela soit mis en évidence en cours de régression: l'abuseur devient d'une froide indifférence envers sa victime dès l'instant où une tierce personne est présente et, pour mieux encore prévenir les soupçons, il se montre généralement bourru. Pour l'enfant c'est une douche froide, une épouvantable carence affective qu'il s'empressera de combler en offrant son sexe, non sans un certain plaisir, dès qu'il se retrouvera seul avec l'autre.

Nous restons encore un moment sur le thème de *se donner l'absolution.* Nous avons vu que l'occultation se produit quand deux messages contradictoires sont enregistrés par l'hémisphère droit. Quand la sexualité infantile est en cause, comme c'est le plus souvent le cas, les deux messages sont clairs: 1° Je ressens quelque chose de très agréable et c'est en accord avec les besoins qui sont en moi et 2° C'est épouvantable d'avoir fait ça, c'est formellement interdit, j'aurai une punition terrible... Le premier message dit que c'est bon et normal, le second dit que c'est mauvais et anormal. Dilemme: comment se fait-il que certains (grand-maman, le curé, les enseignants) disent que c'est très mal et que mon oncle Arthur, qui est aussi un grand, me fait ces choses agréables! Qui a raison? Moi j'aime bien ce que fait l'oncle Arthur! Enfant, nous avons été confronté à ce problème insoluble: *comment se fait-il que tout ce qui est agréable est interdit?* Il n'y a qu'une façon d'échapper au dilemme, c'est l'occultation. Beaucoup plus tard il en paiera probablement le prix mais, sur le moment, l'enfant qui vient d'*oublier,* pourra se développer en paix avec lui-même.

Nous avons vu que l'occultation pourra souvent se payer cher plus tard, sous une forme ou l'autre de maladie physique ou mentale, sinon par des comportements anormaux. Nous savons également qu'il faudra obligatoirement désocculter ces *souvenirs subconscients* pour trouver la guérison. Qu'arrivera-t-il alors de nos sentiments envers l'abuseur?

C'est une question pertinente qui fut posée à Alice Miller, ainsi qu'elle l'écrit:

> Mais qu'arrivera-t-il, demanda encore la journaliste, lorsqu'un patient découvre au cours de sa psychothérapie ce que lui ont fait ses parents? Le réveil de ses sentiments ne le mettra donc pas à l'abri du meurtre? Je l'assurai que non, que cet homme pourrait certes en éprouver le désir, mais ne le ferait pas. D'abord parce que, avec l'éveil de ses sentiments, il sentira aussi renaître en lui la vie et qu'il n'aurait pas envie de la remettre en jeu. Mais il y avait également une autre raison: les sentiments liés aux expériences de l'enfance sont soumis à la loi de l'évolution. Ils se modifient avec le temps et font place à des senti-

> ments nouveaux. La haine à l'égard des parents reste la même tant qu'on n'a pas pu la ressentir, parce qu'on a peur de cette haine, que l'on s'en culpabilise et qu'on redoute la vengeance des parents. Mais à partir du moment où cette peur est ressentie avec tout son contexte, une fois que l'on a compris l'enchaînement, l'on n'est plus disposé à se juger coupable pour ce que d'autres ont fait. Cette libération réduit la haine. (4-37)

Souvenons-nous que, pour des raisons qui lui sont peut-être personnelles, Alice Miller semble réfuter les possibles élans sexuels de l'enfant. Si c'est bien le cas, elle se trompe assurément. C'est ce qui peut expliquer que le texte que l'on vient de lire omette *l'argument qui est probablement le plus important* et qui est le suivant: en reprenant connaissance de ce qui s'est passé, et compte tenu que *les sentiments de l'ancienne victime évoluent avec le temps,* l'adulte qu'elle est devenue fait une plus juste part des choses; elle reconnaît l'abus mais elle reconnaît aussi sa participation (quand, par exemple, elle a éprouvé jadis une certaine forme de désir et de plaisir). Après la désoccultation les choses sont relativisées. Réalisant qu'elle avait occulté à cause d'un insupportable sentiment de culpabilité, *elle se donne l'absolution* et, sans absoudre l'autre pour autant, elle comprend et pardonne.

À l'appui de ce qui précède, j'affirme avoir eu plusieurs fois un commentaire positif de nombreuses femmes ayant découvert en Catharsis glaudienne qu'elles avaient occulté des relations incestueuses avec leur père. Elles remarquaient: «Avant ma Catharsis, et depuis toujours, j'étais mal à l'aise en présence de mon père. Je devais me forcer pour l'embrasser (très furtivement) au Nouvel An... et je suis surprise de me sentir maintenant enfin comme sa fille. Maintenant, nous pouvons discuter et rire ensemble, c'est merveilleux.» Nous aurons une parfaite illustration de cela quand, plus loin, nous verrons le cas de M. qui, après neuf jours en Catharsis glaudienne, *a choisi de se guérir des autres.*

D'autres, ayant toujours été très attachées à leur père, en même temps qu'elles rejetaient leur mère, découvraient, *après d'énormes résistances,* qu'elles avaient occulté de longs épisodes d'inceste amoureux. Comprenant enfin que l'agressivité envers leur mère était celle d'une rivale, elles retrouvaient avec bonheur le plaisir de se blottir dans leurs bras. Le cas de N. nous en fera la démonstration.

Quand on ne se donne pas l'absolution

Depuis toujours, quelle que soit l'approche thérapeutique, on doit constater qu'il y a des gens qui refusent de guérir. Une foule d'hypothèses ont été envisagées pour résoudre cette énigme, sans qu'une explication convaincante soit trouvée. Au fur et à mesure que j'avançais dans la rédaction de ce chapitre-ci, mettant en parallèle mes observations cliniques, celles de plusieurs catharsistes et les écrits d'Alice Miller, une bouleversante hypothèse s'est imposée: *dès lors qu'il est établi que beaucoup de gens ont été victimes d'abus dans leur enfance et que leurs souvenirs ont été occultés à cause d'un sentiment de culpabilité, il est pressenti qu'ils sont, malgré eux, potentiellement porteurs d'une compulsion d'abuseur. Dans un premier temps, il leur est relativement facile d'accepter de retrouver en thérapie le souvenir d'événements où ils avaient le rôle de victime... Mais leur refus de savoir qu'ils auraient abusé sexuellement à leur tour, plus tard, les amènent à nier l'évidence, au point de contester la réalité de leur victimisation pourtant parfaitement revécue jusque-là. Leur «mode de fuite» sera alors toujours le même: affirmer péremptoirement que rien de cela n'est vrai, que ce n'étaient que fantasmes.*

Si vous réagissez comme je l'ai fait au moment où cela m'est apparu, vous en aurez pour quelque temps avant de «digérer» l'hypothèse. Puis, aussi objectivement que possible, il faudra bien convenir qu'il n'y a que deux issues: contester la validité du contenu de ces pages, écrites par des insensés... et rester pris avec ses problèmes de santé, ou accepter d'y voir une logique incontournable... et guérir. Je ne dis pas que toute personne ayant été abusée sexuellement abusera sexuellement à son tour. Je dis que toute victime d'abus sera portée à abuser d'une manière ou d'une autre, ne serait-ce qu'en imposant de grandes restrictions sous prétexte de «bonne» éducation (pédagogie noire). Les personnes ayant su transformer une compulsion d'abus sexuel en une compulsion d'abus plus mineur n'ont généralement aucune difficulté à accepter de guérir.

Je m'empresse d'ajouter que les autres n'ont pas à se sentir coupables pour des agissements compulsifs qui résultent des abus dont elles furent victimes. J'espère que cette prise de conscience pourra annihiler la compulsion, qu'elle soit encore active aujourd'hui ou que son souvenir soit ancien. Nous parlons bien ici de la possibilité qu'une personne, adolescente ou adulte, aurait, ne serait-ce qu'une seule fois, abusé d'un enfant d'une façon ou d'une autre, et en garderait depuis une telle mauvaise conscience qu'elle continuerait à se punir en restant malade. Je l'ai souligné plus haut, d'anciens abusés sexuels arrivent à résister à la compulsion de reproduire le même type d'abus; cela se transforme assez souvent en *surprotection* de leurs enfants — qui est en fait un abus — sans qu'ils puissent comprendre que c'est leur propre enfance qu'ils rejettent ainsi.

On peut imaginer que mon hypothèse pourrait conduire à faire *éclore le fruit caché* dans des connaissances accumulées mais stériles. On connaît bien le fait qu'un très grand nombre de personnes errent sans fin d'une thérapie à l'autre, de la médecine pharmacienne à la chirurgie, de la psychothérapie aux sectes, sans trouver remède à leur mal. On sait aussi que beaucoup de personnes cherchent une caution en consultant, qu'elles se donnent bonne conscience en «prouvant» ainsi aux autres qu'elles font tout pour *se faire* guérir. En dépit d'échecs répétés, ces personnes valoriseront les intervenants lénifiants qu'elles auront réussi à manipuler. À l'inverse, elles fuiront ceux ou celles qui sauraient leur faire approcher de trop près le vrai problème. Ces personnes seront toujours à la recherche de faux-fuyants permettant de brouiller les pistes. Elles devront aussi comprendre que si elles cherchent chez les intervenants des partenaires sexuels, elles ne font que tenter de vivre à nouveau les abus dont elles furent victimes jadis, et qu'elles répondent en même temps à leur compulsion d'abuseur.

Ne voyez surtout pas traces de reproches dans mes propos. Comment en effet reprocher à quelqu'un des comportements qui sont précisément générés par le problème de fond, c'est-à-dire la victimisation infantile. Mais il est essentiel que les personnes en question prennent conscience qu'elles devront tôt ou tard accepter de connaître *leur* vérité. Il est impératif, comme l'a bien montré Alice Miller, qu'elles comprennent *leur obligation* de désocculter le passé afin de ne plus contribuer à «fabriquer» d'autres abuseurs. Il faut aussi dire sans détour aux personnes qui n'arrivent pas à se donner l'absolution que nul ne pourra le faire à leur place. Il n'y a aucune solution magique, personne ne peut nous guérir des autres sauf nous-même, et avec l'aide de personnes qualifiées.

J'aimerais pouvoir affirmer qu'il y a des recettes magiques, que l'on peut guérir les gens sans qu'ils aient le moindre effort à fournir. J'aimerais pouvoir les assurer qu'il suffirait de les hypnotiser, qu'on sortirait alors les secrets de leur subconscient pendant qu'ils «dorment», comme on extrait une vésicule sous anesthésie. Mais ce serait parfaitement malhonnête. En la matière qui nous occupe, l'incontournable règle veut que l'on soit disposé à connaître la vérité, rien que la vérité et toute la vérité concernant notre passé.

Des parents ayant un enfant en bas âge diront être persuadés qu'il ne peut rien arriver à leur enfant, qu'il est toujours sous étroite surveillance. Je leur pose une question: que savez-vous du passé de la gardienne ou du gardien qui veille sur lui quand vous sortez le soir? Au cours de mon travail j'ai dû me rendre à l'évidence que *beaucoup* d'enfants servent d'objet sexuel aux gardiens, qu'ils soient des adolescents voisins ou des membres de la famille, grands-parents compris. Veuillez remarquer que c'est Alice Miller, mère de famille, qui nous fait la démonstration que les anciens abusés deviennent *potentiellement* de futurs abuseurs... Et qu'elle donne, dans son dernier livre, des messages clairs aux groupements féministes.

Il est à craindre que ce qui précède provoque des «remous en sens divers», même si cela nous permet de peut-être donner enfin une réponse à la sempiternelle question: comment se fait-il que ce soient les femmes qui, majoritairement, consultent tous azimuts? Si deux et deux font bien quatre, donc si les statistiques disent vrai à propos des abus dont sont victimes les fillettes, il faut conclure que beaucoup de femmes furent obligées d'occulter des situations où elles ont ressenti de la culpabilité. Je ne dirai jamais assez qu' elles ne devraient pas se sentir fautives pour ce qu'on leur a fait jadis.

Il faudrait se souvenir que les statistiques citées, qui découlent d'enquêtes menées auprès de gens *qui se souviennent,* sont nécessairement fausses. Grâce à notre travail, nous savons qu'il y a plus de gens ayant occulté qu'on pouvait le croire et qu'il s'agit surtout de femmes. Est-ce à dire que les garçons sont moins abusés? Peut-être pas. Rappelons la règle fondamentale: on occulte à cause d'un sentiment de culpabilité. Or, c'est en relation avec la sexualité que la culpabilisation est la plus intense... surtout chez les filles. C'est, à n'en pas douter, la morale judéo-chrétienne qui est responsable de cela: c'est toujours la fille qui est responsable, c'est à elle de refuser les avances des garçons.

C'est exactement comme si on disait qu'une fille a moins de «besoins» qu'un mâle, qu'elle n'est donc pas justifiée de «réagir». C'est une absurdité mais nos éducateurs ont tout fait pour accréditer cette fable et les femmes s'en sont laissées convaincre. Tenez, un simple exemple: je me souviens parfaitement d'avoir entendu ma mère dire à une voisine: «Moi je lâche mes coqs, enfermez vos poules...» Il découle de cela que les garçons étaient beaucoup moins portés à se culpabiliser et il est probable que c'est la raison pour laquelle ils n'ont pas autant d'occultations liées à la sexualité.

Je l'avais déjà souligné dans mon ouvrage précédent mais cela ne sera jamais trop répété: le mythe du Paradis terrestre, d'Ève pécheresse, est à l'origine de mentalités «tordues» dont les femmes restent les principales victimes. Mesdames, refusez donc de vous laisser gouverner par de telles balivernes. Avez-vous déjà réfléchi au fait que ce mythe d'Adam et Ève nous dit que l'Humanité serait le résultat de l'inceste? En effet, s'il est vrai, comme on me l'a appris à l'école, que nos premiers parents n'eurent que deux fils, dont un criminel, il y a nécessairement eu inceste mère-fils. Et si, par hypothèse, ils eurent aussi des filles, il y aurait eu, pour le moins, inceste père-fille ou frère-soeur! Comme vous le voyez, on n'en sort pas, la sexualité et la criminalité sont en cause dès le début d'un judéo-christianisme misogyne. Bel héritage!

Nous ne devons donc pas nous surprendre du fait que les femmes aient été amenées à se culpabiliser plus que les hommes en matière sexuelle et nous sommes forcés aujourd'hui d'en constater les conséquences. Malheureusement, les raisonnements ne peuvent rien pour extirper les culpabilités occultées. Pour enfin se guérir des autres il faut nécessairement récurer la mare à fond. C'est la seule véritable solution pour arrêter, par exemple, les abusives hystérectomies pratiquées sous prétexte de cancers appréhendés qui sont toujours la résultante d'émotions très négatives liées à la sexualité, comme nous allons le voir au prochain chapitre.

CHAPITRE 4

Cancer et sida

Ce n'est pas dans la
connaissance qu'est le fruit,
c'est dans l'acte de saisir.
SAINT BERNARD

Déjà avec *Catharsis* nous sortions résolument des sentiers battus et, m'ayant lu jusqu'ici, vous constatez que je vous invite encore une fois à la découverte d'autres connaissances interdites. En ce qui concerne les maladies, nous savons par exemple que les innombrables recherches se font au niveau de la cellule. C'est vrai pour le sida, le cancer, l'infarctus, les psychoses, l'épilepsie... Régulièrement, il nous est annoncé que des facteurs génétiques — des chromosomes — ont été mis en évidence et que l'on a identifié tel virus responsable. Mais, devenus plus conscients peut-être depuis quelques années, certains auteurs scientifiques ne manquent quand même pas d'ajouter *qu'il se pourrait* que ce soient des facteurs environnementaux qui fassent «bouillir la soupe».

Partant de recherches dont je vais parler, je dirais à l'inverse que *ce sont souvent* des facteurs environnementaux (donc les autres) qui provoquent le dérèglement des cellules. J'ai souligné, dans mon précédent ouvrage, que les facteurs génétiques étaient nécessairement impliqués en parlant des familles où l'on retrouve surtout des diabétiques alors que dans d'autres familles ce seront surtout des maladies cardiaques, des problèmes digestifs, etc. J'ajoutais immédiatement que, dans ces familles, tout le monde n'était pas forcément malade, qu'il fallait qu'interviennent des facteurs psychiques, donc émotionnels, pour que la maladie «privilégiée» apparaisse. Ce qui permettait de comprendre pourquoi un même choc émotif majeur pouvait provoquer des maladies très diverses, selon les «faiblesses de famille».

En concentrant les recherches au niveau de la cellule, c'est comme si on se concentrait sur la nature des gaz qui sortent du pot d'échappement de l'auto en vue de les rendre moins nocifs, sans se préoccuper du moteur qui produit ces gaz! C'est moins un problème de probité intellectuelle qu'un problème économique car, si tous les moyens de la recherche étaient mobilisés pour développer des moteurs fonctionnant sans essence, il n'y aurait plus de problème mais on ruinerait l'industrie pétrolière... qui finance les chercheurs dont la tâche n'est pas de supprimer ces gaz mais de seulement les rendre moins nocifs.

Le problème est exactement le même dans le domaine de la maladie: en étudiant la cellule on cherche à mettre au point de nouveaux médicaments, les moins nocifs possibles, qui seront produits par l'industrie pharmaceutique... qui finance les chercheurs... et fait des médecins drogueurs. On n'a donc pas réellement le souci d'assurer la santé quand on se limite à soigner chimiquement des symptômes. Au lieu de chercher à savoir comment soigner une maladie, le mieux serait de chercher à comprendre pourquoi elle survient et comment son organisme s'y prend pour guérir un malade, sans l'aide de médicaments.

Si l'on veut bien s'en souvenir, à l'instant où une Catharsis prend fin, à la sortie du tunnel, il se passe quelque chose de tout à fait extraordinaire. Est-ce une illumination, une béatitude, une transfiguration? C'est, en tout cas, une transformation mentale et physique.

> Certaines personnes qui vivent cela manquent de superlatifs pour décrire ce qu'elles ressentent, et finissent par dire que les mots ne peuvent décrire ce qui se passe en elles. Cela est surtout vrai quand les séances de travail ont été systématiquement quotidiennes, ce qui n'est, hélas, pas toujours réalisable. Or, la fin d'une Catharsis peut être prévue deux ou trois jours d'avance. Il devient dès lors possible d'installer le sujet d'expérience dans un laboratoire équipé convenablement, et de permettre à une équipe multidisciplinaire de se préparer à enregistrer ce moment exceptionnel sous tous les paramètres possibles et imaginables.
>
> Ne serait-ce pas la recherche la plus fondamentale qui soit, en matière de santé humaine? Peut-on imaginer la portée d'une telle mise en lumière des moyens pris par un organisme pour provoquer une guérison, quelle que soit la nature de la maladie, les organes ou les systèmes impliqués? (A. Glaude, *Catharsis*, 1984)

À l'époque de cet écrit, le docteur Laborit m'avait fait remarquer que les moyens du bord ne permettaient pas encore que cela puisse se faire, que la seule façon serait... de couper la tête du sujet testé! (Pour faire les analyses requises en lui émiettant le cerveau). Je reviens aujourd'hui sur le sujet parce que, grâce au scanner cérébral, il est au moins devenu possible de prouver qu'*un choc émotif majeur fait apparaître dans le cerveau une trace visible qui annonce d'avance le développement d'une maladie.* Le même appareil permet aussi de faire la preuve visible (photographiable) qu'un processus de guérison est en cours. C'est grâce à un jeune communicateur de grand talent, encore peu connu en Amérique, que j'ai pris connaissance de certains travaux qui seront l'épine dorsale de ce chapitre. Mon premier objectif sera de recommander la lecture de son livre, *Le Cancer Apprivoisé,* qui nous révèle des choses étonnantes. Telles celles-ci:

> **Le sida, oui, mais...**
>
> Un jour, un habitant de la ville de Seattle (USA) découvre que son pare-brise est griffé. Il fait sa déposition au commissariat du quartier. Le lendemain, un voisin, apprenant les faits, découvre lui aussi qu'il a été la cible du même vandale. Un autre voisin examine sa voiture et c'est ainsi que, de voisin en voisin, le commissariat se retrouve rapidement envahi par des plaintes similaires.

D'abord les journaux, puis les radios, les chaînes de télévision répercutent la nouvelle. Les autres régions sont progressivement touchées par le phénomène. On ne pense plus que le coupable est un individu, mais qu'il s'agit plutôt d'un phénomène collectif inquiétant.

Jusqu'au Président Eisenhower qui charge une équipe d'experts d'élucider ce mystère. Deux causes sont envisagées:

1) Des retombées dues aux récents essais nucléaires effectués par les Russes.

2) Des gouttes d'acide provenant du revêtement des autoroutes avec un produit nouveau.

Ni l'une ni l'autre n'était réelle.

Cette épidémie prit fin lorsqu'on apprit qu'il n'y avait pas plus de pare-brise griffés qu'auparavant. En fait, il s'agissait d'un cas isolé: quelqu'un avait observé son pare-brise sous un éclairage particulier et avait constaté qu'il était griffé.

La presse ayant grossi l'information, chaque automobiliste s'était mis à examiner consciencieusement le pare-brise de sa voiture et avait constaté également sa détérioration.

L'idée n'était venue à personne que le pare-brise d'une voiture utilisée depuis un certain temps était normalement griffé. En observant minutieusement son pare-brise, cet homme avait mis en évidence un fait qui n'avait jamais été relevé auparavant.

Cette histoire vraie, fruit d'une focalisation générale, pourrait bien être en train de se reproduire aujourd'hui, dans un autre domaine, et avec des conséquences beaucoup plus dramatiques...

Le sida, abréviation de «syndrome[1] d'immunodéficience acquise», est un phénomène apparu au début des années quatre-vingt.

Cela commence par l'hospitalisation à Los Angeles d'un jeune homosexuel. Il est fatigué. Il dort mal. Il a des poussées de fièvre inexpliquées. Il maigrit.

À l'hôpital on ne trouve rien. On le dirige vers un hôpital universitaire pour des examens plus poussés. Là, on annonce au malade paniqué qu'il lui manque la quasi-totalité des lymphocytes T4, dont le rôle est de coordonner les combats contre les microbes.

Quelques semaines plus tard, il développe des difficultés respiratoires. On identifie une pneumonie grave.

Le médecin de l'hôpital universitaire, le docteur Michael Gottlieb, intrigué par ce cas compliqué et obnubilé par ces symptômes, se met

1. Syndrome: ensemble des symptômes qui caractérisent une maladie.

en chasse et découvre deux autres cas similaires. Deux autres homosexuels atteints au départ des mêmes symptômes.

Son esprit logique l'amène à penser qu'il doit s'agir d'une maladie sexuellement transmissible non encore répertoriée, il faut donc la découvrir.

En 1981, le premier patient meurt des suites de sa pneumonie. Les autres ne tarderont pas à suivre.

Le docteur Gottlieb prend alors la décision d'appeler le Centre mondial de surveillance épidémiologique. Le docteur James W. Curran, aujourd'hui directeur du programme sida, délègue le docteur Shandera afin qu'il vérifie les dires de Gottlieb. Les deux hommes se connaissent, ils ont fait leurs études ensemble. Shandera confirmera que l'affaire est grave. Rapidement, telle une traînée de poudre, la mobilisation se généralise partout, les médecins du monde entier reçoivent l'ordre de rechercher des patients dont les symptômes correspondent à ce qui a été découvert, c'est-à-dire pneumonie à *pneumocystis carinii,* sarcome[2] de Kaposi et lymphadénopathie (affection ganglionnaire): des affections rares qui n'avaient jusqu'ici jamais attiré l'attention des chercheurs.

L'Epidemic Intelligence Service lâche ses médecins-détectives. Ils ne trouvent malheureusement pas grand-chose. Les malades qu'ils découvrent ont un seul point commun: ils sont homosexuels.

Mais cette seule découverte va déjà bouleverser le monde entier. Partout on parle d'un milieu qui jusqu'ici était tabou, où les pratiques sexuelles étaient généralement cachées. Le monde veut en savoir plus. Le public commence à parler du cancer «gay»[3].

En cherchant mieux, les détectives de la santé trouvent un cas qui n'est pas homosexuel, mais toxicomane. Les nouvelles circulent vite, les médias en profitent pour grossir l'information.

Les chercheurs sont maintenant de plus en plus convaincus qu'il s'agit d'une nouvelle maladie transmissible par les rapports sexuels et le sang. Sans doute un virus qui inhibe le système immunitaire.

En 1983, à Paris, l'Institut Pasteur va, le premier, identifier un virus.

Des anticorps sont ensuite découverts dans le sang d'un Zaïrois, échantillon qui remonte à 1959. Puis on découvre le «virus» lui-même dans le sang d'une Africaine prélevé en 1976.

---

2. Autrement dit: cancer. (N.D.L.R.)
3. Terme anglais signifiant homosexuel.

À partir de là, l'actualité n'est plus seulement orientée vers les milieux minoritaires, mais vers le continent africain. La plupart des pays africains sont passés au crible. Très vite il apparaît que le nombre de cas est affolant. Le sida s'est déjà répandu dans toute l'Afrique. Puisque l'on trouve les anticorps de virus dans le sang d'un Africain prélevé en 1959, on en déduit que la propagation du virus aux autres continents est donc venue d'Afrique. Le voyage d'un virus est cohérent.

Ce que l'on oublie de dire, c'est que les Africains se portaient jusque-là très bien!

Autres déductions, le virus du sida qui, au dire des chercheurs, risque de contaminer toute la planète, provient:

1) d'individus dont les pratiques sexuelles sont déviées,

2) des prostituées,

3) des drogués,

4) des Noirs.

Or, dans les groupes à risques, c'est-à-dire les mères prostituées, droguées, les homosexuels, etc., on trouvait déjà depuis des années des décès causés par une déficience immunitaire. Comme il s'agissait d'individus «marginaux», on préférait les ignorer.

Pourquoi s'étonner si, aujourd'hui, on affirme que 95 p.100 des enfants sidéens appartiennent à ces groupes minoritaires exposés, que les hémophiles, par exemple, succombaient à des pneumonies, des cachexies[4] ou à une forme de leucémie, avant la découverte du sida?

Les virus ont toujours existé, certains ont été répertoriés, d'autres non. Certains de ces virus ont des organes de prédilection pour se perpétuer. Certains virus se trouvent plus présents dans certaines régions du monde. C'est le cas pour l'Afrique où l'on a découvert un taux très important de «séropositifs».

Il en est de même pour les animaux. Par exemple, le singe vert d'Afrique possède un virus similaire à celui identifié comme étant responsable du sida. Cet animal n'en souffre pas. Le virus vit bien avec son hôte. Il suffit que l'animal soit prisonnier pour qu'alors le virus devienne dangereux[5].

---

4. État d'affaiblissement extrême du corps.

5. Un animal sauvage fait prisonnier est, évidemment, en inhibition de l'action chronique. Ce n'est donc pas le virus qui cause la maladie, mais bien l'émotion, l'attente en tension. Si c'est déjà vrai pour l'animal, imaginez combien c'est ravageur pour l'humain. (N.D.L.R.)

Pourquoi, dans la plupart des cas, les séropositifs ne présentent-ils aucun symptôme?

Rappelons-nous la phrase de Claude Bernard qui a été reprise par Pasteur sur son lit de mort: «Le microbe n'est rien, c'est le terrain qui est tout.»

Pourquoi, contrairement aux autres virus, l'infection virale du sida n'a-t-elle pas de symptômes obligatoires? Pourquoi y a-t-il plus de 25 symptômes différents utilisés pour vous convaincre que si vous êtes séropositif, la maladie dont vous êtes atteint provient du virus?...»

Et cela continue ainsi, comme un rouleau compresseur, pendant deux autres pages pour conclure que *«Les séropositifs ne deviennent des victimes du sida que s'ils se laissent envahir par la panique, la honte et la dévalorisation mortelle.» Ce qui est également vrai pour toute autre maladie, cancer compris.* Faut-il ajouter que ce qui précède est en parfait accord avec ce que dit Henri Laborit: «J'ai 76 ans, je fume, je vis, tout cela parce que je ne suis pas angoissé [6]». Et, dit autrement par un vieux pêcheur breton de plus de 80 ans: «J'ai fumé toute ma vie et je ne me priverai jamais de ce plaisir. Quand j'ai lu dans le journal la description de tous les malheurs qui peuvent arriver aux fumeurs... j'ai cessé de lire le journal.» Sous forme de boutade, ce vieux sage nous montre qu'il avait compris que la Science, avec la complicité des médias, peut créer de toutes pièces des paniques mondiales créatrices de maladies. Voilà de quoi se rendent complices les médecins qui ne veulent rien savoir de plus que leurs connaissances académiques étriquées, biaisées et «orientées» par l'industrie pharmaceutique.

C'est au livre *Le Cancer Apprivoisé* (éd. Soleil, Genève 1990) écrit par le psychologue belge Léon Renard que j'ai emprunté le texte, magistralement articulé et documenté, montrant comment *on se fait avoir* par la science officielle. Je tenais à donner un échantillon de son érudition avant de vous raconter comment je l'ai connu. Fin fé-

---

6. Dans l'*Actualité médicale*, 31 octobre 1990.

vrier 1989, il m'écrit pour dire qu'il avait acheté mon livre à Paris, au sortir d'une conférence sur le cancer qu'il venait de donner à La Sorbonne, qu'il était passionné par ma découverte, qu'il souhaiterait se former à la Catharsis glaudienne et qu'il serait de passage au Québec au mois d'octobre de la même année. En compagnie de son épouse, il est effectivement venu me rendre visite à Sainte-Adèle. La formation, exigeant au minimum sept mois de présence au Canada, ne pouvait être envisagée, mais nous avons beaucoup «parler boutique», comme on dit.

J'appris ainsi qu'avant de me lire, il avait remis un manuscrit à un éditeur suisse et qu'il m'enverrait un exemplaire du livre quand il sortirait des presses. Quelques jours plus tard, je suis allé l'entendre donner une conférence en comité privé à Montréal et c'est là que j'ai eu la confirmation que je venais de connaître un homme de grand avenir: je fus séduit par la limpidité de son exposé et la solidité de ses arguments. Depuis, nous travaillons à mettre au point un mode de collaboration permettant de jumeler nos expériences en vue d'en diffuser les fruits le plus largement possible. Il faut encore que je précise que Léon Renard travaille seul lui aussi, se consacrant au traitement psycho-adjuvant du cancer et des maladies graves. Il enseigne la psycho-immunologie à l'ISEE de Bruxelles.

En citant Laborit et le pêcheur breton, je nous préparais à examiner d'un peu plus près cette autre psychose collective, créée par la science, qu'est la culpabilisation des fumeurs. Nous verrons, une fois de plus, que l'on utilise des informations biaisées pour créer une panique qui ne se justifie pas. En préambule à cela, je conviens que le fait d'inhaler la fumée de tabac n'est pas un besoin essentiel, pas plus que boire du vin, de l'alcool ou, encore, de manger une (oh! délicieuse) sauce béarnaise avec un juteux steak saignant, sans parler d'un sublime fromage triple-crème sur pain de campagne beurré. C'est toujours une question de choix personnel, c'est entendu; cependant, avez-vous remarqué la morosité de ceux qui, au nom de faux principes «scientifiques», s'imposent des restrictions auxquelles ils ne sont pas tellement certains de croire? Tout de même, soyons un peu plus critique face à certaines affirmations boiteuses et cessons d'avoir peur de tout et de rien. Léon Renard est allé y voir de plus près et voici ce qu'on peut trouver dans son livre:

Le tabac est-il cancérigène?
Grâce aux expériences du docteur Moirot[7], nous pouvons maintenant comprendre qu'une substance comme, par exemple, le goudron, n'est cancérigène que dans certaines circonstances bien particulières. Badigeonner les animaux de laboratoire, en état de stress permanent, avec du goudron et réussir à provoquer le cancer ne relève pas d'une grande performance scientifique. Tout comme vouloir démontrer que l'alcool provoque la cirrhose du foie en remplissant d'alcool le corps d'un animal avec l'aide d'un entonnoir.

En déversant ainsi de l'eau sans arrêt dans l'estomac d'un homme, on arriverait également à provoquer différents troubles. Cela voudrait-il dire que l'eau est mauvaise? Tout ce que l'expérience pourrait nous apprendre est que les excès nuisent en tout et que dans toute chose il vaut mieux garder le juste milieu.(...)

On sait que, instinctivement, la souris a peur du feu et de la fumée. Il était d'ailleurs courant, dans le passé, de crier au feu lorsqu'on voyait des souris quitter une maison. Néanmoins, on s'évertue à prouver que le tabac provoque le cancer en enfumant des souris avec de la fumée du tabac.

Hormis les conditions évoquées par le docteur Moirot, ce n'est pas seulement la fumée du tabac qui est responsable du cancer chez ces animaux, mais *le conflit de peur* qui, comme il est possible de le déduire d'après la «loi d'airain du cancer» du docteur Hamer[8], provoque toujours des taches rondes au poumon.

Le docteur Hamer explique qu'on a réussi à prouver, par l'expérimentation animale, que le formol provoquait des cancers de la muqueuse nasale chez les rats. Or ces animaux ont la réputation d'avoir des narines ultra-sensibles.

Si l'on badigeonnait pendant des mois les muqueuses nasales de ces chercheurs avec du formol ou toutes substances qui provoqueraient des douleurs atroces, il serait évident que le conflit de torture olfactive induirait, en conformité avec la loi d'airain, un cancer de la muqueuse nasale et des sinus maxillaires.

---

7. Nous verrons un peu plus loin de quoi il s'agit. (N.D.L.R.)
8. Patience, nous y arriverons bientôt. (N.D.L.R.)

Les fumeurs sont en général d'éternels anxieux et d'éternels stressés; il n'est donc pas étonnant de trouver chez eux plus de cancers du poumon. Par ailleurs, le non-fumeur qui enrage intérieurement contre les fumeurs, ou qui craint d'attraper un cancer par leur faute, ne se rend pas compte que *ce sont ses propres peurs* qui vont déclencher, chez lui, le cancer.(...) (5-39)

Toujours de Léon Renard, en relation avec ce que nous venons de lire:

Expérimentation animale
Avant d'aller plus avant (...), j'aimerais parler des expérimentations qui ont été effectuées sur l'animal par cette science inhumaine que l'on appelle vivisection. Elle a permis, dit-on, de mettre en évidence certaines substances cancérigènes.

Il faut savoir qu'au départ, les protocoles d'expériences ont été préparés dans l'idée de démontrer que ce que l'on acceptait déjà pour vrai se vérifiait en laboratoire. L'homme a donc inventé des systèmes, des techniques, pour matérialiser ce qu'il pensait au départ. Si l'homme avait pensé autrement, il aurait inventé d'autres techniques, pour démontrer la véracité de ses autres théories.

Le docteur Moirot, chef de service dans un hôpital à Valence, s'est intéressé aux expérimentations animales et a remarqué que ces expériences ne tenaient pas compte du respect de l'animal et des conditions dans lesquelles les expériences très souvent traumatisantes étaient effectuées[9].

Par exemple, les animaux étaient, soit isolés dans des cages et ne recevaient aucune considération, soit étaient placés dans des cages surpeuplées. Le docteur Moirot recommença ces expériences (tout en affirmant aujourd'hui qu'il n'est pas nécessaire d'avoir recours à des expériences sur les animaux pour découvrir l'origine psychosomatique de la cancérisation). Il donna, cette fois, aux animaux faisant l'objet de l'expérience, un éclairage suffisant, une intégration parmi ceux de leur espèce, une nourriture adaptée à leurs besoins, des jeux. Il ne fut pas étonné de constater que les animaux porteurs de substances cancérigènes se portaient beaucoup mieux que le groupe témoin laissé comme par le passé.

---

9. *L'origine des cancers,* Paris: Lettres Libres, 1985.

Le docteur Moirot est le premier chercheur, à ma connaissance, ayant pu mettre en évidence les facteurs psychologiques, tels que le stress, l'inaction, le mal-être, le manque de satisfactions sensorielles ou le surpeuplement.

Il faudrait être de mauvaise foi pour ignorer ses recherches car c'est l'apport le plus remarquable qu'on ait fait, ces dix dernières années, concernant l'étiologie (étude des causes) psychosomatique de la cancérisation.

Ses recherches menées dans les communautés religieuses lui ont fait découvrir un énorme pourcentage de cancer. Des cancers du sexe, de la prostate et du larynx. Il y a ici refoulement du sexe, des organes associés à la sexualité, et les cas de cancer du larynx étaient liés à certaines communautés qui respectaient la loi du silence.

L'expérimentation animale ne tient pas compte du respect de l'animal. Le stress de l'isolation ou de cages surpeuplées, une nourriture inadaptée et le manque de satisfactions sensorielles sont tels que l'animal est devenu fragile à toutes contaminations, qu'elles soient virales ou provoquées par l'inoculation de substances agressives dites cancérigènes. (5-37)

Commentaires

Quand les recherches du docteur Moirot dans les communautés religieuses permettent de constater les ravages qu'y cause le cancer, la première explication venant à l'esprit serait que l'organe qui ne sert pas finit par être détruit, éliminé par l'organisme. Pour appuyer cette thèse, il faudrait préalablement démontrer que les organes en question sont non utilisés, or il est impossible qu'il en soit ainsi. En dépit des voeux de chasteté ou de la loi du silence, qui sont contre nature, les religieux ont une vie sexuelle active à divers degrés et la loi du silence est contournée en catimini (ne serait-ce qu'en parlant seul dans sa cellule). Les véritables générateurs de ces cancers sont les insensés qui édictent des règles qu'il est impossible de respecter intégralement. Du fait de l'éducation reçue et des «péchés» qu'ils ne peuvent s'empêcher de commettre, certains religieux sont soumis à des tortures morales tellement intenses qu'ils finissent par se punir par où ils ont péché. Certains autres, plus réalistes, refuseront de se sentir coupable d'avoir transgressé des ukases[10] contre nature et ils conserveront la santé.

Ce qui est dit ici à propos des cancers s'applique à toutes les maladies qui, à bien y penser, sont des cancers de l'âme. Nous avons vu, par l'exemple du sida, comment on manipule l'opinion pour faire croire à l'apparition d'une «nouvelle» maladie. Il n'existe pas de symptômes spécifiques du sida et que penser d'UN(!) virus que l'on a successivement baptisé HTLV, HTLV3, HIV, SIV, LAV2, et HTLV4?... et ce n'est peut-être pas fini. Les médias se complaisent à diffuser des chiffres de plus en plus affolants pour nous dire que le nombre des séropositifs ne cesse d'augmenter... sans dire cependant, qu'en cherchant bien, on finira peut-être par constater que nous sommes tous séropositifs, que nos parents l'étaient aussi, au même titre que nos ancêtres.

Religion et médecine ont mis au point une recette infaillible pour s'assurer une clientèle docile. L'une a «inventé» le péché pour que nous nous sentions tellement coupables, minables, bons à rien que nous lui soyons infiniment reconnaissants d'avoir l'extrême bonté de nous offrir la possibilité de nous racheter grâce à elle qui a, bienheureux hasard, «inventé» le pardon accordé au nom de Dieu. L'autre a «inventé» des thérapeutiques tellement dangereuses à administrer que ce danger a pu être invoqué pour lui obtenir le droit exclusif de prescrire ses propres poisons; là encore on crée d'abord le mal puis on s'offre comme seul recours possible. Le problème c'est que leur clientèle est de moins en moins naïve et docile, il leur faut trouver d'autres moyens pour rameuter les brebis égarées. Alors la médecine «invente» le sida, une terrible punition pour péché de chair; ce qui permet d'entrevoir une juteuse relance pour les compères de toujours. Il n'y a vraiment rien de mieux, pour «créer» des malades et des pénitents, que de répandre la terreur génératrice de culpabilité. Ah! vous désertez l'église et vous avez moins de respect pour l'élite médicale: vous aviez oublié la

10. Du russe «oukazat»: décision autoritaire et arbitraire.

peste[11] du Moyen Âge, voici donc le sida du Nouvel Âge. Vous pensiez pouvoir nous échapper: repentez-vous et réapprenez à croire que, sans caducée et goupillon, il n'y a point de salut sur la terre comme au ciel. Amen!

Depuis notre naissance nous portons en nous quantité de microbes, de virus et de cellules cancéreuses. Nous nous en accommodons fort bien grâce à notre système immunitaire. C'est seulement quand ce dernier est déficient que la maladie peut s'installer — je m'en suis longuement expliqué dans *Catharsis* alors que la science officielle n'en était pas encore rendue là. Depuis, la découverte de la substance P. montre qu'il y a bien communication directe du système nerveux central vers le système immunitaire[12]. Or, le système nerveux c'est le cerveau.

C'est indubitablement le psychisme qui peut perturber le système immunitaire au point de laisser s'activer microbes, virus ou cellules folles pour déclencher une maladie, quelle qu'elle soit. Il suffit de se souvenir de ce que j'ai exposé au chapitre 2 pour comprendre qu'il en est bien ainsi. Le doute n'est plus possible, ce sont les émotions provoquées par nos pensées qui nous rendent malade et ces émotions sont directement générées par notre environnement social: nos maladies sont presque toujours dues aux autres et il n'est de véritable remède que de guérir des influences, négatives et fausses, reçues d'eux; en particulier celles qui concernent la sexualité, comme nous l'avons vu au chapitre 3.

---

11. Causée tout bêtement par un manque d'hygiène, comme nous le savons aujourd'hui. Ce fut une magnifique aubaine pour les prêcheurs et docteurs qui ne se privèrent pas d'en largement profiter.

12. La substance P. est un modulateur de la fonction neuroendocrine-immune. C'est un neuropeptide qui aurait un effet sur l'initiation de certaines étapes de la réaction immunitaire. (*Hospital Practice*, 15-02-89, par Donald G. Payan. Un. of California, S.F.)

L'origine psychosomatique du cancer

Replongeons dans le livre de Léon Renard quand, au chapitre II, il évoque le labyrinthe des pionniers:

> Dans le début des années cinquante, le psychologue clinicien Lawrence LeShan recevait quelques confidences de son ami et collègue Richard E. Worthington.
>
> Ce dernier émettait l'hypothèse qu'il puisse exister un rapport entre le cancer et la personnalité. Il souhaitait voir LeShan entreprendre des recherches sur ce sujet. Il alla même jusqu'à lui trouver les premiers subsides.
>
> Pour LeShan, tout ne se passa pas aussi simplement qu'il l'avait souhaité: aucun hôpital n'était disposé à le laisser interviewer des malades atteints de cancer. Heureusement, un centre de recherches, l'Institut de biologie appliquée de New York, accepta qu'il fasse passer des tests aux malades afin de découvrir s'il existait un profil du malade cancéreux au stade terminal.
>
> Progressivement, LeShan suivit 71 cancéreux arrivés en phase terminale. Beaucoup de ceux-ci moururent, mais ils apportèrent tous un enseignement qu'il décrit dans son livre *Vous pouvez lutter pour votre vie*[13].
>
> Ce titre lui a été indirectement suggéré par l'une de ses patientes, qui était persuadée que jamais rien de bon ne pourrait lui arriver et qu'elle n'avait aucune chance d'être heureuse. Son cancer était un exemple de plus de l'échec de sa vie.
>
> Dans sa psychothérapie avec LeShan, elle en vint un jour à dire: «...les entretiens sont à la fois très agréables et intéressants, vous apprenez un tas de choses et vous vous sentez détendu et, un beau jour, vous vous rendez compte que vous êtes en train de lutter pour votre vie.» (...)
>
> LeShan relate la guérison «miraculeuse» de John atteint d'un cancer «incurable». John avait été victime d'un cancer alors qu'il n'attendait plus rien de la vie.
>
> Enfant timide, renfermé, il suit des études de droit pour faire plaisir à son père, il épouse la jeune fille que sa mère avait choisie pour lui.

---

13. Paris: Laffont, 1982. (trad. fr. de: *You can fight for your life*)

Au cours de sa thérapie, il apprit à retrouver confiance en lui. Il se mit à étudier la musique et divorça. Quelque temps plus tard, il devint musicien professionnel dans un orchestre symphonique, le métier qu'il avait toujours voulu faire.

John, après avoir repris confiance en lui-même et retrouvé l'espoir, avait vu son cancer se stabiliser. Cette amélioration l'avait encouragé à lutter contre son cancer. De toute évidence, il remporta la victoire.

Avec ce cas et d'autres, poursuit Léon Renard, *LeShan acquit la certitude qu'il pouvait y avoir une origine psychosomatique dans une affection organique aussi dévorante que le cancer.*

Fournir les preuves scientifiques par lesquelles cause et effet pouvaient démontrer de manière indubitable l'origine psychique du cancer n'était pas chose aisée, pour ne pas dire impossible.

L'éminent chef de service d'une unité de soins intensifs lui dit un jour: «Même si, d'ici dix ans, vous arriviez à prouver votre théorie, je n'y croirais pas.»

Dix ans après, il apportait pourtant les preuves indiscutables que, chez la majorité des cancéreux, on retrouve un certain type de personnalité.

Lorsque le bilan de ses recherches fut publié, la population et le corps médical surent prendre connaissance des différents facteurs psychologiques qui prédisposent au cancer.

Facteurs psychologiques prédisposant au cancer

1. La majorité des patients avaient perdu toute raison de vivre.
2. Les patients étaient incapables d'exprimer leur colère, leur ressentiment, leur tristesse, etc.
3. Un choc émotionnel, lié à la mort d'un être aimé ou la perte d'une relation, avait bouleversé leur vie.
4. La plupart avaient une forte tendance au manque de confiance en soi et au mépris de soi. Par contre, ils pouvaient se montrer fermes et même agressifs lorsqu'il s'agissait de défendre les autres ou un idéal. (5-49)

L'auteur fait remarquer que LeShan, n'ayant testé que des malades en phase terminale, c'est la raison pour laquelle on trouve toujours dans son enquête les facteurs importants de dévalorisation de soi et de désespoir angoissant. Ces deux aspects, dit-il, justifient déjà que ces patients soient atteints dans leur intégrité, dans leur être et, par cet envoûtement, qu'ils nourrissent eux-mêmes leur propre cancer terminal. *(Nous verrons plus loin comment éviter d'en arriver là.)*

Poursuivons les citations où l'auteur nous parle des créateurs d'une approche thérapeutique qui, améliorée, est à la base de son travail actuel. Il présente Carl et Stéphanie Simonton qui sont respectivement radiothérapeute cancérologue et psychologue, puis Anne Ancelin-Schutzenberger, psychologue, professeure à l'Université de Nice grâce à qui il a connu la méthode Simonton. Elle a traduit en français *Getting well again,* le livre des Simonton devenu un best-seller aux États-Unis et au Canada[14].

Très succinctement, la méthode Simonton consiste, pour les malades, à utiliser leur imaginaire pour se représenter mentalement leur cancer, hideuse bête attaquée par leur système immunitaire qui, petit à petit, la gruge jusqu'à la faire disparaître. Tout le monde a plus ou moins entendu parler de ça. Renard propose astucieusement de remplacer l'image hideuse du cancer par un symbole beaucoup plus neutre. Je n'ai pas à élaborer ici sur la technique qu'il propose, elle est expliquée dans son livre. Revenons au texte:

> Qu'ont découvert les Simonton? Globalement, plus ou moins la même chose que LeShan. Ils ont été très intrigués, au début de leurs recherches, par le fait que, avec le même diagnostic, certains patients mouraient et d'autres non. De plus, avec un pronostic plus pessimiste que d'autres, certains connaissaient la guérison.
>
> *Ce qui retint leur attention fut le moral des patients qui guérissaient.*

Il poursuit:

> Il n'y a pas, pour moi, de patients miraculeusement guéris; il y a des patients courageux, qui ont fait face à l'arsenal thérapeutique agressif et qui ont réussi à résoudre le ou les conflits responsables de leur(s) cancer(s). La seule explication de l'aggravation et de la mort de certains patients des Simonton est que, contrairement aux patients qui ont eu

14. *Vouloir guérir,* Paris: Erès/La méridienne, 1985.

des rémissions, ceux-là n'ont pas réussi à résoudre le ou les conflits responsables de la gravité de leur maladie. Il est donc normal de trouver, chez les patients en cours d'amélioration, un moral meilleur.

Les Simonton remarquèrent encore qu'il y avait certains patients qui pouvaient retarder l'échéance finale. Ceux-là marchandaient avec la mort, par exemple: «Je ne peux pas mourir, je ne peux pas m'en aller avant que ma fille se marie.» Ils se sentent indispensables et pensent qu'ils doivent être là jusqu'à ce que...

Les Simonton, tout comme LeShan, cherchèrent si les malades avaient subi une agression, changement de vie, stress, deuil, perte d'un «objet d'amour», deux mois à deux ans avant la découverte du cancer.

Le but de leur psychothérapie est de débroussailler le terrain de vie du patient pour y découvrir les embûches, les trous ou les cailloux dangereux qui y sont cachés.

Découvrir les difficultés de vie qui stressent l'individu et inhibent son système immunitaire. (5-55)

La vie, une M.M.T.S.

La vie est une Maladie Mortelle Transmise Sexuellement. Dès l'instant de la conception, avant même notre naissance, nos cellules sont destinées à mourir. On faisait remarquer à quelqu'un que l'alcool tue lentement et l'autre de répliquer: «C'est parfait, je ne suis pas pressé». Toute la question est là: être ou non pressé de mourir, décider ou non d'être malade. C'est bien de cela que nous parlons ici en cherchant à comprendre *pourquoi* nous acceptons de perdre la santé, à l'inverse de la biologie moléculaire et la biochimie qui, elles, cherchent à comprendre *comment* survient la maladie.

Notre système immunitaire est là pour l'affirmer: en dehors du vieillissement inévitable, nous sommes dotés de défenses naturelles qui peuvent nous maintenir en santé tout au long de notre vie. Bien entendu, un certain nombre de facteurs physiques sont à considérer: alimentation, aération, mouvement, sommeil. Mais il est des sédentaires qui ne pratiquent aucun sport, qui fument, qui consomment de l'alcool, qui se nourrissent sans précautions diététiques et qui sont en santé. Pourquoi?

La plupart des malades, sinon tous, protestent et refusent d'admettre qu'ils ont décidé de perdre la santé. En réalité, il n'ont pas conscience d'avoir pris cette décision mais c'est quand même bien dans les méandres de leur cerveau que cela s'est fait. Il ne sera jamais trop souvent dit que c'est notre psychisme qui gouverne toutes les fonctions de notre organisme, y compris, bien entendu, celles de notre système immunitaire. Toute tentative pour obtenir une guérison restera aléatoire ou totalement sans effet si le psychisme du malade n'y participe pas. Mais ces tentatives, quand elles sont médicamenteuses, peuvent provoquer la mort:

> Aujourd'hui, la plupart des séropositifs, bébés y compris, *même s'ils sont bien portants,* sont traités à l'AZT (Azydothymidine: traitement mis au point pour freiner la reproduction du virus). Mais l'AZT détruit les cellules sanguines, les cellules T et les lymphocytes.
>
> Les séropositifs traités vont donc mourir d'une immunodéficience due à la destruction de leurs lymphocytes. Cela prouvera encore que le sida est très dangereux et que les séropositifs meurent bien du sida.
>
> Personne n'a, à ce jour, décrit un virus qui soit la "cause" du sida. Les chercheurs n'ont fait que mettre en évidence certains virus que l'on trouve plus couramment chez les malades souffrant de déficiences immunitaires et ont décidé qu'ils pourraient bien être la cause du sida. (5-194)

Quand on parle des séropositifs, *on ne parle pas de malades.* On désigne simplement des personnes chez qui on note la présence d'anticorps anti virus HIV dans le sang, indice qu'elles ont été en contact avec le virus, sans plus. Le drame peut survenir quand on leur communique le résultat de l'analyse sanguine: la pensée s'affole, l'angoisse s'installe. Si le subconscient de la personne concernée est «chargé» d'occultations, l'angoisse joue le rôle du boutefeu allumant la mèche de la bombe à retardement et la maladie se déclare. C'est l'angoisse qui tue, pas l'un ou l'autre virus.

Il faut donc que le système immunitaire soit «fragilisé» pour que le sida ou n'importe quelle maladie puisse faire ses ravages. Nous en revenons, une fois de plus, au même constat: c'est le psychisme qui gouverne le système immunitaire, il serait donc indiqué de procéder aux désoccultations des émotions enfouies dans le subconscient pour que les défenses naturelles puissent jouer efficacement leur rôle. Au lieu de cela, on court-circuite le système immunitaire à l'AZT! Il faudra que la médecine classique élargisse ses horizons, qu'elle comprenne enfin que ce n'est pas au niveau de la cellule que les réponses se trouvent, mais bien dans les émotions qui perturbent le psychisme.

Ce n'est pas sans raisons que sont jumelés ici sida et cancer. Nous allons bientôt découvrir qu'il se passe des choses similaires à ce que nous venons de voir quand on traite médicalement des cancéreux. C'est à Léon Renard que revient le mérite de nous faire connaître le découvreur du fondement d'une médecine nouvelle. Je lui laisse la parole immédiatement après la remarque que je tiens à faire sans attendre: même s'il s'agit d'une étude des cancers, il faudra comprendre qu'un DHS[15] se manifeste *avant toute maladie grave,* pas seulement avant un cancer. C'est en cela que cette découverte nous semble majeure, puisqu'elle démontre, par une voie différente de la nôtre, que c'est toujours une perturbation psychique qui déclenche une maladie.

L'origine des cancers découverte dans le cerveau

Un homme, une découverte...

Le 18 août 1978, Dirk Hamer, le fils du docteur Ryke Geert Hamer, alors âgé de dix-neuf ans, est atteint mortellement d'une balle, pendant son sommeil. Il décède, le 7 décembre 1978, à l'hôpital d'Heidelberg, en Allemagne, dans les bras de son père. Quatre mois après le choc dramatique, le docteur Hamer fait un cancer testiculaire.

Le docteur Hamer est un grand chercheur dans l'âme et un excellent médecin. Il a tôt fait de se demander s'il existe une relation de cause à effet entre la mort de son fils, qu'il n'arrive pas à oublier, et son

15. DHS: Dirk-Hamer-Syndrom, un choc conflictuel brutal créant au cerveau un «foyer» visible.

propre cancer.

En septembre 1981, après avoir examiné environ 170 patients, il est persuadé qu'il existe bien un lien entre un choc conflictuel, émotionnel, et l'apparition du cancer.

En examinant de nouveaux et d'anciens patients, il fit une constatation prodigieuse. Il mit en évidence, d'une part, la relation entre les conflits à coloration sexuelle et les cancers du col de l'utérus et, d'autre part, entre les conflits humains à caractère général et les cancers du sein.

Il remarqua également que chaque type de cancer avait un délai de manifestation bien particulier.

À partir de ce jour-là, il vérifia minutieusement tous les cas antérieurs et, grâce à sa faculté aiguë de discernement, il fit une autre découverte absolument stupéfiante: les patients qui avaient survécu avaient résolu leur conflit!

Il publia, en février 1984, le livre *Cancer, Maladie de l'Âme* en allemand.

Depuis lors, il a continué ses recherches sur plus de 10 000 cas, qui confirment sur tous les points ce qu'il a appelé la *Loi d'airain du cancer*.

Les éditions Amici di Dirk ont sorti en 1987 le premier tome d'une trilogie de plus de 2 000 pages, avec plus de cent exemples et de nombreuses reproductions de radiographies et scanners du cerveau, qui démontrent scientifiquement la valeur de sa découverte.

La traduction du premier tome est sortie en français en deux volumes en juillet 1988. Ce livre, très technique, dans lequel de nombreux cas sont présentés, s'adresse plus particulièrement aux médecins et aux personnes averties de la terminologie médicale.

Le docteur Hamer classe les tumeurs en tenant compte de l'évolution embryologique des tissus dont sont issus les organes.

Ceux et celles qui souhaiteraient connaître cette classification auront intérêt à se reporter au livre du docteur Hamer *Fondement d'une Médecine nouvelle*, tome I, première partie[16].

La découverte du docteur Hamer ne révolutionne pas uniquement le cancer mais la médecine tout entière, la médecine du corps comme celle de l'esprit.

Qu'il ne soit venu à l'esprit de personne, dit le docteur Hamer, que

---

16. Je me suis procuré les livres du docteur Hamer, j'en reproduirai certains passages. Vous en trouverez la liste dans la bibliographie, à la fin de cet ouvrage. (N.D.L.R.)

le cerveau, ordinateur de notre organisme, puisse être responsable de toutes les maladies, est tout de même étrange à l'ère de l'informatique[17].

Le docteur Hamer rejoint la pensée de Rudolf Steiner, père de la médecine anthroposophique (du grec *anthopo,* homme, et *sophia,* sagesse), lorsqu'il dit: «L'homme s'imagine qu'il pense, mais, en réalité, il est pensé à sa place.»

Lorsque le docteur Hamer, en septembre 1981, déposa sa thèse de doctorat de troisième cycle sur sa découverte, il n'avait pas encore vu de scanner cérébral, mais il présumait qu'il devait y avoir, dans le cerveau, une aire spécifique perturbée par le conflit psychique qui hantait le malade.

C'est seulement le 6 avril 1983 qu'il découvrit les fameux foyers de Hamer au cerveau, les stations relais de notre sphère de comportement biologique qui, à la suite d'un conflit, se mettent en état de sympathicotonie (innervation de combat et de défense placée directement sous le contrôle du système nerveux autonome parasympathique) permanente. Le patient qui permit cette mise en évidence avait eu un conflit dramatique qui aurait pu secouer l'individu le plus calme.

Un commerçant concurrent jaloux avait dénoncé, pour manque d'hygiène, le stand de boucherie-charcuterie de son magasin d'alimentation.

Le jour de l'inspection du service d'hygiène, comble de malheur, son petit chat le suivit dans la chambre frigorifique. Le stand de boucherie qui attirait la clientèle fut fermé.

Pendant un an, il souffrit de violents maux d'estomac et fit des crises d'angine de poitrine.

Il réussit enfin à louer son magasin et à résoudre son conflit.

Ce patient a eu un mélanome (type de cancer de la peau) lié à un conflit de souillure, un ulcère gastrique et un infarctus du myocarde dus à la résolution du conflit.

Pour le docteur Hamer, lors de la résolution du conflit de territoire qui a provoqué le cancer, il s'est formé, dans le cerveau du patient, un oedème (accumulation de liquide) dans la région péri-insulaire de l'hémisphère cérébral droit, là où se trouve le centre du rythme cardia-

17. À personne! Il y a longtemps que l'on observe que des transformations physiques résultent de conflits psychiques. Le Dr Hamer fait ici allusion à autre chose: qu'un conflit psychique induit une constellation cérébrale déterminée. (N.D.L.R.)

que chez un droitier. Cet oedème serait en fait responsable de l'infarctus[18].

À la clinique, on annonça au patient que son mélanome faisait des métastases, ce qui était totalement faux. Le patient, pris de panique, fit un nouveau conflit et pensa qu'il n'avait plus aucune chance de s'en tirer. Ce conflit eut pour conséquence le développement d'un cancer bronchique.

Sur le scanner, le docteur Hamer fut très étonné de voir deux énormes foyers de Hamer; il ne pensait pas que ceux-ci fussent aussi gros.

Les malades qui survivent à leur cancer ont résolu leur conflit ou ont réussi à prendre une certaine distance vis-à-vis de lui. (5-66)

La Loi d'airain du cancer

Cette loi, dont le DHS (Dirk-Hamer-Syndrom, du nom du fils du docteur Hamer) est la pièce maîtresse, s'énonce ainsi:

1. *Toute maladie du cancer débute par un DHS, c'est-à-dire un choc conflictuel extrêmement brutal, dramatique et vécu dans l'isolement, qui provoque au cerveau un foyer de Hamer et dans l'organe le démarrage du cancer.*

2. *À l'instant du DHS, la teneur du conflit détermine aussi bien la localisation du foyer de Hamer au cerveau que la localisation de la tumeur cancéreuse dans l'organe.*

3. *À partir du DHS, il y a corrélation entre l'évolution du conflit, celle de la modification du foyer de Hamer au cerveau et celle de la tumeur cancéreuse dans l'organe.* (5-70)

L'impact du choc brutal du DHS dans le cerveau-ordinateur est fonction de l'indice de réfraction individuel.

En effet, l'expérience montre qu'à l'instant du DHS, l'événement est perçu à travers un filtre coloré personnel qui varie, non seulement, d'une personne, d'un tempérament à l'autre, mais aussi selon les circonstances et la conjoncture. (...)

S'il y a perturbation psychique, l'aire cérébrale court-circuitée ne va plus pouvoir envoyer un message correct aux cellules de l'organe sous son contrôle. Ces cellules, sans directives, sans programmes, sont appelées des cellules cancéreuses.

Cela explique qu'une dévalorisation de soi dans le domaine sexuel ne provoque jamais d'ostéolyse (résorption du tissu osseux)

---

18. *L'infarctus, maladie de l'âme.*

des vertèbres cervicales, mais toujours une ostéolyse du bassin. Le bassin se trouve associé à la sexualité dans une aire cérébrale bien particulière (position latérale), alors que le foyer de Hamer des cervicales se trouve localisé dans la moelle du cerveau en position frontale.

C'est la coloration du conflit, le jour sous lequel il se présente à l'imagination du patient, au moment du DHS, qui provoque une tension, un survoltage insoutenable dans l'aire spécifique du cerveau qui correspond à la teneur du conflit. Il s'y produit alors une rupture de champ électrochimique. (5-72)

Léon Renard consacre 30 pages de son livre *Le Cancer Apprivoisé* à la découverte du docteur Hamer. Chacune d'elle mériterait d'être citée, il y fait une synthèse remarquable des écrits du chercheur allemand tout en établissant des parallèles avec ses connaissances de clinicien; il faut avoir lu Hamer pour comprendre la qualité du travail de Renard. Je sais qu'il serait allé encore plus loin dans son analyse s'il avait eu connaissance de mon travail avant de rédiger le sien. Les lecteurs pour qui les sujets du cancer, du sida et du psychisme destructeur-guérisseur sont importants ne devraient pas manquer de lire Renard. Ils y trouveront plusieurs exemples de cas vulgarisant la découverte de Hamer. Tel celui-ci:

Un conflit, différentes programmations
Une femme surprend son mari en flagrant délit d'adultère. Plusieurs réactions peuvent se présenter, donc différents conflits, et ceux-ci seront fonction de l'importance primordiale ou secondaire, qu'elle attache à l'aspect sexuel.

1. S'il est pour elle capital et essentiel, il y a bien des chances que le DHS ait un impact cérébral dans la zone péri-insulaire du lobe temporal gauche (localisation du conflit sexuel de frustration chez la femme), et l'organe cible sera le col de l'utérus.

2. Mais il se peut aussi bien que l'épouse trompée attache moins d'importance à l'aspect essentiellement sexuel. Par contre, la dominante psychique est la trahison d'un amour sans partage. Dans ce cas, c'est dans l'hémisphère cérébelleux (qui appartient au cervelet) gauche (pour une droitière), responsable d'un cancer au sein droit chez la femme, que tombera le coup de foudre provoqué par un conflit humain général.

3. Une blessure identique mais plus profonde, plus intériorisée, se traduira par un cancer de la plèvre droite. Le foyer de Hamer sera localisé au cervelet, en position paramédiane gauche.

4. Admettons cette fois qu'elle vive ce DHS comme un conflit de dévalorisation, qu'elle pense ne plus faire le poids. Il y aura alors impact dans la moelle occipitale du cerveau et un cancer des os dans la zone du bassin proche de la sphère sexuelle.

5. D'autres variantes peuvent encore se présenter comme trouver l'acte de son mari «dégoûtant», une cochonnerie, une vilenie impossible à digérer, qui se traduira par un cancer au côlon, au gros intestin, par le biais d'une partie archaïque du tronc cérébral.

6. Il se peut que la patiente soit ménopausée et de ce fait réagisse comme un homme. Dans ce cas, le conflit de territoire provoquera un carcinome (tumeur cancéreuse) coronaire et un carcinome bronchique avec foyer dans la zone péri-insulaire de l'hémisphère droit.

Le conflit de «cochonnerie» donnera un cancer de la vessie, etc.

Ne considérez pas l'événement d'après votre coloration, mais d'après le prisme au travers duquel le patient a perçu la situation. Lui seul peut fournir la clé de l'énigme.

Chaque aire cérébrale est responsable d'une activité psychique et en même temps de l'activité d'un organe du corps. S'il y a, suite à un conflit, perturbation de l'aire cérébrale en relation avec le conflit, l'organe sous son contrôle ne peut recevoir de codage convenable et les cellules sans directives deviennent anarchiques. (5-73)

Quelques remarques et précisions

Une femme surprenant son mari en flagrant délit d'adultère, ou un mari trouvant sa femme dans une telle situation *ne feront pas nécessairement un cancer.* C'est ici qu'intervient une connaissance que ni Hamer, ni Renard ne possédaient quand ils ont publié: conformément à ce que j'ai constaté empiriquement à partir de 1978, donc par ma Catharsis, *seules les personnes ayant refoulé des événements occultés au niveau subconscient sont susceptibles de développer un cancer, ou une autre maladie grave, à la suite d'une violente émotion*[19]. En dehors de cette condition, la personne lésée réagira en exprimant sa colère, sa déception, voire un court épisode dépressif. Il en restera un souvenir amer, de la défiance qui s'estomperont peu à peu sans qu'il en résulte pour autant une maladie.

Pourquoi? Parce que les personnes ayant traversé jusque-là les aléas émotifs de la vie sans avoir eu besoin de les «oublier», ne seront pas davantage atteintes maintenant qu'elles le furent jadis. En d'autres termes, elle ne resteront pas en inhibition chronique de l'action. À mon avis, un DHS ne peut survenir que sur un «terrain» miné, affaibli. D'où ma conviction qu'une personne ayant réussi sa Catharsis est à l'abri de graves désordres de santé puisqu'elle aura alors retrouvé sa capacité de sortir d'inhibition. Cela montre l'importance qu'il y aurait de savoir si l'on a ou non des signes évidents d'occultations majeures: il vaut mieux prévenir que guérir.

Dans l'exemple emprunté à Léon Renard, nous avons vu qu'il y a plusieurs réactions possibles face à une situation donnée. Là encore c'est le type d'événement occulté jadis *qui commandera* telle ou telle autre réaction, donc *qui décidera* du type de cancer pouvant en résulter. Mais il faut encore ajouter une autre condition pour qu'une personne porteuse d'occultations développe un cancer: il faudra que ce soit inscrit dans son héritage génétique. Sans quoi cela pourrait être un infarctus, une colite ulcéreuse, une psychose, une dépression grave, une sclérose en plaques, etc., qui pourrait se développer, compte tenu du point faible familial, hérité du père ou de la mère.

Partant de son propre cas, le docteur Hamer a donc découvert qu'un violent choc émotif, un DHS, provoque immédiatement l'installation d'un foyer de Hamer dans l'une ou l'autre zone du cerveau, un foyer qui peut être visualisé à l'aide d'un scanner cérébral. À l'instant même, induit par ce foyer, le cancer (ou une autre patholo-

19. Toujours conformément à ce que j'en disais dans *Catharsis*, il faut comprendre qu'il s'agit ici de personnes encore relativement jeunes. Au seuil de la vieillesse (différent d'une personne à l'autre) les cellules trop oxydées finissent par prendre le dessus sur le psychisme et c'est alors la dégénérescence des capacités immunitaires qui met un terme à la vie.

gie) commence à se développer au niveau de l'organe cible. Cela prendra généralement de deux à vingt-quatre mois après le DHS pour que les symptômes de la maladie attirent l'attention. C'est la raison pour laquelle, dans le cas particulier du cancer, la tumeur est déjà très développée quand on la diagnostique. Pour l'instant, retenons que l'événement qui est à l'origine de la maladie remonte toujours à plusieurs mois. Nous verrons plus loin ce que propose Hamer à partir du moment où l'on a découvert la pathologie en question.

Il faut noter l'incidence du fait d'être droitier(ère) ou gaucher (ère) sur la localisation d'un DHS. Les personnes qui développeraient un cancer du «mauvais côté» ne devraient pas s'étonner du fait que leur main dominante était différente à leur naissance. Je fais ici allusion à la stupide intervention que l'on faisait jadis pour forcer un(e) enfant à écrire de la main droite. Petite remarque hors contexte: quand, à l'occasion d'une évaluation, je constate que la personne qui consulte a été victime de ce *dressage,* je lui recommande de réactiver sa main dominante; ce qui peut faire disparaître, sans autre intervention, certains malaises restés inexpliqués jusque-là. C'est simple et pas cher.

Précisons encore autre chose. Les animaux peuvent aussi développer des cancers, et Hamer constate qu'une chienne peut souffrir d'un cancer du col de l'utérus en corrélation avec un conflit sexuel! Pourtant l'animal n'a pas de néo-cortex, il n'a pas comme nous des «sentiments». L'auteur s'en explique en disant que, pour lui, le conflit sexuel de la chienne est un conflit *biologique*. Je n'ai vu que des réactions émotives typiquement humaines quand il présente des cas de conflits sexuels vécus par une femme! Nous sommes issus du monde animal, ce sont les mêmes instincts qui nous gouvernent mais nous avons vu tout au long des chapitres précédents que nous avons un cerveau infiniment plus complexe, capable de nous fragiliser.

C'est d'ailleurs pourquoi il est indiqué de parler de choc émotif, de torture morale, de sentiment de culpabilité ou de remords, plutôt que d'invoquer vaguement un «conflit» qui serait limité au «biologique» pour l'animal mais très certainement mixte, avec dominante «spirituelle», pour l'humain. Pour nous, humains, les conflits exigent une «lecture» d'un tout autre niveau.

Remarquez que Hamer, amer plus que jamais après ses confrontations avec l'establishment, s'est malheureusement piégé lui-même sur un point particulier, une «faille» dont je parlerai plus loin dans mes commentaires, mais qui n'invalide pas le fait qu'il s'agit bien d'un homme ayant fait une découverte capitale. À l'intention des médecins et autres lecteurs avertis, je me dois de reproduire une bonne partie de la présentation écrite par le docteur Hamer. Les lecteurs qui trouveraient ces lignes trop techniques peuvent se dispenser d'un décodage ardu et nous rejoindre un peu plus loin.

Fondement d'une médecine nouvelle

En proposant une médecine nouvelle par opposition à une médecine "ancienne", il convient d'abord d'expliquer en quoi précisément consiste la nouveauté de cette médecine.

Il s'agit essentiellement d'une compréhension nouvelle de la médecine conçue comme un organisme universel, capable de saisir dans une vision globale et unifiante la triade constituée par:

— *le psychisme,* intégrale de toutes les fonctions de type comportemental et conflictuel;

— *le cerveau,* ordinateur régissant toutes ces fonctions comportementales et conflictuelles;

— *l'organe,* intégrale de tous les aboutissements de ces opérations.

En réalité, c'est un peu plus complexe du fait qu'en programmant le psychisme (le programmeur) notre cerveau (l'ordinateur) se programme lui-même.

Il n'empêche que le schéma présidant à ce dessein grandiose est d'une simplicité lumineuse — le contraire eût étonné. Mais ce qui demeure une énigme c'est que la médecine «moderne», qui se veut et se croit à la pointe du progrès, n'ait pas deviné et saisi l'essence même de ce chef-d'oeuvre magistral. Au lieu de consacrer les ressources immenses dont elle dispose à explorer l'interaction mystérieuse des trois pôles de cette triade psycho-cérébro-organique, elle s'est fixée avec obstination à une attitude de bricolage, se butant irrémédiablement à la barrière de l'unipolarité organique.

Dans toute sa conduite, son comportement et ses agissements, elle a tout simplement oublié de tenir compte de deux composantes majeures de la triade: *le psychisme et le cerveau.* Oubli tragique, oubli fatal dont font les frais, jour après jour, les malades confrontés subitement aux diagnostics et pronostics d'une médecine brutale et sans âme, d'inspiration purement organo-symptomatique, dont le pessimisme implacable les plonge dans les profondeurs abyssales du désespoir.

À quoi tient cet oubli? Ayant désappris à examiner comme il faut le patient individuel, c'est-à-dire pas seulement les organes, mais aussi le psychisme et le cerveau, la médecine moderne n'a jamais pu établir un lien, une connexion, entre le psychisme et les organes, notamment entre les conflits et les organes. À quelques exceptions près, cette omission a marqué toute l'histoire de la médecine depuis l'Antiquité, elle jalonne comme un fil conducteur tous les siècles, mais ses effets se sont avérés particulièrement funestes dans la médecine moderne.

S'il s'était trouvé au cours des siècles et des millénaires un seul médecin pour ausculter à fond, «sous toutes les coutures», un seul patient, il aurait pu, il aurait dû découvrir les liens de cause à effet qui expliquent l'origine des maladies. Les plus intelligents, il faut bien le reconnaître rétrospectivement, ce furent ces prêtres-médecins de la plus haute Antiquité, qui soignaient nos ancêtres en commençant par remettre de l'ordre dans leur psychisme. Les sorciers et guérisseurs de la forêt vierge, dont nous parlons avec un sourire condescendant, étaient sans doute plus avisés que nous. Aucun médecin indigène de la brousse africaine n'entreprendrait un traitement symptomatique sans avoir traité auparavant le psychisme de son patient.

Mes collègues prétendent que je mets toute la médecine sens dessus dessous. Ils ont parfaitement raison. Mais quantité de médecins intelligents ont déjà exprimé des idées analogues. Je les ai systématisées, sous une forme reproductible, constamment vérifiable. Et, comme mes collègues ne m'ont pas, ou presque pas aidé, il m'a bien fallu en étudier aussi les détails et les différentes maladies.

La médecine nouvelle n'embrasse pas seulement les rapports entre le psychisme, le cerveau et les organes, elle fournit aussi les explications embryologiques, qui permettent de comprendre pourquoi ontogénétiquement les différents centres de relais cérébraux se situent aux endroits du cerveau où nous les trouvons. Et elle explique aussi les connexions entre les différents feuillets embryonnaires — endoderme, ectoderme, mésoderme — et les diverses formations histologiques des tumeurs cancéreuses et des tissus normaux. En effet, nous découvrons en tout point de la tumeur cancéreuse la structure histologique tissulaire qui, embryologiquement, doit s'y trouver.

Voilà pourquoi, tout tissu dérivant de l'*endoderme*, c'est-à-dire du feuillet interne de l'embryon, est un tissu *adénoïde*, qui en cas de maladie cancéreuse fait un *adénocarcinome*, tandis que tout tissu dérivant de l'*ectoderme*, c'est-à-dire du feuillet externe de l'embryon (à l'exception du cerveau, dont les neurones ne peuvent proliférer) a comme cancer typique un *carcinome à épithélium pavimenteux*, parce que le tissu d'origine a lui aussi de l'épithélium pavimenteux. Entre les deux se situe le tissu dérivé du *mésoderme*, feuillet embryonnaire entre l'ectoderme et l'endoderme qui, pendant la phase active du conflit, fait un «moins», c'est-à-dire des ostéolyses, des dépressions hématopoïétiques, etc., et dans la phase de guérison, un bourgeonnement cicatriciel excessif de tissu osseux et conjonctif, que l'on désigne, de façon absurde, par le terme de *sarcome*, bien que ce bourgeonnement soit inoffensif. Nous avons affaire ici à une perspective inédite qui, à ma connaissance, n'a encore jamais été prise en considération dans une étude histologique, alors qu'elle est si simple et d'une logique si contraignante!

À ces *deux grands cercles* de coordination:

a) entre le *psychisme*, le *cerveau* et les *organes;*

b) entre les types de comportement et de conflit et les divers *feuillets embryonnaires* d'une part, entre les types de comportement et de conflit et les *formations histologiques des tumeurs* d'autre part, *la médecine nouvelle ajoute un troisième cercle* de coordination:

c) les rapports entre divers types de comportement et de conflits sont resitués dans le cadre de plus grandes unités (famille, clan, horde, bande, troupeau, etc.) et cette synopsis est étendue à l'échelle du cosmos tout entier, perçue dans la perspective d'un cadre cosmique forgé au cours des millions d'années de cohabitation et de symbiose avec d'autres races, espèces et créatures.(...)

La médecine nouvelle est un système si vaste, si complet, si logique, que la plupart des maladies s'intègrent tout naturellement et judicieusement dans le tout, tandis qu'autrefois nous ne trouvions aucun sens par exemple dans les innombrables syndromes (simultanéité de plusieurs symptômes). C'est ainsi que la schizophrénie n'est que la conjonction de deux conflits à DHS, dont les foyers de Hamer se situent dans les différents hémisphères. Les dépressions sont des conflits de territoire conjugués à un «pat hormonal», et le lupus érythémateux, jusqu'ici l'une des maladies les plus redoutables, n'est lui aussi que l'activité conflictuelle simultanée de plusieurs conflits à teneur spécifique. La leucémie n'est que la seconde partie, la phase de guérison, d'un cancer des os, l'infarctus du myocarde n'est que la crise épileptiforme au cours de la phase de guérison consécutive à un confit de territoire, etc.

Maintenant que nous connaissons le mécanisme de la conjonction, la guérison n'est plus aussi difficile. C'est ainsi que la schizophrénie est une maladie que l'on peut guérir assez facilement. Dès qu'il y a conflictolyse, c'est-à-dire la solution d'un seul des deux conflits, le patient n'est plus «dissocié», schizoïde. Après la solution (autant que possible définitive) des deux conflits, il est même aussi sain qu'un autre qui a toujours été jugé sain. Certes, on ne pourra pas résoudre tous les conflits, même si on les connaît, et il n'y aura donc pas moyen de guérir tous les malades, mais tout de même la plupart d'entre eux.

Toutes ces nouvelles possibilités de reconnaissance et de guérison découlent de la compréhension de la Loi d'airain du cancer et du DHS (Dirk-Hamer-Syndrom), qui sont maintenant des termes médicaux bien établis. (...) (2-31)

Une nouvelle affaire Semmelweis ?

Quel pavé dans la mare aux canards! Il faut lire Hamer en entier pour réaliser à quel point sa découverte tient du génie. Elle vient confirmer, une fois de plus, que les choses qui s'articulent et s'expliquent simplement sont les plus vraisemblables. C'est d'ailleurs une loi épistémologique majeure[20].

C'est le genre de découverte qui fait hurler l'establishment. Il faut se souvenir de l'affaire Semmelweis que je «repique» de *Catharsis,* page 40, à l'intention des nouveaux lecteurs:

En 1846, Semmelweis, médecin de la maternité de Vienne (Autriche), était intrigué par le fait que de très nombreuses accouchées mouraient de fièvre puerpérale si elles étaient logées dans la salle n° 1 où les étudiants en médecine opéraient, alors que dans l'autre salle, où les femmes étaient accouchées par des sages-femmes, le taux de mortalité était considérablement moins important. La situation était à ce point dramatique que les femmes suppliaient à mains jointes de ne pas être envoyées dans la première salle. Personne ne faisait rien et le corps médical, grand patron en tête, ne semblait nullement s'alarmer. Cherchant une explication, Semmelweis remarqua que les étudiants, tradi-

20. Épistémologie: étude critique des sciences, destinée à déterminer leur origine logique, leur valeur et leur portée.

tionnellement sales et débraillés, passaient de la salle de dissection à la salle d'accouchement pour, sans aucune transition, passer des cadavres disséqués aux accouchées en travail. Par contre, les sages-femmes se tenaient assez propres, par discipline, et se lavaient les mains de temps à autre.

Pour Semmelweis le problème était simple et la solution évidente: il proposa donc d'obliger tout le monde à se laver les mains avant de toucher à une parturiente. N'oublions pas que c'était trente ans avant Pasteur, et que l'on ne savait encore rien des microbes. Donc, pour le héros de l'histoire, il ne s'agissait que d'une question de bon sens: il avait rapproché des faits et avait tiré une conclusion logique ne reposant sur aucune donnée scientifique connue. Ce fut son erreur. N'ayant pu convaincre ses confrères, il décida quand même d'interdire l'accès à ses patientes aux médecins et étudiants qui refusaient de se laver les mains avant de les ausculter. Le résultat dépassa toute attente. En peu de mois, le pourcentage de mortalité tomba à 1,27 p. 100 chez les patientes qu'il protégeait.

Il obtint pour tout succès de déclencher la fureur de ses collègues. Il fut poussé à démissionner et, découragé, épuisé, il tomba dans la mélancolie et mourut en 1865, dans un asile d'aliénés, méconnu de ses contemporains. C'est seulement vingt ans après sa mort que ses anciens élèves reconnurent en lui un *empirique génial*, qui avait introduit des méthodes antiseptiques et aseptiques jusque-là ignorées. Et ils lui firent élever une statue.

Voici maintenant ce qui arriva à Hamer en avril 1986: il lui a été interdit d'exercer sa profession, pratiquement à vie, puisque dans les attendus il est dit textuellement: «Il n'y a pas d'indice que le docteur soit disposé à abjurer la Loi d'airain du cancer... et il semble d'ailleurs exclu que le docteur Hamer soit même en mesure de se convertir.» Autrement dit, c'est un fou! Ce que je retiens c'est qu'on lui reproche de refuser d'*abjurer*, et c'est pour ça qu'on le condamne. Il refuse tout simplement de courber l'échine. Ce que ne refusa pas Galilée en 1633, hélas! Quand je vous disais que l'Église et la médecine ont des airs de famille... Mais, si l'Église romaine finit par donner raison à Galileo Galilei après plus de trois siècles, le dénouement fut plus rapide en faveur du docteur Hamer:

La découverte du docteur Hamer vérifiée à l'université de Vienne

Après avoir constaté la guérison spectaculaire de son père atteint d'un cancer, abandonné par la médecine classique, et guéri par la méthode du docteur Hamer, le 9 décembre 1988, le «pape» de la cancérologie autrichienne, le professeur Jörg Birkmayer (docteur en chimie et docteur en médecine, titulaire de la chaire universitaire de médecine chimique, spécialiste de médecine de laboratoire et chef du laboratoire médico-chimique de l'université de Vienne) a procédé, conjointement avec quatre médecins, à la vérification de la *Loi d'airain du cancer* découverte en 1981 par le docteur Ryke Geert Hamer.

L'examen avait pour objectif de déterminer si l'ensemble des protocoles et observations médicales, les processus, phases et déroulement des maladies des patients atteints de cancer, sclérose en plaques ou équivalents du cancer (Morbus Crohn, etc.) vérifiaient nettement et sans ambiguïté la Loi d'airain du cancer.

Le protocole signé le 9 décembre 1988 par le professeur Birkmayer et quatre médecins atteste à 100 p.100 la reproductibilité de la Loi d'airain du cancer, qui répond aujourd'hui aux critères scientifiques.

La vérification a été effectuée à trois niveaux, soit au niveau psychique, par l'anamnèse des conflits des patients, au niveau cérébral, où la démonstration a pu être faite à l'aide de scanners cérébraux, et au niveau organique, grâce à la présence des radiographies et des résultats cliniques. (5- 85)

La thérapeutique du cancer

La valeur scientifique de sa découverte étant indiscutablement établie, nous devrions pouvoir lire sans trop de préjugés ce qu'il propose sur le plan thérapeutique. Il faut bien comprendre que, selon lui, la Loi d'airain du cancer s'applique dans tous les cas de maladies graves (infarctus du myocarde, sclérose en plaques, psychoses, maladie de Crohn, etc.) qui, de ce fait, doivent être considérées comme étant similaires au cancer. Voici son texte:

La thérapeutique du cancer doit être envisagée à un triple niveau:

1. *Plan psychique:* thérapie psychique inspirée par le bon sens.[21]

2. *Plan cérébral:* surveillance de l'évolution, thérapie des complications éventuelles.

3. *Plan organique:* thérapie des complications éventuelles.

La thérapeutique selon la Loi d'airain du cancer se distingue radicalement de la pseudothérapie pratiquée jusqu'à ce jour par la médecine classique.

Ce que l'on a toujours cherché, au fond, c'était tuer l'ennemi, le cancer! Comme au temps de l'Inquisition médiévale, lorsque le diable qui s'était introduit dans l'hérétique était extirpé par le glaive, le feu et le poison. Au bout du compte, quelles que fussent les méthodes de torture employées par les inquisiteurs, l'hérétique finissait toujours par rendre l'âme, même si ses tortionnaires étaient parvenus auparavant à lui extorquer des aveux. En effet, par ces aveux il se reconnaissait coupable d'avoir partie liée avec le diable. Mais si, en revanche, il se montrait réticent au point de ne pas *répondre,* alors à plus forte raison il méritait la torture la plus rigoureuse.

Aujourd'hui encore les patients asservis aux protocoles de la médecine classique sont soumis aux pires tortures d'un pseudo-traitement chimique, qui va crescendo lorsque le Malin, dont on ne sait trop comment il a réussi à s'introduire, nargue les tortionnaires en refusant de se laisser extirper. C'est ainsi qu'en plein 20e siècle, des millions de patients, dans tous les pays civilisés, continuent de se faire massacrer, et c'est finalement eux qui sont tenus responsables: leur organisme n'a pas *«répondu»* aux exigences du protocole...

Un patron, et non des moindres, de la corporation médicale m'invita un jour à faire la démonstration de mes succès. Je lui fis voir un certain nombre de radios, qui prouvaient à l'évidence que la tumeur était stoppée. Je lui expliquai qu'il y avait déjà des centaines de patients guéris, même si le cancer inactivé dans le corps, l'organe était encore visible. La tumeur ne gênait pas, il n'y avait plus de mitose, c'est à dire de division cellulaire, et s'il y avait encore un problème à résoudre, il était plutôt d'ordre esthétique. Le grand patron en question n'arrivait pas du tout à me suivre sur ce terrain. Pour lui le cancer n'était guéri qu'une fois «parti», mais alors vraiment «parti, parti», par exemple à la suite d'une opération: une fois la tumeur extirpée, il fallait largement nettoyer tout alentour, en taillant au besoin «dans le vif». Il avait sa pe-

21. Ah! le bon sens, si rare à rencontrer dans les bureaux de consultation.

tite idée sur le schéma, le «protocole» à suivre: d'abord opérer le patient, secondo irradier, puis traiter aux cytostatiques, qui entraînent la mort de la cellule en bloquant la division cellulaire. Enfin, il convenait de «freudiser» les derniers vestiges de l'âme par le traitement psychique anti-cancéreux de Hamer. C'est très volontiers qu'il m'aurait confié ce travail de peaufinage.

Je lui dis que les patients qui venaient me voir n'avaient que faire, en principe, de chirurgiens ou de médecins pour les irradier ou les empoisonner. Mises à part les complications éventuelles d'ordre organique, telles qu'hémorragies, tuméfactions cérébrales, etc., ou d'ordre psychique, telles que nouvelles paniques provoquées par des chocs ou des médecins irresponsables, des récidives de conflits, etc., ces patients pouvaient se considérer guéris et en bonne santé. Ils avaient même toutes chances de survivre 30 ou 40 ans, à condition bien sûr de ne pas être constamment terrorisés par l'entourage, qui les avait déjà fichés et voulait les contraindre à mettre le petit doigt dans l'engrenage de la médecine brutale, pour finir euthanasiés à la morphine. C'en était trop pour cet éminent représentant de la médecine classique et nous avons repris chacun notre chemin.

Depuis peu, on tente d'abréger le processus d'euthanasie à la morphine en utilisant le cyanure. La plainte que j'avais déposée à ce sujet contre un représentant de ce «syndicat», a été rejetée par les juges. Ils n'ont pas hésité à sanctionner le meurtre au cyanure comme acte médical.

Profondément choqué et scandalisé par un tel cynisme, un tel mépris de la vie humaine, je refuse cette médecine sans âme, uniquement symptomatique. Qu'il s'agisse d'un être humain ou d'un animal, le traitement médical d'un malade est pour moi un acte sacré. Il y a 2 000 ans, les médecins de nos ancêtres étaient en même temps des prêtres, c'étaient des hommes expérimentés, intelligents, qui méritaient la confiance de leurs semblables. Ce qui n'exclut pas, bien au contraire, un degré élevé de savoir et d'esprit scientifique.

Mais depuis que la corporation médicale s'est mise à sécréter un nouveau type d'ingénieur médical, un intellectuel à montures de lunettes nickelées, d'orientation symptomatique, et dont la réussite professionnelle va étrangement de pair avec une certaine froideur, je n'arrive plus à voir dans cette médecine «cool» une pépinière de médecins authentiques, de médecins par vocation, au coeur chaleureux et aux mains chaudes. (2-257)

Mise en garde

Il se trouve de plus en plus de médecins troublés par la précarité des résultats obtenus quand ils se limitent à traiter des symptômes. Ils possèdent des «outils» pour soulager, ils n'ont pas ceux qui pourraient véritablement guérir. Leur science permet de comprendre les mécanismes du soulagement, pas ceux de la guérison. C'est surtout à l'intention de ces médecins, avides d'en savoir plus, que je signale la découverte du docteur Hamer. S'ils se donnent la peine de lire attentivement cet auteur meurtri, sans se laisser rebuter par son amertume, ils seront à même de faire plus et mieux pour leurs patients.

Par ailleurs, j'espère que les personnes qui sont préoccupées par l'une ou l'autre maladie majeure trouveront dans ces pages des raisons d'espérer et, surtout, d'agir. Je leur souhaite d'avoir compris que le psychisme est l'atout maître et qu'il faut agir pour se dégager des perturbations émotives qui limitent leurs défenses naturelles. Cependant, je ne recommanderai jamais d'abandonner un traitement médical en cours. Je dis seulement ma conviction que la meilleure façon d'augmenter l'efficacité d'un traitement médical serait de débarrasser le subconscient de ses occultations.

Même si la façon de le communiquer est peu soucieuse de diplomatie, l'essentiel du message de Hamer se trouve dans l'affirmation que la résolution des conflits psychiques produit la guérison puisque c'est un conflit psychique qui provoque toujours la maladie. C'est une affirmation faite par un médecin génial ayant produit la preuve que sa Loi d'airain se vérifie scientifiquement. J'ose me permettre de faire un retour en arrière, à une époque où Hamer n'avait pas encore publié sa découverte. En concluant la première partie de *Catharsis,* j'écrivais, page 178:

> ... je suis profondément convaincu que la Catharsis dont il est question ici est la démarche fondamentale à faire si une maladie n'est pas rapidement jugulée autrement. Cette conviction repose sur le constat qu'il faudrait, dès que possible, amener un mal portant à retrouver

la capacité de profiter des ressources de son système immunitaire, pour que ces ressources jouent en sa faveur au lieu de se retourner contre lui, par abstention ou par agression.

Mais encore...

Tout ça est bel et bon, mais encore faut-il que la personne malade soit aidée dans cette recherche 1. de l'événement ayant généré le conflit et 2. de la manière de résoudre ce conflit.

Tous les exemples, illustrés par des radiographies et des scanners, donnés par le docteur Hamer, mettent en scène des événements *dont les gens se souviennent* mais qui sont *vécus dans l'isolement* et dont ils ne voulaient pas parler. Prenons un de ces exemples:

Un cancer pour avoir été embrassée à l'âge de seize ans
Peut-on attraper le cancer pour avoir été embrassée à l'âge de 16 ans? Sûrement pas aussi facilement aujourd'hui. Mais à l'époque, en 1957 la patiente avait alors 16 ans, c'était encore tout à fait possible. Fille naturelle, elle fut élevée par sa mère et le frère de celle-ci, qui renonça à se marier pour «tenir lieu de père» à sa nièce. Dans aucun domaine la petite fille ne reçut une éducation aussi stricte et rigoureuse que sur ce plan-là, afin qu'elle ne «commette pas la même faute» que sa mère. Embrassée un beau jour à l'improviste par un ami de 20 ans, la petite s'affola, s'imaginant qu'elle allait en avoir un enfant et que cela se voyait déjà. N'était-ce pas ce que lui avait toujours raconté sa mère? C'est d'elle qu'elle avait d'ailleurs le plus peur. Plus tard elle raconta que cette panique dans laquelle elle avait vécue pendant près d'un an était de loin le conflit le plus terrible qu'elle ait jamais vécu.

Comme ses règles s'étaient arrêtées comme par enchantement immédiatement après cet incident mémorable, digne d'un conte de fée, elle vit ses craintes immédiatement confirmées. Ceux de mes lecteurs qui ont connu ce temps-là, n'auront pas de peine à se figurer les tourments endurés par cette jeune fille. Je dois dire que c'était l'une des patientes les plus intelligentes que j'aie jamais connues. «Avertie» au bout d'un an à peine, sa mère ayant complété entre-temps son instruction, faite jusque-là de «ouï-dire», elle cessa de paniquer pour des prunes...

Il lui fallait maintenant reprendre les kilos perdus pendant cette période de conflit actif. A la suite de la conflictolyse, les saignements furent d'abord très abondants, puis les menstruations se normalisèrent progressivement. Le cancer de l'utérus, qui devait dater de cette époque, était bien entendu passé inaperçu. Qu'une jeune fille de 17 ans aille trouver un gynécologue était inconcevable dans ce temps-là. (3-492)

Le docteur Hamer montre donc un cas où la guérison du cancer se produisit quand la mère de la jeune fille la rassura, sans s'en douter, quand elle se décida enfin à lui expliquer comment on faisait des enfants. La petite avait vécu son conflit dans l'isolement, sans jamais parler à personne de sa mésaventure et de ses craintes, et le conflit s'était résolu de lui-même quand elle comprit combien ses craintes avient été puériles. Hamer poursuit son exemple en expliquant que, vint-six ans plus tard, son oncle, «père substitut», avait fait un cancer bronchique et qu'elle y avait réagi par de sévères tremblements des muscles des jambes. Comme la «myastasie» des jambes ne s'améliorait pas, un bilan complet fut prescrit en mars 1985.

C'est alors que l'on crut découvrir le coupable de ce tremblement des muscles et le cancer du col de l'utérus, pourtant guéri depuis longtemps bien que «visible», fut immédiatement rendu responsable de la myastasie! Affolée par ce diagnostic, ne pouvant savoir qu'il était erroné, la patiente s'en alla vers une fin cruelle: «métastase d'un cancer du côlon».

On peut parler ici de tragédie puisque la patiente en question mourut à cause de la thérapeutique médicale classique. En effet, souligne le docteur Hamer, la théorie des métastases ne repose sur rien de fondé (il faudrait lire Hamer ou Renard), il s'agissait en réalité d'un nouveau cancer provoqué par un conflit de type «impossible à digérer» né à l'instant où le faux diagnostic de cancer du col de l'utérus provoqua un DHS au niveau du tronc cérébral (pont).

Nous nous attarderons sur le premier point de la thérapeutique préconisée par le docteur Hamer, c'est-à-dire le *plan psychique,* qui est du domaine de la Catharsis. Sur les plans *cérébral* et *organique,* surveillance et thérapie des complications éventuelles relèvent par contre de la nouvelle médecine. Qu'en est-il de ces éventuelles complications?

> Au cours de la phase réparatrice du foyer de Hamer, toutes sortes de complications cérébrales peuvent se produire, en fonction de la localisation de l'œdème dans le cerveau.
>
> Les plus anodines proviennent de ce que le docteur Hamer appelle la crise épileptique ou épileptoïde.
>
> Cette crise est parfois accompagnée d'étourdissements, de vertiges, de céphalées, de nausées, de crampes, de diplopie (perception de deux images d'un même objet).
>
> Les foyers de Hamer au cortex peuvent déclencher des crampes, des contractions musculaires, des morsures de la langue, de l'écume à la bouche.
>
> Les complications plus importantes provoquées par l'œdème sont l'infarctus, le dysfonctionnement du centre du rythme cardiaque et des paralysies.
>
> Mettre, dit le docteur Hamer, comme on le fait toujours aujourd'hui, sous perfusion un patient atteint d'un infarctus du myocarde est extrêmement dangereux à cause du risque que représente tout excès de liquide pendant la phase d'œdématisation du foyer de Hamer au lobe temporal droit (conflit de territoire résolu), là ou se trouve la commande du coeur.
>
> Le docteur Hamer a remarqué que l'infarctus est mortel lorsque le conflit a duré plus de neuf mois. (5-82)

Que l'on se rassure tout de suite, ces phénomènes ne se produisent pas en Catharsis glaudienne. Il y a bien parfois, à l'approche de la fin du tunnel, des réactions que l'on appelle plus haut anodines. Mais elles sont très faibles et génèrent tout au plus un peu d'angoisse (que les personnalités de type hystérique amplifient à l'excès, comme en toutes autres choses). L'important est de savoir que ce sont des signes de guérison très prochaine qui ne demandent pas d'intervention médicale. Au contraire, oserais-je dire. En effet, la médecine classique, ignorant tout du DHS, des foyers de Hamer et des mécanismes de leur guérison par œdématisation, risquerait de faire des interventions intempestives pouvant aggraver des phénomènes normaux en ces circonstances. Nous comprendrons un peu plus loin pourquoi ces phénomènes sont très atténués en Catharsis glaudienne.

Il y aurait encore tellement à dire au sujet des constats faits par la médecine nouvelle. Le mieux serait que vous complétiez l'information acquise en lisant les auteurs cités.

Une confirmation

C'est grâce au scanner cérébral, un appareillage mis au point par les physiciens, que le docteur Hamer a pu faire la preuve *visuelle* qu'un choc émotif produisait des réactions biologiques dans le cerveau et que c'est de ces réactions que partaient les *commandes* perturbatrices d'organes. Toute maladie est donc bien la résultante d'une perturbation psychique et c'est en annulant cette perturbation psychique que la guérison se produit, sans médication ou autre thérapeutique médicale classique.

Plus récemment, les physiciens ont mis au point des appareillages encore plus performants que le scanner; il s'agit du *tomographe par émission de positrons,* qui donne des informations de type fonctionnel, et l'*imagerie par résonance magnétique,* qui donne des informations d'ordre anatomique.

En mars 1991[22], des chercheurs montréalais de l'Institut de neurologie et du laboratoire de neurophysiologie comportementale de la Faculté de médecine dentaire de l'Université de Montréal, travaillant en collaboration à l'aide de ces appareillages, ont annoncé l'étonnante découverte que la douleur physique empruntait, pour atteindre le cerveau, *les mêmes voies que les émotions,* et que l'on retrouvait l'image de son impact biologique exactement dans la portion du cerveau déjà identifiée comme siège des émotions. Et cela, malgré toutes les précautions prises pour s'assurer qu'aucune appréhension, préalable à la douleur provoquée, ne vienne fausser les résultats de l'expérimentation. Serait-ce que douleur morale et dou-

22. Dans *Science* du 15 mars 1991, volume 251, pages 1355 à 1358.

leur physique sont de même essence? Ou, plus vraisemblablement, que la douleur physique engendre toujours une émotion et qu'une douleur physique prolongée puisse, comme une douleur morale, causer un DHS? Voilà en tout cas qui vient ajouter de l'eau à notre moulin.

Commentaires

En prenant comme exemples le cancer et le sida, des maladies tellement redoutées, je voulais montrer à quel point nous devenons malades par la faute des autres. Les terreurs provoquées par la médecine et les médias sont des manipulations d'opinion pour le moins suspectes. J'espère que des milliers de malades seront moins angoissés du fait qu'ils sauront que la clé de la guérison se trouve, avant tout, dans la résolution des conflits psychiques. Il y a donc pour eux une possibilité de stopper l'évolution d'une maladie grave et, même, de retrouver la santé.

J'espère aussi qu'il a été compris que, sans l'ombre d'un doute, ce sont seulement nos émotions qui déclenchent une maladie. Microbes, virus, cellules précancéreuses qui nous habitent ont probablement un rôle très positif à jouer dans notre organisme: nous ne connaissons pas tous les desseins de la nature. Quoi qu'il en soit, nous ne devons pas les redouter ni permettre que l'on continue à nous terroriser en évoquant leur existence. Rappelez-vous: «Le microbe n'est rien, c'est le terrain qui est tout.» Pour protéger notre santé il suffit de ne pas se laisser inhiber par les émotions, destructrices du «terrain»... Mais c'est plus facile à dire qu'à faire, j'en conviens.

Que l'on ne se méprenne pas sur le sens de mon discours: il ne suffit pas, comme certains le préconisent, de s'imposer des pensées positives pour que tout aille, jour après jour, de mieux en mieux. Pour remplir un cerveau-récipient déjà plein de pensées négatives, il faudrait commencer par le vider avant de pouvoir y laisser entrer des pensées positives! Et *il n'y a aucune formule magique pour ré-*

curer la mare, comme nous l'avons déjà vu; il y a, obligatoirement et sans compromis, un cheminement courageux, honnête et déterminé à faire pour y arriver.

Dans ses écrits, le docteur Hamer dit que 97 p. 100 des cancers sont guérissables par la simple résolution des conflits. Il dit aussi qu'il ne serait ni difficile, ni compliqué de démontrer le bien-fondé scientifique de sa loi sur la genèse du cancer. Il suffirait en effet de vérifier si un certain nombre de patientes dont le cancer du col de l'utérus a été constaté dans un service gynécologique, présentent un foyer de Hamer localisé dans une aire temporo-pariétale du cerveau. Il ajoute que quand le conflit sexuel responsable du cancer est résolu, on constate que le même foyer est alors entouré d'un œdème périfocal bien évident et que la patiente a désormais les mains chaudes. (2-38) Je le soulignais au début du premier chapitre: il existe des moyens simples, efficaces et rapides d'obtenir certaines réponses de notre organisme, encore faut-il qu'on accepte d'apprendre des choses qui infirmeraient nos croyances de toujours. Personne n'aime être ébranlé dans ses certitudes, c'est humain; mais quand on refuse de voir l'évidence, peut-on être bien avec sa conscience?

Tout est perfectible et le savoir ne devrait jamais être figé, si bien que, par la force des choses, on n'enseigne que ce qui est déjà dépassé. C'est pourquoi j'attache une grande importance à *la formation continue* qui s'enrichit des fruits des expériences comparées, parfois même confrontées. Il arrive aussi que l'on ne trouve pas le temps de prendre du recul, d'élargir son horizon. Il se pourrait également, comme c'est peut-être le cas pour le docteur Hamer, que l'âpreté d'une bataille nous amène à prendre des positions erronées, trop draconiennes. Il n'est pas exclu que cela puisse être vrai pour moi! Toujours est-il qu'il ne m'est pas possible de passer sous silence la «faille» dont j'ai parlé à propos du docteur Hamer.

Que l'on se rapporte à ce que dit Alice Miller à propos de la *pédagogie noire.* Peut-être par réaction négative envers la psychanalyse, peut-être aussi parce qu'il tient pour négligeables les émotions de la petite enfance, il n'attache aucune importance à ce que les patients ont pu vivre avant le «conflit» qui provoque un DHS. Il réclame que l'on prête attention à ce que son expérience lui a appris, il est légitime que je lui demande d'en faire autant pour celle des autres. Or il est démontré hors de tout doute qu'il y a parfois, et par nécessité du moment, des phénomènes d'occultation qui fragilisent psychiquement les individus. Il écrit, en réaction contre ses collègues, qu'il refuse de croire que l'origine d'un cancer puisse se situer 20 ou 30 ans plus tôt! C'est une grosse bêtise qu'il énonce là. Une bêtise qui engendre des conséquences dont il n'a même pas idée. En effet, il est confronté au problème de récidive des cancers et il erre carrément quand il tente de se l'expliquer.

Je n'oublie pas que sa magistrale découverte est partie d'une interrogation à propos de son cancer testiculaire; c'est peut-être d'ailleurs la meilleure explication de son erreur. Revenons un instant à son exemple de la jeune fille qui fait un cancer du col de l'utérus à 16 ans. Son oncle renonce à se marier pour lui tenir lieu de père. Les chances qu'il ait utilisé sa «fille», quand elle était enfant, pour des jeux sexuels sont énormes. Le reste de l'histoire me semble le prouver. En effet, vous en connaissez beaucoup de jeunes filles qui n'ont pas eu très peur d'être enceinte suite à un baiser ou un effleurement, même après 1957? Ont-elles toutes fait un cancer pour autant?

Mon expérience me porte à croire que nous avons là un cas d'inceste amoureux occulté par l'enfant (pourquoi redoute-t-elle tant sa mère?). Elle est tellement attachée à son oncle (inceste amoureux?) qu'elle en fait une myastasie quand il fait un cancer bronchique qui, d'après la classification de Hamer, serait probablement dû à un *conflit sexuel de l'homme âgé!* Si elle finit par avoir un cancer du côlon à cause du choc reçu en apprenant un faux diagnostic, il m'est impossible de croire qu'elle l'aurait fait si elle n'avait pas réagi aux affects restés occultés dans son subconscient. Voilà sans doute l'explication des récidives et ce problème ne se présenterait plus si le docteur Hamer faisait passer ses patients, préalablement à toute autre chose, dans le fauteuil d'un(e) catharsiste glaudien (ne).

S'il suivait ma suggestion, le docteur Hamer aurait probablement l'agréable surprise de constater que les complications qui surgissent parfois seraient moins nombreuses et de beaucoup atténuées. En effet, les désoccultations une fois levées, les réactions biologiques seraient d'un autre ordre, moins marquées du fait que le psychisme serait moins «chargé». C'est pourquoi je disais un peu plus tôt que ces réactions sont beaucoup atténuées en cours de Catharsis glaudienne. Au fur et à mesure que nous progressons dans le tunnel, la «charge» diminue puisqu'on allège le subconscient au fur et à mesure.

Je veux souligner avec force que la «faille» dans le système Hamer n'infirme en rien l'importance de sa géniale découverte; il s'agit d'un détail *majeur* qui, corrigé, donnerait des fruits encore plus éclatants à sa médecine nouvelle. Nous pourrons mieux en juger en passant au prochain chapitre où la clinique, la «practice», prendra toute la place.

CHAPITRE 5

Catharsis bis

Ce n'est pas dans la
connaissance qu'est le fruit,
c'est dans l'acte de saisir.
SAINT BERNARD

Nous arrivons au moment où les exposés faits dans les premiers chapitres prendront tout leur sens puisque nous allons les voir s'articuler autour de divers cas vécus en clinique. Pour des raisons évidentes, je n'en dirai que l'essentiel, en prenant soin d'éviter les possibilités d'identification. Il arrivera également que des cas similaires soient fusionnés. Les personnes qui souhaiteraient connaître le déroulement chronologique d'une Catharsis pourront lire, ou relire, le cas de E. présenté dans mon livre précédent.

Permettez-moi d'abord de faire un bref rappel de ma thèse:

1. *L'origine des maladies.* Très souvent, ce sont des événements vécus dans la petite enfance qui sont responsables des désordres de santé.

Il peut parfois arriver que ce soit des «perceptions» enregistrées par un fœtus qui initient les « fragilités» qui rendront cet enfant hypersensible à des émotions... qu'il occultera assurément aux moindres occasions.

2. *Oublier pour ne pas souffrir.* En une fraction de seconde, notre cerveau peut nous forcer à oublier de grandes peurs ou culpabilités.

Pour protéger son équilibre psychique et son développement, l'enfant peut être obligé d'oublier des situations moralement très souffrantes. C'est ce que nous appelons des événements occultés.

3. *L'avenir hypothéqué.* C'est seulement au niveau conscient que les émotions intolérables ont été oubliées; elles restent, hélas, enregistrées au niveau du subconscient.

Dès lors, c'est comme une bombe à retardement qui peut exploser quelques mois ou quelques années plus tard à la suite d'un incident parfois banal... et c'est la maladie qui survient sous l'une de ses multiples formes.

4. *Occultations multiples.* Dès que l'enfant a trouvé l'oubli en occultant une première fois, un réflexe de répétition est installé. Chaque fois qu'il sera agressé par une émotion trop forte, il occultera à nouveau.

C'est pourquoi on retrouve toujours plusieurs événements oubliés à l'origine de la plupart des problèmes de santé physique ou mentale.

5. *Comment savoir?* Une rencontre d'évaluation (deux heures en moyenne) permet de savoir si quelqu'un a occulté des événements traumatisants, donc de savoir si un problème de santé résulte d'événements lointains oubliés.

6. *Vers la guérison.* La seule façon pouvant être efficace pour stopper cette maladie physique ou mentale consiste à provoquer une désoccultation de tous les événements responsables du désordre de santé identifié, ce qui conduira à la guérison.

7. *La procédure.* C'est par des rencontres individuelles que l'on procède. En général, de 20 à 30 visites suffisent, parfois moins, à raison de quatre à cinq rencontres par semaine, de trois heures chacune. Le problème peut donc être le plus souvent résolu en moins de six semaines.

8. *De façon simple et originale.* C'est le subconscient qui connaît nos vérités. C'est donc lui le maître de la démarche.

Le rôle de l'intervenant consiste, à l'aide d'une méthodologie précise, à mettre subconscient et conscient en communication.

9. *Une confortable certitude.* La Catharsis glaudienne permet toujours de savoir quand la démarche est terminée; c'est une de ses plus grandes originalités.

De toutes les relations d'aide connues, c'est la seule qui permette d'avoir cette confortable et rassurante certitude.

La Catharsis glaudienne et le développement de sa méthodologie qui, je tiens à le souligner, est devenue d'une précision chirurgicale, aura permis de montrer à sa façon que presque toutes les maladies étaient psychosomatiques. En dépit de nombreux succès, j'ai longtemps été hésitant à accepter les cas qui relevaient plus de la maladie psychique que de la maladie physique. On aura compris, à la lecture du présent ouvrage, que les horizons des Catharsistes glaudiens se sont élargis, surtout grâce aux travaux de Henri Laborit puis ceux d'Alice Miller, de Léon Renard et de Ryke Geerd Hamer dont il a été question. Nous savons maintenant que ma découverte est d'application universelle et nous ne voyons pas de limite à ses possibilités thérapeutiques.

Le thème des maladies graves et souvent mortelles résultant d'un état de panique avait déjà été timidement effleuré dans mon ouvrage précédent. Traitant alors d'affections plutôt rares, mes exemples n'avaient peut-être pas retenu l'attention autant qu'ils pourraient le faire aujourd'hui. Au début de 1991, les médias rapportaient une épidémie de choléra en Amérique du Sud. Or le choléra est, comme le sida, une maladie qui se propage à cause d'un climat de terreur. Il me paraît indiqué de reprendre ce qu'on pouvait lire à la page 182 de *Catharsis*:

> ...selon A.T.W. Simeon, seules les maladies dont il existe un équivalent chez les animaux sauvages, ainsi que celles qui résultent directement de l'intervention d'un élément étranger reconnu et nettement défini: blessure, poison (médicament) ou parasite animal, ne seraient pas psychosomatiques. Cet auteur[1], spécialiste des maladies tropicales, nous

---

1. *La psychosomatique, médecine de demain* éd. Gérard et Co, Marabout Université, 1969.

propose une réflexion qui pourrait étonner plus d'un professionnel de la santé:

> Le choléra asiatique en offre un exemple. En pleine épidémie, on constate que des adolescents bien portants, des mères actives et des pères qui font vivre leur famille sont plus souvent atteints que les très jeunes enfants et les vieillards décrépits. La cause du choléra est l'ingestion d'un microbe appelé vibrion que l'on sait très sensible aux acides. L'acide toujours présent dans l'estomac de l'homme est assez fort pour tuer le vibrion du choléra presque instantanément. Comment alors le microbe peut-il traverser cette barrière acide qui le sépare de l'intestin où, dans un milieu alcalin, il pourrait se développer et exercer son action meurtrière? En fait, il n'atteindra sa destination que si la sécrétion d'acide par l'estomac est interrompue. Or, cette sécrétion s'interrompt automatiquement lorsque le sujet éprouve une peur intense[2]. Il se peut donc que ceux qui redoutent le plus la mort soient justement les proies désignées du choléra, alors que les enfants, trop jeunes pour comprendre le danger, et les vieillards, qui ne tiennent plus à la vie et soignent impunément leur entourage, soient épargnés parce que leurs sécrétions gastriques ne sont pas affectées par leurs émotions. La peur jouerait ainsi un rôle important dans le choix des victimes et, dans ce sens, on pourrait reconnaître une certaine importance aux mécanismes psychiques dans la propagation du choléra.

On peut mettre cette observation en parallèle avec une expérimentation animale, bien connue des spécialistes, faite par le professeur Métalnikov de l'Institut Pasteur à Paris. Il immunise des lapins contre le choléra en débutant par des injections de vaccin. À chaque piqûre, il fait entendre à l'animal, qui est toujours traité avec douceur, un son de cloche ou il lui gratte légèrement le dos. Quand l'immunité est atteinte, on arrête les injections. Mais cette immunité ne dure pas et disparaît peu à peu. De sorte que, si on injecte alors des bacilles du choléra au lapin, il meurt.

2. Alors qu'une peur larvée augmente cette sécrétion, responsable alors d'ulcères gastriques. (N.D.L.R.)

Mais si, dès que l'immunité a disparu, on fait entendre à l'animal le son de la cloche ou si on lui gratte légèrement le dos, l'animal est de nouveau immunisé et une injection de bacilles du choléra n'a plus sur lui aucune action.

Par contre, si d'autres chercheurs reproduisent l'expérience avec des lapins stressés, sans procéder avec douceur et respect pour ces animaux de laboratoire, l'immunité ne s'installe pas. Dans un cas, on a veillé à ce que l'animal ne panique pas et l'acidité de l'estomac joue son rôle de barrière; dans l'autre cas, l'animal apeuré meurt.

Faisant immédiatement suite à la citation de Simeon, je rapportais, page 183, le cas tout à fait étonnant de «la petite miraculée». Elle a quatre ans quand, dans le village, on parle avec effroi de deux enfants qui vont mourir à la suite de complications cardiaques liées à un rhumatisme articulaire aigu, appelé aussi rhumatisme inflammatoire. Elle va en souffrir à son tour et le diagnostic va figurer dans son dossier de santé pendant plus de trente ans. Elle est donc considérée comme une morte en sursis, avec tout ce que cela implique de soins, de restrictions et de surprotection. Pourtant, elle guérira et l'on criera au miracle. Elle écrit à ce sujet:

> Voici maintenant ce que j'ai découvert pendant ma Catharsis. Je me retrouve à quatre ans, je suis dans mon lit. Ma mère me surprend la main entre mes cuisses. Elle me fait de gros yeux, je vois très bien que ses yeux ne sont pas comme d'habitude. Elle me dit de remettre ma culotte de pyjama, qu'elle ne veut plus que je l'enlève pour dormir. Je ne la trouve pas gentille de m'empêcher d'enlever mon pyjama, puisqu'elle n'en porte même pas pour dormir. Je la trouve injuste et je décide de la punir: je me dis qu'elle n'aime pas quand je suis malade, eh bien! je serai malade. Au même instant mes jambes commencent à s'engourdir, mes genoux ne plient plus, je suis paralysée.
>
> Puis je revis une scène où, quelques semaines plus tard, je fais la sieste. Je fais un rêve et je sens que c'est tout chaud et tout bon entre mes cuisses. Je me réveille et mes genoux plient. Je me lève et je marche jusqu'à la cuisine, je suis guérie. Chaque fois que je paralysais, c'était le même processus, c'est-à-dire qu'un rêve érotique me guérissait. Sauf que la dernière fois, à dix ans et demi, j'ai osé me masturber et je n'ai jamais plus été malade.(...) J'avais seulement souffert de

> symptômes que j'avais choisis en entendant parler de la maladie des deux enfants que je connaissais. Pourtant tous les signes cliniques étaient là, puisque le médecin pouvait les identifier à l'auscultation! Grâce à cette Catharsis, je suis maintenant libérée de l'angoisse qui m'habitait continuellement, et de tous les affects reliés à mon passé.

En réalité, la véritable cause première ne pouvait être révélée sans mettre un certain adulte en cause. L'intervention intempestive de la mère (ça se passait pratiquement toujours ainsi à l'époque) était venue aiguillonner des émotions, fortement chargées de culpabilité et de peur, occultées quelques heures plus tôt. C'est à cause de la panique générale au sein des familles du village que la fillette avait «choisi» d'avoir la maladie tant redoutée.

C'est un fait que l'on choisit souvent sa maladie sans en avoir nécessairement conscience. Ce sera l'exemple d'une tante qui est continuellement entourée de petits soins à cause de sa maladie: il devient tentant d'attraper une maladie similaire pour quelqu'un souffrant de solitude, d'indifférence! Comme il est tentant d'être grabataire pour quelqu'un qui veut se venger d'un conjoint ou d'un parent. Je tente de montrer que derrière certaines maladies il peut y avoir une motivation; c'est pourquoi médecins et psychologues tenteront parfois d'identifier les «bénéfices secondaires» qui incitent la personne à rester malade.

L'expérience clinique

Cela dit, nous en arrivons à prendre connaissance de ce que révèle l'expérience clinique. Hormis deux cas présentés dans *Catharsis,* je n'ai rencontré, en environ 20 000 heures consacrées à la relation d'aide, que des situations où la sexualité infantile était impliquée, avec une nette dominance d'incestes. Pourtant, les personnes venant me rencontrer pour des problèmes de santé non résolus par d'autres moyens ignoraient le plus souvent qu'elles avaient été impliquées dans des «affaires» sexuelles. Ces événements étaient donc complètement occultés. Il serait facile de prétendre que l'on ne trouve jamais que ce que l'on cherche! Sauf qu'*on ne cherche rien a priori* en Catharsis glaudienne.

Le principe est clair: nous nous refusons de faire le moindre diagnostic, nous refusons de coller une étiquette aux gens. Nous avons appris que toute personne ayant un problème de santé sait pourquoi elle est malade mais qu'elle ignore qu'elle le sait. En d'autres termes, il n'y a que son subconscient qui sait et notre rôle se limite à déceler les messages qu'il tente de communiquer. Il a déjà tenté de le faire en provoquant symptômes ou malaises; n'ayant pas été «décodé», il maintient les désordres en dépit des médications ou autres moyens d'intervention. Nous ne commettrons certainement pas la même erreur que ceux et celles qui, ayant des «connaissances», s'en servent indûment. Ce ne pourraient être que des pseudo-catharsistes.

Nous serons donc simplement attentifs à capter les signaux envoyés par le subconscient, soit par des réactions aux chakras, soit par les symboles du tunnel. Notre méthodologie découle strictement des signaux captés, ainsi il ne peut y avoir d'erreur: nous ne décidons jamais d'avance de ce qui sera dit ou fait, nous ne faisons que suivre scrupuleusement les signaux, exactement comme si nous suivions le long d'un sentier les cailloux blancs semés par le subconscient qui, invisible, marche en avant.

J'ai dit que nous suivons *scrupuleusement* pour souligner que nous acceptons d'«entendre» tous les indices, sans jamais porter de jugement. Nous ne pouvons nous permettre d'avoir des préjugés ou des timidités manièrées, ni pendant ni après notre travail. Je fais allusion ici aux intervenants qui ne veulent pas «entendre» certains sujets tels que les abus, sexuels ou autres, vécus par des enfants. Surtout s'ils sont de «bonne» famille et, plus encore, si les abuseurs sont des notables; bref des intervenants aussi timorés que Freud l'était. C'est donc parce que nous ne cherchons rien a priori que nous aidons l'autre à trouver ses vérités.

Le cas de M.

Lors de notre rencontre pour évaluation, cette jeune et jolie célibataire de 40 ans fit savoir:

1. Que sa sexualité était déficiente (anorgasmie et vaginisme),
2. Qu'elle avait une foule d'allergies alimentaires et épidermiques,
3. Qu'elle était phobique sociale,
4. Qu'elle était incapable de se trouver au même endroit qu'un homme inconnu,
5. Qu'elle était incapable de se changer dans un vestiaire devant une femme,
6. Qu'elle était incapable de se baigner dans une piscine s'il s'y trouvait quelqu'un,
7. Qu'elle ne prenait jamais de décisions à son travail, bien que très qualifiée,
8. Qu'elle était incapable de rester seule avec son père, même pour un bref instant,
9. Qu'elle était très mal à l'aise quand elle devait porter une robe ou une jupe...

À propos de ses allergies, elle avait été avertie par son médecin qu'elle deviendrait aveugle si elle buvait une gorgée d'une boisson gazeuse contenant du bicarbonate de soude (Cream soda). Elle ne pouvait porter aucun maquillage, utiliser aucun fixatif pour cheveux, porter un bijou qui ne soit en or. Son problème face aux hommes inconnus était grave au point qu'elle sortait immédiatement d'un magasin si c'était un homme qui devait la servir. Seule au restaurant, elle choisissait toujours d'être assise dos au mur, de préférence dans un coin. Si un homme venait occuper une table voisine, elle réglait l'addition et sortait sans finir son repas. Si elle devait absolument porter une robe, elle devait aller se faire épiler les jambes la veille... et j'en oublie!

Elle me dit qu'elle ne serait pas dans mon bureau si une de ses amies n'était déjà venue avant elle et ne l'avait rassurée. Dans les mois précédents, elle s'était soumise à cinq séances d'hypnose qui lui avaient laissé un mauvais souvenir, particulièrement du fait qu'elle ignorait tout de ce qui se serait passé pendant une certaine heure. Elle avait également cherché une solution par la technique du rebirth. Enfant et adolescente, elle avait eu des prémonitions mais elle n'était plus en contact avec cette «sensitivité» et elle avait la phobie des films d'horreur. Elle était très motivée, écoeurée d'être aux prises avec tous ses problèmes.

De façon générale, j'avais déjà constaté que plus la liste des problèmes était longue et plus la démarche en Catharsis pouvait être de courte durée. Il y avait cinq portes dans son tunnel et quand une résistance venait ralentir son cheminement, elle était assez facilement contournée grâce à des transferts d'énergie aux chakras. Bref, ce fut une belle réussite puisque *neuf rencontres suffirent* pour que tout rentre dans l'ordre.

Cette personne, ayant fait témoignage enregistré sur vidéo devant certains stagiaires, peut être identifiée. Il m'est impossible de donner des détails qu'elle n'aurait elle-même décidé de donner. On aura compris qu'il s'agit des événements liés à la sexualité, qui furent non seulement de son enfance mais encore de l'âge adulte. Nous avons trouvé un événement très dramatique vécu et *occulté* à l'âge de 22 ans. C'est cette occultation à l'âge adulte que je tiens à souligner. À partir du moment où quelqu'un a trouvé une fois l'oubli en occultant, le même processus pourra se reproduire pendant de très nombreuses années, chaque fois que la tension émotive sera trop forte... et tant que cette personne n'aura pas réalisé sa Catharsis. Je me souviens d'un cas où une mère de famille, âgée d'environ 50 ans, avait occulté une relation incestueuse vécue la veille avec un de ses fils, adulte lui aussi! Je m'empresse de dire que ce n'était pas ce genre de situation que M. avait occultée à 22 ans.

Après la deuxième journée, elle était très tentée d'abandonner la démarche. Il est vrai, et c'est exceptionnel, qu'elle avait été en régression dès les premiers instants de la première journée. Nous n'avions même pas eu le temps d'aller au tunnel. Conformément à ce que j'en disais il y a un instant, j'avais respecté un signal du subconscient qui faisait réagir le chakra du ventre et, en dépit de sa phobie des hommes, je n'avais pas hésité à poser la main au niveau de ce chakra pour l'activer: elle se retrouvait à l'âge de six ans, dans un bois en compagnie d'un homme... Elle désocculta encore deux autres événements, tellement «chargés» que j'avais cru bon d'invoquer la possibilité qu'il s'agisse de délires. Le soir même, elle eut la preuve qu'il ne s'agissait pas de fantasmes puisque quelque chose avait radicalement changé au niveau d'un certain comportement.

La deuxième journée avait fait émerger deux autres événements absolument inattendus et incroyables à première vue. Je n'avais jamais encore rencontré un cas d'une telle densité et d'où les mécanismes habituels de défense semblaient abolis. J'appris le lendemain qu'après la deuxième séance de travail elle se sentait moche, avec des crampes dans le ventre. Elle avait dormi tout l'après-midi, puis toute la nuit enveloppée dans une douillette (au mois de juin!). Elle venait à son rendez-vous pour me dire qu'elle abandonnait, que c'était trop lourd à assumer. Je lui fis simplement remarquer que jamais les désoccultations ne dépassaient la capacité des gens d'«encaisser» mais qu'il fallait bien s'attendre à des réactions de quelque nature. Si j'avais connu les travaux de Hamer à cette époque, j'aurais pu lui montrer qu'il y avait là des réactions liées à la guérison. Elle prit finalement la décision de continuer et nous eûmes encore droit, chaque jour, à plusieurs remémorations libératrices.

Chaque journée apportera son lot de désoccultations et les portes termineront leur office symbolique avec une rapidité étonnante. Les résistances — il y en a toujours — seront contournées soit par transfert d'énergie (imposition d'une main sur le chakra le plus actif, le dominant), soit par projection d'extraits de films faisant office de déclencheurs. Le septième jour, elle arrive en robe, les jambes non épilées et elle se sent très à l'aise. C'est un signe incontestable de changement, nous vérifions ainsi que tout ce qui a été régressé avait une raison d'être. Mais le huitième jour, elle arrive tendue comme un arc, déprimée et fatiguée. Elle avait cherché des prétextes pour ne pas venir, ce qui est toujours signe que des choses de grande importance vont se passer. Et, en effet, elle revivra le choc d'un traîneau qui lui casse une dent puis, un incident où elle faillit se noyer. Elle repartira de cette séance très ragaillardie, en parfaite opposition avec son pessimisme de l'arrivée. Enfin, le neuvième jour elle débouchait dans un paysage presque parfait. Cela veut dire qu'il y avait des éléments dans ce paysage qui indiquaient qu'elle avait besoin d'intégrer toutes ses «découvertes et vérités».

Pendant environ trois semaines, chez elle, elle allait explorer tunnel et paysage quotidiennement. Elle y apprenait des choses qui complétaient les événements du passé. Elle constatait également ses changements de comportement et elle mettait timidement ses allergies à l'épreuve. Je la revis une fois pour contrôle et un certain matin, par téléphone, j'appris qu'elle avait enfin son paysage parfait. Elle était complètement guérie.

Les résultats

L'enregistrement vidéo, fait un peu plus d'un an après, nous montre une femme rayonnante, sûre d'elle, en robe.

— Non seulement elle ne baisse plus les yeux quand elle croise un homme, elle le toise et l'évalue calmement.

— Elle mange n'importe quoi et elle se maquille sans avoir la moindre réaction. Elle a osé boire une bouteille de Cream soda pour se tester.

— Elle se baigne en compagnie d'autres personnes sans même penser à son ancienne phobie, elle peut désormais nager dans un lac profond.

— Au travail, elle fait face à la musique avec autorité, elle n'évite plus les responsabilités.

— Elle conduit sa voiture de façon détendue sans plus jamais dépasser les limites de vitesse, ce qu'elle faisait de façon irrépressible auparavant.

— Elle peut se changer devant d'autres femmes sans problème, et peut porter des bijoux de fantaisie.

Bref, elle a pu vérifier que, en toute chose, elle est totalement transformée. Évidemment, le point le plus impressionnant reste qu'elle peut passer plus de deux heures en tête-à-tête avec son père sans se rendre compte du temps qui passe. Elle se sent enfin, et pour la première fois, sa fille. Ce témoignage est impressionnant et vient confirmer, sans l'ombre d'un doute, que nous sommes malades à cause des autres et qu'il suffit, pour s'en guérir, de retrouver l'intégralité des événements occultés qui étaient à la base des problèmes.

Trois ans après sa Catharsis, j'ai rencontré M. pour lui soumettre ce que vous venez de lire. C'est seulement alors qu'elle m'a donné la clé permettant de comprendre pourquoi elle n'avait offert qu'un minimum de résistances: elle avait décidé qu'elle venait tenter chez moi une dernière démarche avant de se suicider; c'était la réussite ou la mort! Elle me raconta aussi l' histoire toute récente d'un achat d'automobile où elle obtint une foule d'avantages en marchandant comme un maquignon. Son frère, qui l'accompagnait pour la conseiller, en avait été tellement gêné qu'il était parti avant la fin des négociations! Quand on pense que cette femme était incapable de faire face à un vendeur, on peut mesurer l'ampleur de sa transformation. Pour terminer, une anecdote révélatrice, tirée de ses désoccultations: sa grand-mère lui avait dit qu'un corps de femme c'est fait pour avoir des enfants, pas pour avoir du plaisir!

Le cas de N.

Il s'agit d'une institutrice de 33 ans, mariée, sans enfants, à un décorateur de théâtre. Elle travaille dans une grande ville éloignée. Elle avait réservé sa place chez moi pour le temps de ses vacances et elle logeait, seule, dans une pension de famille proche de mon bureau. Trois mois plus tôt, quand je l'avais rencontrée pour évaluation, elle disait espérer résoudre un problème de mal de vivre qu'elle pensait avoir ressenti pour la première fois vers l'âge de 16 ans. Elle avait été suivie en psychologie pendant quelques mois mais ne s'en trouvait pas mieux.

À mes questions, précises et directes, elle répond sans hésitation et le tableau se précise: elle est assez réticente aux relations sexuelles, elle doit souvent se «forcer» pour arriver au plaisir. À sa connaissance, elle ne s'est jamais masturbée; ses menstruations sont toujours très douloureuses. Elle n'a aucun souvenir antérieurement à l'âge de 13 ans, elle a très peur de mourir noyée. Son père, qu'elle adorait, est mort quand elle avait 19 ans; ses relations avec sa mère sont difficiles au point qu'elle dit la détester. Elle n'a que des souvenirs très vagues concernant ses premières expériences sexuelles.

À l'évaluation toujours, elle se révèle être très (trop) rationnelle, elle contrôle ses émotions et sensations physiques. Elle est souvent constipée, elle souffre de maux de tête, de dos et d'estomac que son médecin ne peut relier à rien d'organique; c'est pourquoi il lui a suggéré de me contacter (il avait lu mon livre). Elle déteste son corps au point d'être toujours mal à l'aise en faisant sa toilette: sa mère lui a souvent dit qu'elle était «mal faite»!

Ces détails ont leur importance pour la compréhension de la suite. Il s'agit d'une personne qui serait le contraire de M., comme nous allons le constater. Dans son tunnel, elle ne voit qu'une porte à gauche et pendant huit jours j'aurai toutes les misères du monde à obtenir un contact avec son passé. Elle fuit continuellement. À quelques reprises, elle a senti une amorce d'excitation sexuelle très vite réprimée. Elle ressent surtout des douleurs cardiaques et de fréquentes envies d'uriner. Si l'on suspend la séance pour qu'elle aille aux toilettes, elle constate à chaque fois que c'était une fausse envie. Ce qui signifie que, dans le fauteuil, elle est bien en contact avec des sensations de petite fille confondant un éveil sexuel avec un besoin d'uriner (c'est une observation qui a souvent été faite dans plusieurs cas). Donc, après huit jours, nous n'avons rien eu que de très vagues impressions; c'est la résultante de ses résistances puisque nous saurons par après qu'il s'agissait chaque fois d'amorces de régression. Elle a vaguement eu la sensation d'être bercée par sa mère, puis d'une ombre au-dessus d'elle et l'impression d'un va-et-vient. Elle aura pensé à son père à quelques reprises mais sans images. À un certain moment, elle a pensé: «Ça s'peut pas qu'un père fasse ça à sa fille».

Son mari est venu lui rendre visite, mais elle n'a pas réussi à avoir le moindre désir, elle est découragée et elle pense à mettre fin à une démarche qui ne semble pas pouvoir réussir alors qu'elle y avait mis tant d'espoir. Je dois lui remonter le moral, lui faire remarquer qu'elle a eu plusieurs amorces de régression. Je ne lui révèle pas que j'ai pratiquement épuisé mes ressources méthodologiques, je reste persuadé, expérience aidant, que ses défenses vont finir par céder. La question étant de savoir quand et comment!

Le onzième jour, ça va de mal en pis. Au point que je décide de mettre fin à la rencontre au bout de deux heures totalement stériles. Le moins que l'on puisse dire, c'est que le lendemain elle arrive dans un état de total découragement, au bord de la dépression. Elle manque d'enthousiasme à l'idée de retourner encore dans ce «maudit fauteuil». De fait, elle n'est plus capable de visualiser la porte. Depuis quelques jours, j'ai bien ma petite idée sur ce que pourrait être le problème mais il ne servirait à rien de lui en parler, au contraire. Il faut absolument que les choses s'imposent à elle.

Je décide de lui faire visionner un extrait de film où un père tente de violer sa fille. Elle s'exclame «C'est dégoûtant...», long silence et, victoire, elle entre en régression pour la première fois, donc à la douzième rencontre. Elle a froid, comme elle l'avait plusieurs fois ressenti les jours précédents. Elle voit son père lisant un journal, assis dans son fauteuil. Sa mère tricote en regardant la télévision, ses deux frères sont absents. L'enfant voudrait se faire réchauffer, elle le dit à sa mère qui répond qu'elle n'a pas le temps de s'en occuper. Elle demande alors à son père, mais la mère intervient: «Non, tu es trop grande pour ça». L'ambiance est mortelle. La petite a de plus en plus froid et part se chercher une couverture. Mais cela ne la réchauffe pas. Elle va se coucher, le froid persiste et plus rien ne se passe (elle sait qu'elle a huit ou neuf ans). Puis elle dit: «J'ai besoin qu'on me réchauffe, qu'on m'enveloppe.»

Sans la moindre hésitation, je quitte mon fauteuil et je vais la serrer dans mes bras. Le froid disparaît instantanément et elle dit «Oh!

je suis bien, c'est de ça que j'avais besoin»... et elle sent un désir sexuel l'envahir. Fin de l'accolade. L'évidence vient de s'imposer: elle a été amoureuse de son père et, adulte, c'est encore de lui qu'elle aurait besoin pour combler sa carence affective et sa sensualité.

Nous allons bientôt savoir toute l'histoire de cette relation d'inceste amoureux, je crois cependant nécessaire d'ouvrir une parenthèse pour un bref commentaire. Cette cliente m'a révélé par la suite qu'elle avait ressenti depuis plusieurs jours ce besoin d'être serrée dans mes bras. Elle n'avait pas osé le dire par crainte d'être mal jugée, mais aussi parce qu'elle se trouvait incorrecte d'avoir de telles pensées. Nous aurions gagné huit jours si elle l'avait fait et je ne me serais certainement pas mépris sur le sens à donner à sa demande: c'était tout simplement une réaction transférentielle. Si je m'étais retranché derrière des principes constipés de non-intervention, cette femme n'aurait probablement jamais été au bout de sa démarche. Nous touchons à un point qui sera développé plus loin.

Il aura suffi de huit autres rencontres pour que la Catharsis de N. se produise triomphalement. Voici le récit chronologique de ce qu'elle a appris de sa vie occultée. Vers quatre ans, elle enserre un poteau métallique entre ses jambes pendant qu'elle s'y suspend par les mains, elle ressent des sensations agréables entre les cuisses. Sa mère intervient pour lui interdire de «faire ça». Une cousine en visite partage son lit, elles se caressent et se donnent du plaisir... mais N. ne voudra plus que sa cousine vienne coucher chez elle. Un peu plus tard, elle dit avoir l'impression qu'elle se masturbe dans la baignoire. Je sors de la salle de régression pour n'y revenir que quand elle m'appellera.

Elle rapporte que, à sa grande surprise, elle vient de revivre la scène de la baignoire. Elle s'y est masturbée et a obtenu une jouissance. Elle est surtout étonnée que, l'ayant fait dans mon fauteuil, elle a eu la sensation que sa main touchait un pubis lisse, sans poils. Autre scène: vers cinq ans, elle passe la nuit chez un couple ami de ses parents. L'homme prend l'enfant sur ses genoux puis il sort son pénis. La petite se sent toute «drôle» en le touchant, elle ressent l'envie de faire pipi et une tension dans le ventre. Quand l'homme frotte son pénis contre elle, elle trouve cela très agréable (envie et tension disparues). Il la soulève et il commence à la pénétrer, elle a très chaud puis elle perd conscience sous l'effet de la douleur. Le lendemain, quand ses parents viennent la chercher, elle ne fait mention de rien. Un autre jour, son père se rase dans la salle de bains et sa mère, très en colère, lui reproche d'avoir une maîtresse. L'enfant pense:«Non, ce n'est pas vrai, c'est impossible.»

Peu après, elle surprendra sa mère au lit avec un homme inconnu! Autre régression: N. est dans son lit, elle a très froid. Elle sait que sa mère est absente de la maison. Elle appelle son père et lui dit qu'elle se sent «glacée». Il lui frotte le dos puis les fesses. Elle se plaint d'un mal de ventre et voudrait qu'il y mette les mains. Il le fait et, écartant les jambes, elle lui demande de toucher plus bas. Elle a une jouissance et se sent très bien après, sans culpabilité (environ six ans).

Son père s'est mis à boire de plus en plus. Il vient un soir la rejoindre dans sa chambre (elle a environ 12 ans) alors qu'ils sont seuls à la maison. Elle est bien dans ses bras mais l'odeur de bière l'écœure. Elle se tourne sur le ventre pour échapper à cette haleine chargée et, profondément déçue, écœurée et choquée, elle décide que ce sera la dernière fois, qu'elle ne ressentira plus jamais ni désir, ni plaisir; si bien que c'est seulement une envie d'uriner et une douleur dans le ventre qui s'imposeront désormais pour camoufler ses pulsions érotiques. Elle se culpabilise pour cette relation et ressent la nécessité de tout oublier de ses désirs et plaisirs sexuels. Elle occultera l'ensemble de son enfance en faisant un cauchemar.

Par la suite, elle est devenue une adolescente déprimée et pourtant, à 16 ans, elle est la première des filles de son âge à avoir un ami de cœur attitré. Sa mère aime beaucoup ce garçon. Par contre, la jeune fille le trouve trop indépendant, elle ne sait jamais quand il aura envie de se manifester. Elle n'en est pas amoureuse, seulement fière d'être l'amie d'un beau garçon que sa mère ne cesse de vanter. Son père vient de mourir, elle se sent mal auprès de sa mère et elle décide de se marier pour quitter la maison. C'est une union insensée. Son mari sort beaucoup avec des copains mais elle soupçonne qu'il cherche auprès d'autres femmes plus d'empressement et de «participation» qu'il n'en trouve auprès d'elle. Le couple va donc cahin-caha et, son mari l'en ayant persuadée, elle est convaincue que le problème vient d'elle.

Épilogue: *après vingt rencontres,* elle connaît enfin toutes ses vérités. Elle est libérée de cet amour incestueux, elle a retrouvé la plénitude de sa sensualité, elle atteint l'orgasme sans problème et elle a le bonheur de se sentir enfin très bien en compagnie de sa mère. Mais elle n'éprouve rien d'autre pour son mari qu'une grande affection; elle sait qu'elle ne pourra jamais s'épanouir sexuellement dans ses bras et elle reste en inhibition de l'action auprès de cet homme qu'elle n'aurait jamais dû épouser. Après quelques semaines, se rendant compte tous deux qu'ils sont et resteront dans une impasse, ils décident de divorcer.

Depuis ce temps, N. se retrouve dans un paysage parfait. Elle est guérie de ses douleurs menstruelles, de sa constipation, de ses maux de tête, de dos et d'estomac. Elle n'a jamais éprouvé autant de plaisir à enseigner aux enfants, ayant l'impression d'être beaucoup plus près d'eux, de mieux les aimer et les comprendre.

Nous venons de voir deux cas d'inceste ayant évolué différemment. M. ne pouvait plus supporter la proximité de son père parce qu'elle l'avait surpris à caresser sa mère! C'était une haine jalouse, occultée comme tout le reste, alors que pour N. il s'agissait d'une déception amoureuse du fait que son père s'était mis à boire immodérément. Pour la première, les relations sexuelles avaient été d'assez courte durée, pour la seconde elles avaient duré six ans.

Pourquoi en parler?

Je puis imaginer l'incrédulité de certaines personnes lisant ces lignes. Veuillez croire que mon objectif n'est pas de choquer, je viens apporter témoignage dans l'espoir que les écrits d'Alice Miller, complétés par l'expérience clinique que je communique ici, retiennent l'attention des personnes qui, de près ou de loin, ont une responsabilité dans l'éducation et la protection des enfants. L'avenir de ces derniers en dépend, tant sur le plan du développement de leur personnalité que de leur santé physique et mentale. Je ne connais des problèmes de l'enfance que ceux révélés dans mon fauteuil par les adultes qu'ils sont devenus, si bien que tout ce que je puis en dire relève strictement de l'observation objective et concrète, nullement de théories. Comment serait-il possible de concevoir l'ampleur des conséquences d'abus sexuels sur des enfants si l'on se refusait à en lire le récit?

Ce que nous apprenons est quelquefois bouleversant et il arrive que nous préférions penser qu'il s'agit de fantasmes; en cela je puis comprendre les incrédulités freudiennes. Mais la réalité dépasse souvent la fiction, nous pouvons nous en rendre compte par divers recoupements et il faut certaines fois avoir le coeur bien accroché pour n'en point hurler de désespérance. Imaginez un instant que vous êtes dans mon fauteuil et dites-moi comment vous réagiriez en entendant et voyant la femme qui se retrouve à l'âge de huit ans et qui raconte:

> Je suis dehors, maman m'a défendu de rester dans la maison, je dois attendre qu'elle m'appelle mais j'ai fort envie de faire pipi et j'y vais quand même. Maman est sur le lit avec ma cousine Ginette qui a quinze ans et elles se caressent. Ginette me voit mais elle continue. Puis c'est maman qui me voit. Je lui demande ce qu'elles font, elle me répond «C'est pour se faire du bien.Veux-tu essayer?» C'est ma cousine qui vient me chercher, elle me lèche pendant que maman me caresse partout ailleurs. J'ai une jouissance comme je n'en ai plus jamais connue depuis. Maman dit à Ginette d'aller chercher une carotte dans la cuisine puis elle me l'enfonce dans le vagin, mais c'est trop froid et je n'aime pas ça.

Vous venez de lire la transcription exacte figurant au dossier et qui fut rédigée immédiatement après la rencontre. Je vous laisse imaginer combien la vie sexuelle de cette femme était perturbée après avoir vécu ça. Fort heureusement, après de multiples autres désoccultations, elle réussit totalement sa Catharsis et elle est aujourd'hui une personne parfaitement saine et équilibrée.

O. devenue «veuve» à sept ans

Elle est la dernière née d'une famille nombreuse qui s'agrandissait à peu près tous les dix-huit mois. Elle n'était pas désirée, elle saura s'en rendre compte. La mère, épuisée par ses grossesses et les tâches ménagères n'a guère de temps pour s'en occuper, ce sont les aînés qui en ont la corvée. Elle ne représente rien pour personne, elle ne ressent pas assez de marques d'affection, c'est un petit être solitaire et triste. Elle a environ quatre ans quand le grand-père paternel vient habiter chez eux (nous saurons qu'il avait soixante ans). Cette arrivée va enfin ensoleiller sa vie. Il s'occupe beaucoup d'elle en jouant et en racontant des histoires passionnantes.

Ils deviennent de vrais complices, elle projette vers lui toutes les réserves d'amour qu'elle n'avait pu exprimer avant. Cela fait l'affaire de tout le monde, elle ne leur traîne plus dans les jambes avec son air de petit chien battu. Elle est maintenant rayonnante et ses éclats de rire égayent la maisonnée. Elle passe de plus en plus de longs moments dans la chambre du grand-père, sans que personne ne s'en préoccupe... Je vais alors l'écouter raconter ce que j'ai déjà qualifié de «la plus belle histoire d'amour jamais entendue». Tout naturellement, sans jamais la moindre brusquerie, elle va devenir sa «maîtresse», dans le sens le plus total, de la tête aux fesses, comme dit dans la chanson. En l'écoutant, j'en arrive à oublier qu'il s'agit d'une fillette de six ans qui raconte cette merveilleuse histoire d'amour et, quoi que vous en pensiez en me lisant, je gage que vous auriez, vous aussi, connu des moments de pure émotion tant elle vivait cet amour transcendant comme la plus belle chose que puisse réserver la vie.

Puis ce furent la maladie, l'agonie et la mort de son amant. Elle avait sept ans. Tout s'écroulait autour d'elle, le vide soudain, un incommensurable chagrin qu'elle était la seule à ressentir. Pour le reste de la famille, ce décès n'était pas un drame et la petite «veuve» ne comprenait pas cette indifférence. Elle ne comprenait pas qu'ils assistaient tous aux funérailles sans émotions, elle souffrait d'entendre des conversations banales, parfois ponctuées de rires. Elle était seule au monde... et elle l'est restée pendant tant et tant d'années, sans que personne, ni elle-même, ne comprenne cette solitude comblée le plus souvent par ses seules maladies.

Elle avait 56 ans quand elle est venue me rencontrer. Elle ignorait tout de sa merveilleuse histoire d'amour, elle ne pouvait donc comprendre son errance à la recherche d'elle ne savait quoi. Cela l'avait conduite à se placer dans des situations à première vue inextricables. Voici de larges extraits de la lettre qu'elle m'adressa deux semaines après sa sortie du tunnel:

> Au téléphone, tout dernièrement, vous m'avez dit à nouveau: «N'oubliez pas que c'est votre travail qui compte». Oui, je m'en rends compte de plus en plus. Je sens que je dois digérer tout ce que mon subconscient a pu livrer à mon conscient pendant ma Catharsis. Je dois aussi faire face aux problèmes actuels.
>
> Ce n'est pas facile, je vous assure. Heureusement que j'ai votre livre pour m'aider. Je l'étudie dans tous les détails, comme si je devais passer un examen. J'y trouve une sincérité, une vérité, un dynamisme qui ont le pouvoir de réveiller le «médecin intérieur» que la nature a mis en chacun de nous.(...) Je réalise que je suis de plus en plus responsable de moi-même, ce dont j'étais incapable dans le passé sans en être trop consciente. Puis-je vous répéter ce que je crois en être la raison ?
>
> J'ai essayé de trouver la guérison en allant consulter de nombreux «bons» spécialistes à partir de l'âge de 13 ans environ et jusqu'à l'âge de 34 ans. En résumé, on m'a toujours donné la même réponse: «Il n'y a rien d'apparent...» J'ai décidé alors, je n'en avais pas le choix, de me fermer à la médecine et de marcher seule.(...)
>
> J'ai donc essayé de me guérir par moi-même sans y arriver... Prendre la responsabilité de moi-même ce n'était pas suffisant. Maintenant c'est différent, même si je me sens fragile, il y a quelque chose de changé en moi. Par le travail que nous avons fait pendant 17 jours, nous

avons réussi, assez bien je crois, à enlever le sentiment de culpabilité qui me coupait de la vérité et bloquait mes énergies. Une certaine harmonie a commencé à s'installer en moi. Votre personnalité unifiée et dynamique m'a beaucoup aidée à m'accepter telle que Dieu m'a faite. Ce temps de rencontre fut très court et me voilà dans la période de l'après Catharsis. Si je peux poursuivre le travail commencé, c'est grâce à l'aide que je trouve dans votre livre. J'y fais toujours de nouvelles découvertes, à la mesure de mes expériences de vie. Merci pour ce compagnon de route mis à notre disposition.

Où en suis-je dans ma démarche de guérison, je ne le sais trop. Je retourne chaque jour dans mon tunnel. J'éprouve certaines difficultés. Je vous en parlerai lors de notre prochaine rencontre par téléphone. Il y a encore beaucoup d'inhibition d'action dans ma vie. Je veux tout faire pour m'en sortir. Même si je suis davantage responsable de moi-même, je sens que j'ai encore besoin de votre aide pour évoluer.

Je vous suis très reconnaissante pour tout ce que vous faites pour moi. Comment ne pas ressentir à votre égard une profonde amitié?

Épilogue: Six mois plus tard, elle m'apprenait qu'elle avait pris une décision draconienne pour sortir d'inhibition. La plupart des indices du paysage qui la symbolisaient avaient en effet disparu; il en restait quand même quelques-uns qui ont disparu plus tard quand elle eut concrétisé la deuxième étape (prévue) liée à sa décision. Elle vit à l'étranger depuis plusieurs années; des nouvelles récentes me confirment qu'elle y est pleinement heureuse.

Si j'ai choisi de vous raconter cette histoire vraie, c'est qu'elle est probablement le prototype de ce qu'ont connu beaucoup de petites filles, initiées par un adulte dont elles sont devenues amoureuses dans le plein sens du terme. On ne peut expliquer autrement tous ces cas d'inceste amoureux qui émergent en cours de Catharsis. L'enfant va vivre beaucoup trop précocement ce qu'elle découvrirait normalement à l'adolescence, alors que son développement, physique et psychique, le commanderait. Il est impossible qu'une enfant ne soit pas tôt ou tard perturbée par un amour-passion qu'un adulte lui aurait fait découvrir beaucoup trop tôt.

Divers scénarios

Imaginons que O. ait vécu la même chose avec un homme plus jeune que son grand-père: son père, un oncle, un frère aîné... Elle est donc parfaitement heureuse, sans le moindre sentiment de culpabilité; elle ne vit littéralement que pour cet amour. Elle fait la joie de tous tant elle est pétillante de vie. Puis, brutalement, la catastrophe: en dehors des moments d'intimité, l'adulte joue l'indifférence, il est distant, peut-être même d'une sévérité excessive. L'enfant est confrontée à des doubles messages et elle finit par comprendre que ce qui se passe dans l'intimité est quelque chose de mal. Mais on lui a créé des besoins; elle vivra dans l'attente de fugitifs moments tendres, en même temps qu'elle sera habitée par un inconfort qui ne pourra aller qu'en s'amplifiant. Elle développera une carence affective qui se fixera quand elle finira par «oublier» pour retrouver une relative paix intérieure. Elle sera devenue une enfant maussade, repliée sur soi, ne trouvant pas grand plaisir en compagnie de ceux de son âge... Et personne n'y comprendra rien. Je viens d'esquisser un scénario fréquemment entendu en clinique.

Par ailleurs, si l'adulte se lasse ou s'il a des remords, s'il craint les conséquences au cas où il serait découvert et qu'il mette brusquement fin à ses agissements, comment croyez-vous que l'enfant réagira? Ce sera l'effondrement brutal, pire que si l'autre était mort puisqu'il restera dans son environnement. Imaginons encore qu'ils soient pris sur le fait par la mère... Imaginons que l'enfant apprenne à l'école qu'elle a accumulé des péchés mortels... Imaginons les tortures psychiques de l'enfant qui n'aura d'autre choix que d'occulter cette tranche de vie pour ne pas basculer dans la folie.

Les conséquences en sont connues: anorgasmie, vaginisme, frigidité et, très souvent, kystes ovariens, fibromes, cancers du col de l'utérus et autres désordres ou dysfonctionnements de l'appareil reproducteur. Nous n'avons imaginé que des situations «amoureuses», mais quand nous rencontrons des cas de violence, de viol par une ou plusieurs personnes à la fois, quand ce n'est pas par le père et la mère ensemble, nous pouvons imaginer la profondeur des abîmes qui engloutissent les victimes. Quel que soit l'angle d'observation, la conclusion sera toujours la même: on aura fait une victime qui connaîtra des désordres de santé plus ou moins graves ou qui sera portée à se prostituer, se droguer ou agresser plus tard. Il faudra que cette victime puisse un jour retrouver la mémoire de ce qu'elle a subi étant enfant pour retrouver équilibre et santé. En dehors de cette condition, il n'y aura jamais que des malades errant sans fin à la recherche de l'illusoire solution magique. Fort heureusement il est possible de récurer la mare. En voici d'autres exemples.

Les trois soeurs

Quand un père a abusé sexuellement d'une de ses filles, il est à craindre que le manège se reproduise avec les autres. J'avais eu l'occasion d'aider une jeune fille à se libérer de ses problèmes qui résultaient essentiellement d'abus sexuels de la part de son père. Elle avait atteint sa Catharsis en quelques rencontres et sa vie en était transformée. Peu de temps après, une de ses soeurs, impressionnée par les résultats obtenus, décida de se soumettre elle aussi au même exercice. Je ne fus nullement surpris de l'entendre désocculter des scènes identiques à celles vécues par celle qui l'avait précédée dans mon fauteuil: mêmes circonstances, mêmes comportements, mêmes gestes, demandes ou désirs du père quand il venait la rejoindre dans son lit pendant la nuit. Et même issue heureuse de sa démarche en Catharsis.

L'aînée m'arriva un jour. Elle souhaitait aussi connaître la bienheureuse transformation constatée chez ses deux soeurs. Elle me dit qu'elle n'avait pas été étonnée d'entendre leurs confidences faites après Catharsis: elle avait toujours entretenu des doutes au sujet des agissements de son père depuis qu'elle avait découvert qu'il avait percé un trou dans une des cloisons de la salle de bains. Elle précisa que cette cloison séparait la salle de bains de l'escalier du sous-sol et qu'elle épiait les bruits révélant si son père était en observation quand elle faisait sa toilette. Elle avait averti ses soeurs et elles prenaient toutes trois des moyens pour ne pas exposer leur nudité au voyeur en accrochant un vêtement devant le trou. Elle ajouta encore qu'elle était certaine de n'avoir jamais été touchée par son père, contrairement aux deux autres. Quelle ne fut pas sa surprise de découvrir qu'elle recevait bel et bien les fameuses visites nocturnes et qu'elle les espérait. Elle y prenait beaucoup de plaisir et elle devint, en fait, la maîtresse très consentante de ce père «chaleureux».

Elle avait occulté le tout par un chagrin jaloux quand elle se rendit compte que sa suivante avait «pris sa place». C'est donc elle, l'aînée, qui avait le plus et le mieux «profité» des ardeurs de son père, les autres les avaient plutôt subies avec un consentement mitigé. Les trois découvrirent, en régression, que leur mère ne pouvait ignorer ce qui se passait mais, autant qu'elles le sachent, qu'elle ne fit jamais rien pour empêcher le père d'abuser de ses filles.

Je reçus un jour, sur mon répondeur téléphonique, un message de menace de la part d'un homme à la voix rauque, avinée. J'appris peu après que les trois soeurs avaient dit aux parents ce qu'elles avaient découvert en Catharsis et que le père avait très peur que je le dénonce aux autorités. Ses filles étaient majeures quand elle vinrent me consulter et leur bien-être retrouvé était la seule chose qui comptait pour elles comme pour moi puisqu'il n'y en avait pas une plus jeune à protéger. Elles ne souhaitaient pas dénoncer leur père et mettre ainsi leur mère davantage dans l'embarras.

De plus, comme nous l'avons déjà vu ici, elles firent la part des choses, surtout l'aînée, au souvenir du consentement tacite qui leur avait donné l'occasion de vivre des «sensations». Je crois savoir qu'une certaine harmonie règne maintenant dans cette famille. Quant au père, on peut espérer que sa frousse d'être dénoncé, et l'âge aidant, l'aura assagi. Cependant, si ses filles avaient des fillettes à leur tour, il faudrait qu'elles fassent attention de ne jamais les laisser seules avec lui. Il n'a pas liquidé son passé, lui.

L'objectivité scientifique amènerait un observateur lucide à se demander si le fait que les trois récits révélent des détails similaires ne pourrait pas s'expliquer de ce que la première consultante aurait communiqué des détails à la suivante qui en aurait été influencée; ce qui serait encore plus vrai à propos de la troisième. Je me suis posé la question pendant plusieurs mois, jusqu'au jour où j'ai eu à refaire la même expérience avec trois autres soeurs. J'ai la totale assurance qu'elle ne confièrent aucun détail aux autres et le résultat fut le même: description identique des comportements et demandes du père... et d'autres personnes de l'entourage.

C'était quasiment hallucinant d'assister à ces régressions qui étaient pratiquement une réplique les unes des autres, au point où j'en arrivais à confondre les trois histoires. De toute façon, il est arrivé plusieurs fois que deux soeurs viennent me voir, parfois à quelques années de distance. C'est en comparant les dossiers après coup que la même constatation était faite: un agresseur suit un modèle opérationnel immuable, compulsif, comme la plupart des criminels.

Cas de conscience

Il n'y a pas que des abus sexuels qui soient désoccultés en Catharsis, il y a aussi des meurtres. Je ne tiens pas à élaborer plus que nécessaire sur ces cas dont j'ai eu à connaître les détails et qui étaient tous reliés à la sexualité. Laissez-moi seulement vous dire mes tourments quand j'ai entendu un homme régresser le meurtre — donc occulté — qu'il avait commis douze ans plus tôt en étranglant un jeune garçon pendant qu'il le sodomisait. Je n'oublierai jamais cela. C'était à la toute fin d'une séance et il était mon dernier client de la journée.

Je n'en ai pas dormi de la nuit et je n'avais pas hâte de le voir arriver le lendemain. Je m'attendais à recevoir un homme défait, tourmenté, bouleversé au point que j'aurais à le «ramasser à la petite cuiller». Je ne savais quelle attitude prendre, ni si je pourrais rester dans mon rôle de neutralité compréhensive. Il arriva frais comme une rose, disant qu'il avait enfin mieux dormi que depuis plusieurs années. Je lui demandai, avec une prudence extrême, ce qu'il pensait de sa régression de la veille, que c'était probablement un fantasme... «Pas du tout, répondit-il. C'est vrai , je sais depuis hier que j'ai étranglé ce garçon. Mais c'est vrai aussi que je me sentais très mal depuis ce temps, sans savoir pourquoi». Puis il l'exprima plus radicalement: «Écoute-moi bien, ça fait douze ans que je suis mal, ça s'est passé il y a longtemps, je ne puis rien faire pour changer ce qui est fait, c'est bien dommage pour ce petit mais moi, maintenant, je suis bien avec moi-même.» Et, avec un sourire narquois, il ajouta: «que dirais-tu si tu apprenais que j'ai baisé un de tes fils, toi le bon gars toujours compréhensif?»

J'ignore où j'ai puisé mon sang-froid mais, pour couper court, je l'ai invité à aller au fauteuil et à commencer la séance. Il était en contact avec une scène toujours restée nébuleuse jusqu'ici et j'avais l'impression qu'il pourrait s'agir d'un autre crime commis après le premier (ou avant?). Nous tournions en rond, bien qu'il ne restait que la dernière porte à liquider. Et soudain, au lieu d'être en contact avec la scène amorcée, en ouvrant la porte, il se trouva enfermé dans... un cachot. Stressé et en sueur, il décida que c'en était assez, qu'il ne voyait pas l'utilité de poursuivre la démarche et qu'il en avait ras-le-bol de tout ça... Et j'eus la lâcheté d'abonder dans le même sens parce que je ne me sentais plus capable d'humainement aimer cet homme. Comme quoi, j'ai aussi mes limites. Je finis par comprendre qu'il avait tout fait pour installer ce rejet quand il avait ironisé à propos de mes fils et, aussi, qu'il avait pris une décision concernant son avenir en pressentant ce que la scène non terminée allait lui révéler, ce qui l'amena symboliquement dans un cachot.

Quelques semaines plus tard, j'apprenais par les journaux qu'il s'était arrangé pour se faire descendre à coup de revolver. En racontant ce cas, je voulais souligner deux points: 1. Cet homme était venu me voir dans l'espoir d'être guéri de sa pédophilie pédéraste parce qu'il redoutait d'être un jour découvert et arrêté par la police, et qu'il serait incapable de supporter d'être mis en prison, 2.Confronté à un cas de conscience, j'avais consulté un ami magistrat pour savoir ce que je devais faire dans un tel cas. La réponse fut claire et directe: j'étais tenu, à l'égal d'un prêtre, de respecter le secret de la confession; je n'avais pas à rapporter la chose à quelque autorité que ce soit, autrement que de la remettre au jugement de Dieu.

Épilogue: Par une source que je ne puis dévoiler, j'ai su qu'il avait été abusé sexuellement par une femme tout au long de ses premières années. Que son âme repose en paix.

Quant aux autres cas de meurtres, je dirai seulement que l'un d'eux pouvait se justifier. Une jeune fille, violée par un motard sous la menace d'un poignard, s'était servie de la même arme pour l'occire alors qu'il se repaissait de sa jouissance. C'était un motard, les policiers conclurent vite à un règlement de compte. Dans un autre cas, il s'agissait d'une mère célibataire qui dormait avec son nouveau-né dans son lit. Un matin on trouva le bébé mort étouffé et l'on conclut à un accident. Sauf que, dans une toute première régression, la jeune mère se vit, comme en état second (somnambulique?) étouffer l'enfant avec un oreiller. Ce fut sa seule visite chez moi...

Un autre cas avait été trouvé par une ancienne stagiaire. Elle m'avait demandé de recevoir son client pour corroboration. Le secret professionnel étant de règle, même entre nous, je n'ai jamais connu la suite de ce cas d'un homme ayant poignardé une fillette après avoir abusé d'elle dans un sous-sol désaffecté. Je signalerai, pour conclure, que les deux personnes ayant supposément tué à l'aide d'un poignard en portaient continuellement un sur elles avant et pendant leur Catharsis. Je sais que ma cliente n'en a plus maintenant besoin; dans le cas de l'homme, je ne sais pas ce qu'il en est advenu.

Tes père et mère honoreras...

Je ne puis passer sous silence les cas qui illustrent parfaitement la thèse d'Alice Miller à propos de la compulsion qui pousse un abusé à devenir abuseur à son tour. Bien que je puisse en citer de nombreux autres, un seul exemple suffira pour notre documentation. Il arrive qu'un homme et une femme ayant chacun été abusé sexuellement se marient. L'un ou l'autre peut se souvenir de ces sévices, mais le plus souvent ils les auront occultés. Des enfants naissent de leur union, des filles et des garçons. Deux ou trois de ces enfants consultent en

Catharsis glaudienne et l'on découvre une infernale sarabande d'échanges sexuels où aucune combinaison n'est exclue entre grands-parents et petits-enfants, parents et enfants, frères et soeurs, soeurs et soeurs, frères et frères, oncles et nièces ou neveux, tantes et nièces ou neveux. Les quatre générations entremêlées à qui mieux mieux. C'est à vous faire dresser les cheveux sur la tête quand, comme clinicien(ne),vous découvrez cela les premières fois.

On finit non seulement par ne plus s'étonner de rien, mais surtout par comprendre que ces personnes ne sont que des victimes de la compulsion, que leurs élans sont irrépressibles et qu'il est illusoire de les «guérir» de leur compulsion par des peines d'emprisonnement, des thérapies de groupe, des thérapies familiales ou autres interventions bien intentionnées et gouvernementalement subventionnées.

S'il n'y avait les livres d'Alice Miller et les innombrables corroborations apportées par les autres catharsistes glaudiens, je passerais sans doute pour celui qui est le seul du régiment des cliniciens à marcher au pas quand j'ose dire ma totale conviction que la seule et unique façon de «guérir» de la compulsion d'abus, c'est de désocculter les culpabilités enfouies au plus profond du subconscient. Bien qu'elle ne dise pas clairement de quels abus elle fut victime dans sa petite enfance, Alice Miller nous informe qu'elle est passée par deux psychanalyses sans être libérée, bien au contraire. Il aura fallu qu'elle progresse dans la connaissance de soi en constatant que ses dessins et peintures étaient des expressions commandées par son subconscient, qu'elle arrive à en faire un certain décodage, puis qu'elle rencontre un nommé Konrad Stettbacher, Suisse comme elle, pour se sentir enfin libérée. Ce qui lui aura pris de très nombreuses années.

De par sa formation et son expérience de clinicienne, elle sait de quoi elle parle quand elle dit qu'*il est du devoir* des gens de se libérer des occultations (des refoulements) si l'on veut mettre fin aux abus et à leurs destructrices conséquences pour l'humanité. On parle enfin plus ouvertement des abus sexuels commis à l'intérieur de la cellule familiale. Pense-t-on au courage des personnes qui ont surmonté les risques de la réprobation des bien-pensants-constipés pour dire les choses telles qu'elles sont? L'une d'elles, parmi tant d'autres, a raconté avec talent et sensibilité le très long cheminement qui lui a permis de désocculter son passé. Il s'agit de Sylvia Fraser, qui a écrit:

«La maison de mon père[3]»

Ce livre est le récit de l'auto-Catharsis d'une femme qui aura appris, après 50 années, qu'elle fut la maîtresse de son père. Elle raconte comment elle avait développé une double personnalité, la fillette sage ignorant ce que faisait son autre moi sensuel. J'ai choisi de vous présenter quelques extraits de son livre afin que l'on puisse saisir «de l'intérieur» ce que vivent les victimes d'abus.

> La mort de mon père le rendit plus vivant pour moi. Comme un trou percé dans l'air, une porte venait de s'ouvrir pour m'offrir la libération — mais de quoi et pour aller où?
>
> Avant que je puisse franchir cette étape pour connaître l'épanouissement et la santé, mon alter ego dut se libérer de ses secrets. Mais voulait-elle vraiment sortir de l'ombre et s'offrir aux projecteurs? Cette exposition soudaine mettait fin à ses rêves, à ses espoirs et à ses peurs. Elle signifiait la mort de la princesse, mais aussi celle de l'enfant coupable, bref sa mort en tant qu'entité séparée. Quant à moi, voulais-je réellement ouvrir cette boîte de Pandore que mon père avait gardée sous son lit?
>
> Comment allais-je me sentir en découvrant, après avoir suivi bien des pistes et joué aux devinettes pendant quatre décennies, que le prix à gagner était la certitude que mon père m'avait agressée sexuellement? Allais-je pouvoir accepter sans acrimonie d'avoir dépensé tant d'énergie vitale pour étouffer ce crime?
>
> La solution de ce conflit me prit dix années de plus. Pendant cette période, ma vie ne cessa de s'épanouir. J'ai vécu entourée d'amis et j'ai écrit quatre romans, chacun d'eux rempli d'actes de violence sexuelle qui ont choqué certains critiques et qui m'ont consternée. D'où me ve-

3. Éditions Le Jour, Montréal 1990, traduction de *My Father House*, éd. Doubleday.

naient d'aussi cruelles impulsions? Je ne le savais pas. Comme Tantale assoiffé qui flottait sur des eaux qu'il ne pouvait boire, j'étais poussée par des visions intérieures que je ne pouvais comprendre. Chaque livre me permit d'apprendre quelque chose de précieux sur moi-même, mais je savais que j'écrivais au-dessous de mes capacités et cela me frustrait.

Je me suis aussi sentie attirée par diverses disciplines psychologiques, sur lesquelles j'ai beaucoup lu et que j'ai voulu expérimenter. Par l'analyse freudienne et jungienne, j'ai appris à interpréter les rêves en les prenant comme des messages venus de l'inconscient. Grâce au cri primal, à la massothérapie, au rolfing, à la bioénergie, au yoga et à la méditation, j'ai pu entrer en contact avec mon corps et avec mes émotions. Chacune de ces disciplines m'a incitée à me poser des questions sur mon passé réel. Pourquoi avais-je détesté mon père? Quelle était la source de cette frayeur glaçante qui se terrait sous ma colère et ma haine?

Je m'approchais, sans m'en rendre compte, du moment où je devais commencer à me souvenir pour de bon. Les obsessions de toute une vie tiraient à leur fin. Pour monter vers la surface, les révélations empruntèrent la voix des rêves — rêves déclenchés par un *choc physique*.

Je pense que beaucoup de morts soudaines se produisent lorsqu'une personne qui arrive à la fin d'une étape de sa vie doit se transformer pour accéder à la suivante. Le phoenix se laisse dévorer par les flammes avec la ferme intention de s'en sortir mais, par la suite, son ascension ne va pas sans quelques vacillements. Il n'en fut pas autrement pour moi. Au seuil de la transition, je fus prête à rendre l'âme en même temps que mon alter ego. (p. 235)

J'en vins à soupçonner que j'avais oublié beaucoup d'éléments essentiels de ma prime enfance et que quelque chose d'horrible avait pu se produire alors, mais je me sentais incapable de sauter de la suspicion aux accusations, ne serait-ce que dans ma tête. Il me semblait impossible de penser que mes rêves, bien que très persuasifs, fussent capables de me révéler littéralement la vérité. *Ma perspicacité et mon intuition ne pouvaient que me préparer aux souvenirs. Elles étaient des manières de détectives qui pouvaient découvrir les indices mais qui ne pouvaient pas m'apporter la révélation. Celle-ci devait venir de mon alter ego*[4]. Cependant, je ne pouvais pas me défaire de la certitude déconcertante

4. Alter ego: «Un second moi-même». Dans ce contexte, il s'agit du subconscient.

qu'en me débarrassant du tissu malade de mon utérus, j'avais aussi avorté de l'enfant de Satan (p. 240)

Je retrouve le moment précis où je suis à un tel point démunie que n'importe quelle solution de rechange me semble préférable. Je dévisse donc ma tête de mon corps, comme un couvercle de bocal à cornichons. À partir de là, je serai double — l'enfant qui sait et dont le corps coupable est possédé par son papa et l'enfant qui n'ose plus savoir, avec sa tête innocente qui plaît à sa maman. (p. 245)

Profondément secouée, j'appelle ma soeur. J'ai besoin de me mettre en contact avec elle, mais je ne sais pas ce que je vais lui dire, ni même si je vais le lui dire. Je n'arrive pas à passer au-delà des salutations de rigueur, jusqu'à ce que quelqu'un d'autre prenne possession de l'appareil — mon alter ego muet qui trouve enfin ses mots et la volonté de les prononcer: «Papa papa papa papa papa papa papa m'a violée.»

Ma soeur est elle-même mère. Elle sait donc depuis longtemps trier les petites tragédies quotidiennes comme on trie les chaussettes sales. De la même façon,elle s'efforce aujourd'hui de trier le contenu de mes paroles: «Redis-moi ça.»

Sa corroboration des faits est, grâce à Dieu, instantanée: «J'ai toujours eu l'intuition qu'il se passait quelque chose de bizarre.» Et puis, avec la même rapidité avec laquelle j'avais fait moi-même des liens impensables: «Tu te souviens des convulsions? Tu retenais ta respiration, puis tu étais prise de haut-le-coeur et tu devenais bleue. Il fallait que j'aille vite chercher maman.»

Ah, oui, mes fameuses crises! Le vilain enfant. Comme ma mère l'avait expliqué plus tard: «Elle tombait par terre, hurlait, s'étouffait et vomissait. Elle était incapable de retrouver son souffle. Nous avions peur qu'elle avale sa langue.»

Prise de gratitude, je dis à ma soeur: «Je sais que je n'ai pas été la seule victime. Je sais que tu as souffert autant que moi, mais de façon différente.» L'enfant rejetée, privée d'elle-ne-sait-pas-quoi.

C'est elle qui prend maintenant cette voix de bébé, en réussissant à faire entrer, par la voie impénétrable de la douleur, l'histoire de sa vie en une seule phrase: «Oui. C'est pour cela que j'ai grossi.» (p. 246)

Imaginez ceci: imaginez que vous découvrez que, pendant de nombreuses années, quelqu'un a intimement partagé votre vie sans que vous le sachiez. Oh oui! bien sûr, vous en aviez bien quelques soupçons — l'oreiller à côté du vôtre semble avoir servi, le tube de dentifrice porte des traces de doigts qui ne sont pas les vôtres. Maintenant que tous les morceaux se trouvent rassemblés, vous savez que c'est vrai, mais pendant toutes ces années, vous n'avez en réalité jamais vu cette autre personne.

C'est exactement ce qui m'est arrivé. Cette inconnue qui fut mon ombre menait une vie dont je ne pouvais me douter. Elle connut la passion là où je ne connus que l'inhibition, puis la douleur là où je ne connus que la culpabilité, puis la terreur là où je ne connus que la colère. Elle surveilla chacune de mes pensées, manipula chacun de mes actes, m'aida à survivre et sabota mes rêves, car elle était moi et moi j'étais elle. (p. 253)

Commentaires

Cela aura pris 50 ans — et le sacrifice de son utérus — à Sylvia Fraser, et 60 ans à Alice Miller pour enfin connaître les vérités des abus de leur enfance et pour ainsi s'en libérer. L'une a écrit des romans, l'autre a dessiné et peint, chacune guidée par son subconscient qui la poussait à exprimer des choses qu'elle ne comprenait pas sur le coup. Elles auraient trouvé leur libération en *quelques semaines seulement* si elles avaient pu bénéficier d'une démarche *en Catharsis glaudienne.* On peut donc mesurer, par ces exemples, l'importance et l'économie de ma découverte. Ces femmes, comme des milliers d'autres, ont investi en temps, argent et espoir pendant de nombreuses années tout en restant mal avec elles-mêmes et sans savoir pourquoi.

Sylvia Fraser exprime très bien le phénomène de la double personnalité: deux personnes aux attitudes très différentes cohabitent dans un même corps, l'une ignorant totalement ce que l'autre vit et ressent. La «sage» est une fillette comme les autres, ayant les comportements de son âge; l'autre est sensuellement passionnée quand son père partage son lit... et la «sage» ignore absolument tout de cela le lendemain. Je sais, je sais: malgré tous les exemples de faits occultés donnés ici et ailleurs, il est difficile de concevoir que cela soit possible. À la rigueur, on peut convenir que ce soit vrai pour d'autres mais certainement pas pour soi. Or, plus cela paraît inconcevable à quelqu'un et plus les possibilités que ce quelqu'un soit victime de ce phénomène sont grandes. Ces phénomènes de dissociation sont assez fréquemment observés en clinique et je vous assure que c'est fascinant de «voir», dans mon fauteuil, quelqu'un passer d'une personnalité à l'autre en une fraction de seconde.

En réalité, toute occultation est un phénomène dissociatif: ne pouvant accepter que ce que l'on vient de vivre soit vrai, on l'oublie pour rester *relativement* en paix avec soi-même. Nous avons surtout vu jusqu'ici les occultations infantiles, mais il ne faut pas négliger le fait que l'adulte puisse aussi le faire. Le père ou la mère qui abuse sexuellement de son enfant peut ne pas le *savoir* après coup, mais il ne faudrait pas généraliser: la tendance à l'occultation semble diminuer au fur et à mesure que l'on avance en âge. Je me souviens d'un cas rapporté par un collègue qui avait en Catharsis une jeune femme célibataire, tenant maison pour son père veuf. Elle fut très surprise de découvrir que ses problèmes de santé découlaient d'un rituel remontant à plusieurs années: tous les dimanches, après la messe, ils prenaient un repas bien arrosé puis ils allaient au lit comme mari et femme. J'ignore de qui il s'agit et je n'ai jamais su si le père occultait, lui aussi, ces siestes dominicales! Il est arrivé plus d'une fois qu'une personne ayant déjà amorcé une démarche en Catharsis, avec désoccultation d'événements vécus dans l'enfance, découvre des faits occultés de la veille.

Revenons aux exemples faisant l'objet de ces commentaires pour souligner que les sensations physiques ressenties ont joué un rôle important dans les deux cas. Sylvia Fraser dit qu'elle a commencé à décoder à partir de rêves déclenchés par un *choc physique.* Elle ne dit malheureusement pas de quel *choc* il s'agit, mais je crois le savoir si je me fie à mon expérience. De toute façon, c'est après avoir expérimenté des approches physiques, en massothérapie, rolfing et bioénergie, entre autres, qu'elle semble être en contact avec les rêves dont elle parle. De son côté, Alice Miller écrit:

> Mais une chose est sûre: étant donné que l'enfant blessé en nous ne peut s'exprimer que par l'intermédiaire des *sensations physiques* et des sentiments relatifs à ses traumatismes, *la thérapie doit à tout prix*

> *assurer l'accès à ces sensations et à ces sentiments*[5]. Toutefois, cet accès reste totalement barré lorsque, comme le fait la psychanalyse, l'on se contente de spéculations intellectuelles. Pour impressionnantes que puissent être ces spéculations et même si elles sont très à la mode, elles ne restent jamais que des moyens de se tromper soi-même.
>
> La référence à de grands noms comme Freud, Jung, Adler et d'autres, et l'application de leurs théories faites pour se défendre des émotions et masquer la vérité, ne peuvent en aucun cas aider un thérapeute à délivrer durablement le patient de sa névrose. Cela n'aboutira qu'à la production de nouveaux «thérapeutes» qui se défendent de leurs sentiments, des «thérapeutes» ignorants, et qui doivent le rester, parce qu'ils se raccrochent à des fictions, qu'ils ne remettent pas en cause ce qu'ils ont appris jadis, qu'ils ont peur de la vérité et veulent exercer un pouvoir.
>
> L'objectif de la thérapie est de faire parler en nous l'enfant jadis condamné au mutisme et de lui faire ressentir ses émotions. Peu à peu, l'interdiction de savoir est levée et au cours de ce processus, au fur et à mesure que se dévoilent les tourments subis et les prisons subsistantes, le patient découvre en même temps son histoire, il se découvre lui-même et découvre ses capacités d'aimer qui ont été ruinées. Une thérapie ainsi définie ne peut être menée que par un thérapeute (homme ou femme) qui n'occulte pas en lui-même l'enfant, et ce qu'il sait, ou tout au moins qui est sur la bonne voie pour ne plus le faire — parce qu'il veut à tout prix savoir sa vérité. (4-228)

Il n'est pas difficile de décoder ce que ces deux femmes veulent pudiquement dire tout en ne révélant pas ouvertement ce que l'une appelle *choc* et l'autre *sensations*. Dès lors qu'il s'agit de reprendre contact avec des réalités sexuelles occultées, il est impossible d'y arriver sans revivre les mêmes sensations dans un corps qui, bien qu'adulte au moment de la démarche, redevient celui de l'enfant; un corps qui se «souvient». C'est pourquoi il est illusoire, donc stérile, de penser qu'une désoccultation puisse se produire par l'unique voie langagière. Rappelons-nous à ce sujet ce que dit Henri Laborit:

5. Souligné par moi parce que c'est d'une importance capitale.

> La maladie dépend de nos comportements antérieurs. Bien sûr, il est bon de dispenser aux étudiants en médecine des cours de psychologie. Mais il faut savoir que la psychologie ne travaille qu'à un seul niveau, celui du langage. C'est utile certes, mais il faut aller plus loin. Au fond, qu'est-ce que la médecine moderne sinon une médecine d'urgence qui répare certains pots cassés mais n'empêche pas l'apparition des maladies? Et quand on lui demande pourquoi il dit que c'est l'angoisse qui tue, dans le cas du sida par exemple, il répond: «Parce que c'est ainsi: c'est l'angoisse qui détruit le système immunitaire. Elle fait à elle seule le travail du virus. (...) Les groupes à risque n'attrapent le sida que parce qu'ils ont une image d'eux-mêmes qui est défavorable par rapport à la socioculture. Ils ne peuvent s'en sortir qu'en prenant une distance par rapport à la socioculture[6].»

Parce que c'est l'angoisse qui tue, on occulte pour lui échapper et ainsi se mettre si possible à l'abri d'un désordre de santé. C'est quand un incident fortuit vient plus tard réveiller cette vieille angoisse, oubliée du conscient, que la maladie se déclare. Vous reconnaissez bien là le principe fondamental énoncé plusieurs fois dans ces pages. Nous constatons par ailleurs qu'une désoccultation se produit seulement si l'on arrive à contourner certaines résistances et l'expérience nous apprend que ce sont les vieilles angoisses qui s'expriment dans ces résistances.

L'astuce favorite du subconscient, pour nous détourner de l'angoisse sous-jacente, consiste à nous mettre en contact avec les sensations physiques liées à l'événement. Grâce à quoi notre vigilance rationnelle est détournée vers la conscientisation d'un ressenti physique qui s'impose on ne sait trop pourquoi. Le subconscient «profite» de la distraction ainsi créée et la régression peut alors se produire.

Tout cela est très théorique, j'en conviens. C'est pourquoi le mieux reste encore d'avoir recours à des exemples, selon notre habitude.

---

6. Dans *L'Actualité médicale* du 31 octobre 1990.

Quand le corps «parle»

Une jeune femme, en Catharsis avec moi depuis quelques jours, s'étonne d'une douleur ressentie à l'épaule gauche quelques minutes avant d'arriver à mon bureau. Elle ne croit pas que, la veille, elle aurait fait un effort particulier, qu'elle aurait reçu un coup ou quoi encore? Elle se frotte l'épaule en constatant que la douleur devient de plus en plus forte. Je suggère qu'elle s'installe sans tarder dans le fauteuil de ma salle de régression et, simplement en fermant les yeux, elle entre immédiatement en régression. Elle a environ quatre ans, elle se promène avec sa petite copine Ginette qui en a six. Elles cheminent sur le côté droit d'une route qui monte. Vous savez, une de ces montées qui sont immédiatement suivies d'une descente, de telle sorte qu'on en voit seulement le sommet.

Les petites sont bien averties des dangers de cet endroit où de nombreux accidents se sont déjà produits. Les fillettes se tiennent par la main. Ma cliente étant le plus à droite du bas-côté de la route tient donc la main droite de sa copine avec sa main gauche. Débouchant du sommet, venant donc en sens inverse, deux autres petites filles du village tiennent elles aussi parfaitement leur droite.

Impulsivement, Ginette veut traverser la route pour aller rejoindre les autres mais ma cliente lui retient la main en lui criant que c'est défendu de traverser. L'autre n'écoute pas, tire de plus belle pour dégager sa main que la petite tente de retenir de toutes ses faibles forces. Elle ressent une vive douleur dans l'épaule, elle lâche prise et, dans l'instant qui suit, elle voit virevolter devant elle le corps désarticulé de Ginette qui va choir dans le fossé. Comme dans un rêve, elle entrevoit le sang, une jambe brisée et un oeil sorti de son orbite. C'est atroce. Des gens descendent de l'auto qui a heurté Ginette. D'autres personnes arrivent d'une maison riveraine. C'est tout ce que l'enfant enregistre avant de s'évanouir.

Un homme la prend dans ses bras et, en courant, la ramène chez elle, en bas de la côte. Quand elle reprend ses sens, elle ne se souvient de rien.

Après cette régression, la douleur dans l'épaule a disparu comme par magie, mais ma cliente affirme qu'elle a tout inventé: «Je savais que Ginette avait été tuée par une auto, elle était ma meilleure amie. Je le savais parce qu'on me l'a dit, mais on m'a dit aussi que ça c'était passé à un moment où je n'étais pas avec elle. Donc, j'ai simplement imaginé l'accident en me souvenant de ce qu'on m'avait raconté.» Je lui demandai si elle pouvait expliquer la douleur dans l'épaule, vivement ressentie avant la régression et disparue après! Non, elle ne comprenait rien à ça. Mais le soir même tout s'était expliqué quand elle raconta par téléphone à son conjoint, né au même endroit qu'elle, ses «inventions» dans mon fauteuil.

Voici ce qu'il lui apprit. Dans le village d'à peine 400 habitants où ils habitent encore, tout le monde savait qu'elle était présente sur les lieux de l'accident mais que, depuis plusieurs années, on respectait la consigne du silence donnée par une infirmière intelligente appelée à son chevet. Se rendant compte que l'enfant avait «oublié» ce qu'elle avait vu, l'infirmière avertit de ne jamais lui en parler, au risque de la traumatiser gravement, à moins qu'elle finisse par se souvenir plus tard.

Dès l'instant où elle vit l'atroce spectacle de son amie brisée, et bien que ce ne soit pas justifié, la petite s'était culpabilisée instantanément de ne pas avoir su retenir Ginette; elle se pense alors responsable de sa mort. Pour éviter qu'une angoisse vienne faire obstacle à la régression qu'il avait «programmée», son subconscient avait donc pris les devants en la mettant en contact avec la douleur de l'épaule, avant même son arrivée à mon bureau. Cet exemple nous montre l'importance que peuvent avoir les sensations physiques en vue de provoquer une régression; il nous apprend également qu'une culpabilisation peut être faite alors que la réalité des événements ne le justifie pas. Comme quoi, il s'agit parfois d'une production mentale inspirée d'une réalité biaisée. Un autre exemple, encore plus spectaculaire, pourra, je crois, achever la démonstration.

La dame dont il va être question maintenant venait tous les matins à notre rendez-vous au volant de sa voiture. Un jour, en arrivant, elle me dit qu'il se passait des choses étranges depuis le petit matin.

Depuis son réveil, elle avait mal «aux os des fesses» sans pouvoir se l'expliquer. Ensuite, il lui était venu le bizarre besoin de se laver la vulve dans une eau très (trop) chaude en s'assoyant sur l'évier de la cuisine, chose qu'elle n'avait jamais faite de sa vie. Elle s'interrogeait tout haut à ce sujet: pourquoi pas dans la baignoire ou sous la douche... et pourquoi de l'eau si chaude? En effet, pourquoi? «Mais ce n'est pas tout, dit-elle. Dans l'auto et (elle est hésitante)... même ici, je sens une odeur de bière»! Moi, un peu ahuri: «Bien, nous allons voir ça dans le fauteuil.»

Comme dans le cas précédent, elle entre en régression en fermant simplement les yeux. C'est dire combien le subconscient avait hâte de procéder. Voici l'histoire. Elle commence par crier «J'ai peur, c'est trop haut, je vais tomber... aaaaaaah! Boum.» Elle vient de tomber d'une balançoire poussée par le voisin, un vieux garçon qui la garde pendant l'absence de sa mère. Elle a très mal aux fesses et s'en plaint. L'homme la transporte chez lui et la déshabille pour examiner les dégâts (elle a onze ans). Il ne remarque rien de particulier... sinon ce que vous pensez. Il la caresse, ce qu'il a déjà souvent fait à d'autres occasions de gardiennage, et elle réagit très positivement. Elle se tord de plaisir dans le fauteuil. Il fait une pause et va s'ouvrir une bouteille de bière. Il n'en laisse que très peu dans la bouteille qu'il va maintenant introduire pendant qu'il se masturbe. Au début, la petite réagit mal au contact du verre froid, mais elle devient de plus en plus active pendant que l'autre se manipule.

Finalement, il lui mouille le pubis de son éjaculation et l'enfant commence à trouver ce mélange de sperme et de bière assez déplaisant. Le «brave et attentionné» gardien se dirige alors vers l'évier de la cuisine qu'il remplit d'eau chaude avant d'y installer la petite pour la laver. Que pensez-vous de ça? D'accord, c'est parfaitement dégueulasse, mais ma question était à propos de ces trois signes annonçant d'avance le contenu d'une régression. Étonnant, non?

Ces deux exemples montrent bien que le subconscient «travaille» vingt-quatre heures, par jour et, parfois même, qu'il prépare d'avance sa stratégie pour le lendemain. Quand cette préparation fait émerger des sensations physiques, tout va bien. Mais il arrive le plus souvent que ce soient de vagues malaises, de petites dépressions ou de l'agressivité envers l'intervenant(e) et sa méthode. Dans ce cas, tous les prétextes sont bons pour éprouver une forte envie d'abandonner la démarche, nous l'avons vu avec les cas de M. et de N. Fort heureusement, nous savons qu'il s'agit toujours d'un signe positif, qu'il annonce que des choses très importantes vont enfin émerger, ce qui se confirme généralement au cours de la séance du jour ou du lendemain.

Malgré qu'elles soient averties d'avance que ce type de réaction pourrait se produire en cours de route et qu'il faudrait y voir l'annonce d'un succès prochain, certaines personnes renoncent quand même à poursuivre leur cheminement vers leurs vérités libératrices. La question qui me vient toujours à l'esprit quand cela arrive c'est: «De quelle vérité a-t-elle si peur ?» Fort heureusement, ces situations se présentent assez rarement; il demeure cependant qu'il est impossible de ne pas être profondément désolé en pensant que ces personnes viennent probablement de «déchirer un billet gagnant».

Les signes donnés par le subconscient sont généralement plus discrets que ceux qui viennent d'être évoqués. Notre travail consiste à repérer ces signes discrets et à leur *obéir*. Il faut toujours garder à l'esprit que c'est le subconscient, et seulement lui, qui est le maître de la démarche. Il a des raisons que la raison ignore. Suivant une logique qui lui est propre — et qui n'a rien de commun avec la logique du conscient — il fait émerger les événements occultés dans un ordre qui n'est pas chronologique. Je pourrais longuement élaborer à ce sujet, mais ce n'est pas ici la place pour le faire. Ces signes sont de deux ordres: ceux offerts par les symboles du tunnel et ceux présentés par les réactions aux chakras. Je vais donner deux exemples qui feront peut-être comprendre pourquoi j'ai écrit que je faisais un métier «dangereux».

Le cas de P.

Une jolie jeune femme, dans la trentaine, consulte pour résoudre un grave problème existentiel. Elle adore son compagnon de vie, il est tout pour elle mais elle a peur de le perdre à cause d'une certaine façon d'être accapareuse — ah! ces femmes qui aiment trop! Elle a consulté une psychologue pendant environ un an sans que son problème soit résolu.

Le jour de l'évaluation, tous les chakras sont actifs mais ceux des émotions et du sexe le sont moins que les autres. Elle a facilement vu son tunnel, où l'on ne trouve qu'une porte.

Au tout début de la première journée de sa démarche, les réponses aux chakras sont différentes, ce qui est normal puisque ce sont les priorités quotidiennes du subconscient qui s'y manifestent. Donc, d'entrée de jeu, ce sont les chakras du ventre et du pubis qui dominent. Cela étant noté pour mémoire, nous allons au tunnel, mais elle a beau ouvrir la porte, elle est immédiatement refermée par un coup de vent. Rien à faire de ce côté, elle a trop peur de ce qu'elle pourrait y découvrir. Donc, pas d'autre solution que de revenir aux chakras. C'est le ventre qui est dominant, plus que le pubis. Les interventions verbales de ma part se heurtent à des résistances, mais elle arrive quand même, sans savoir pourquoi, à évoquer un certain oncle qui, selon ce qu'on lui avait dit, aimait trop les petites filles. Nous n'obtiendrons rien de plus cette première journée. J'ai noté au dossier: elle veut trop, cherche dans ses souvenirs, a peur d'échouer.

Vous allez voir l'importance de savoir ce que je viens de raconter. Les cinq journées suivantes, la récolte ne fut guère meilleure, que ce soit par le tunnel ou par les chakras. Des souvenirs, oui. De timides amorces de régression, oui également, mais rien n'est clair ni complet. Les résistances font barrage, malgré son assurance qu'elle est prête à tout savoir de son passé, et malgré tous les signes donnés par les chakras qui me disent qu'il y a, à coup sûr, des révélations qui cherchent à s'imposer. C'est pratiquement toujours le chakra du pubis qui est le plus actif, c'est donc au moins un événement lié à la sexualité qui veut «sortir» en priorité; je puis comprendre son embarras et je me dois d'en tenir compte: c'est comme si l'on assistait à un match entre le subconscient qui veut et le conscient qui ne veut pas.

Après chaque journée, nous regardons ce qui s'est passé. Elle se rend bien compte qu'il doit y avoir une situation à saveur sexuelle dans son passé mais, en même temps, elle ne peut imaginer que ce soit possible: «Ma mère m'a si souvent mise en garde et tellement surveillée que je ne puis imaginer que quelque chose ait pu arriver.»

Parce que je sens qu'elle cherche trop à «obéir» à mes demandes de garder l'attention sur ce qui se passe, je lui annonce le lendemain (7e journée) que je ne dirai pas un mot après qu'elle aura ouvert la porte dans le tunnel, en précisant que c'est pour éviter tout risque d'intervention intempestive. Elle aura seulement à dire ce qui lui passe par la tête. Pendant deux heures, elle décrit des images liées à des situations banales, très éloignées du problème de fond qui est incontestablement de nature sexuelle. Il faut me rendre à l'évidence qu'elle est extrêmement réticente à y être confrontée. Est-elle encore trop jeune, dans le sens de pas assez mûre, pour «encaisser» certaines vérités? Elle est en tout cas bien loin de réclamer la liberté sexuelle qui est assez de mise chez les jeunes d'aujourd'hui et c'est sa façon de voir qui me guide. Je suis très fortement tenté de lui dire que nous arrêtons les frais, que je ne vois pas combien de journées perdues viendront encore s'ajouter à celle-ci, sans compter que plus le temps passe et plus les résistances (ou le découragement) risquent d'épaissir le barrage.

Je suis mal à l'aise à la pensée de sa déception mais, en même temps, il est de mon devoir de lui dire à quel point je me sens démuni. Je prends une respiration juste avant de lui annoncer la mauvaise nouvelle et (est-ce mon subconscient?), je m'entends dire: «Revenons aux chakras.» Et c'est une fois de plus ce sapristi de pubis qui domine. Je demande à P. d'y poser sa main dominante et de me dire si cela change quelque chose. Oui, la chaleur a légèrement augmenté. Bien, excellent. Maintenant on dirait que le subconscient va enfin gagner la partie, quelque chose va se passer... Rien à faire cependant, aucune évolution. Je sais, je sens qu'il faudrait que je fasse un transfert d'énergie au pubis, je le sais depuis le premier jour. Mais la grande réserve de cette jeune personne me fait craindre qu'elle se méprenne sur mes intentions, qu'elle se rebiffe, me claque la porte au nez en me traitant de vieux vicieux...

Malgré ces risques appréhendés, je lui communique quand même mon intention et je lui en demande la permission... qui est accordée avec réticence, me semble-t-il. Par-dessus couverture et vêtements, je pose donc la main sur l'os pubien. Attente silencieuse, pour ne pas dire anxieuse, de ma part. Deux longues minutes passent et elle dit ressentir enfin une réaction qui s'amorce de plus en plus nettement. Je regagne mon fauteuil, non sans lui avoir demandé de rester en contact avec ce qui se passe, de ne rien censurer, de tout accepter sans la moindre réserve... et, BRAVO, la partie est gagnée. Elle entre en régression pour la première fois: à son très énorme étonnement, elle apprend qu'elle est initiée dans un sous-sol par le fameux oncle qui aime trop les petites filles. Sa démarche en Catharsis venait de démarrer, le bouchon avait sauté. À partir de ce jour, tout se passa parfaitement bien. Une fois de plus la méthodologie que je préconise et enseigne venait de faire ses preuves.

Je sais que, en me lisant, certaines personnes ayant cheminé en Catharsis s'étonneront de ma «timidité» à l'occasion de ce cas. Il faut comprendre que l'on sait *généralement* assez bien que la *nécessité* d'un transfert d'énergie est parfaitement comprise, sans risque de méprise sur les intentions de l'intervenant(e). D'autant plus que l'on obtient ainsi la preuve qu'un ressenti physique, sur n'importe quel chakra *dominant,* est parfois la seule méthode qu'il nous reste pour contourner une résistance. Mais dans le cas que je viens de rapporter, tout me portait à craindre que ma jeune cliente s'en trouve choquée, avec le sentiment d'être agressée, abusée. C'est d'ailleurs exactement ce qui arriva, mais à l'égard de l'oncle et pas du clinicien. Depuis, cette jeune femme sait, comme les autres qui sont de bonne foi, qu'il n'y a aucune intention trouble ou inavouable dans ce genre d'intervention qui, de toute façon, vient en tout dernier recours, quand tout le reste a échoué. Nous venons d'avoir une parfaite illustration de ce qu'écrivait Alice Miller:

> Mais une chose est sûre: étant donné que l'enfant blessé en nous ne peut s'exprimer que par l'intermédiaire de sensations physiques et

des sentiments relatifs à ses traumatismes, la thérapie doit à tout prix assurer l'accès à ces sensations et à ces sentiments.

Il aura donc suffi de prendre le bon moyen pour transformer un échec en succès. A posteriori, on pourrait donc se demander s'il y avait vraiment un danger. Mais on connaît l'antienne: t'as gagné, t'es un champion; t'as perdu, t'es un pas bon. Quand, par nécessité, il faut aider quelqu'un à entrer en contact avec une sensation physique liée à un incident sexuel, en agissant au niveau du chakra dominant, trois choses peuvent arriver:

— 1. Une régression se produit, ce qui est le plus souvent le cas.

— 2. La sensation au chakra disparaît et il faut constater une «fermeture» après consentement donné; il faut renoncer à ce mode d'intervention.

— 3. L'événement ne se matérialise pas mais une émotion surgit. La personne dans le fauteuil ignore que cette émotion est liée au passé, elle l'attribue donc au transfert d'énergie et il se produira inévitablement un transfert affectif. Si, dans l'événement resté occulté, l'enfant avait réagi positivement, le transfert affectif sera positif; à l'inverse, si dans l'événement occulté, l'enfant avait réagi négativement, le transfert affectif sera négatif.

En clair, imaginons que, dans la scène dont on ne connaît que l'émotion, l'enfant ait ressenti un élan amoureux ou une attirance sexuelle, son transfert affectif en sera la reproduction et elle éprouvera, à l'âge adulte, les mêmes sentiments pour le clinicien ou la clinicienne. Mais si l'enfant avait ressenti un abus, une humiliation, de la haine... elle ressentira la même chose envers la personne intervenante. Nous avons coutume de dire que les transferts affectifs positifs ou négatifs ont thérapeutiquement la même valeur, mais il est beaucoup plus délicat de «négocier» un transfert négatif. En voici un exemple.

Le cas de Q.

Il s'agit d'une intellectuelle approchant la quarantaine. Elle est dépressive depuis l'âge de 28 ans et sa vie de couple est perturbée. Elle a très peur d'être ridicule si elle exprimait librement ses émotions. Pendant quatre ans, elle a consulté une psychologue ayant une approche analytique. Elle a changé pour un psychologue ayant une autre approche. C'est ce dernier, qu'elle voit depuis environ trois ans, qui lui conseille de venir me rencontrer; il soupçonne que le problème de sa cliente a son origine dans la petite enfance et il connaît bien mon approche. Elle a une très grande confiance en lui, et se résout donc à cheminer en Catharsis, bien que très attachée à son conseiller.

La première journée, tout de suite après une détente, elle ressent des frétillements au pubis. Aucune régression ne s'impose cependant. Je vérifie verbalement si ce frétillement peut s'accentuer au point de la faire basculer dans une régression... et ça marche: elle ressent très bien le va-et-vient du pénis de son mari qui s'arrête brusquement, ce qui la frustre. C'est tout un départ. Cela s'enchaîne sur une scène où, petite, elle joue avec le pénis d'un homme qui lui éjacule dans la main. Déception de l'enfant, le beau jouet se dégonfle. Elle est médusée, puis exprime la plainte suivante: «Les hommes m'abandonnent toujours après leur plaisir.» À la fin de cette première journée, elle est très étonnée d'avoir si parfaitement ressenti ces sensations. Rien de ce qu'elle vient de vivre dans mon fauteuil ne ressemble à ce qu'elle a pu toucher pendant près de neuf années en psychologie.

Deuxième journée. Elle a très mal dormi et a été assaillie pendant la nuit par les mêmes sensations que celles ressenties dans mon fauteuil... Elle dit être épatée par la Catharsis et elle exprime sa reconnaissance pour son psychologue qui a eu la brillante idée de l'envoyer chez moi. Je bois du petit lait, comme vous pensez bien! Elle donne une précision à propos de l'homme dont le beau jouet s'était dégonflé: quand elle était dans le fauteuil elle a cru reconnaître un oncle mais, n'étant pas certaine, elle ne l'avait pas signalé. J'insiste pour que, désormais, elle exprime tout sans hésiter ni réfléchir. Après une courte détente, j'évite volontairement l'auto-évaluation des chakras pour savoir comment cela peut se passer dans le tunnel. Elle est devant un première porte, brune. Elle y entre mais, malgré les astuces méthodologiques, elle n'y voit que du noir.

On revient donc aux chakras, c'est celui du ventre qui est dominant, cela semble s'annoncer comme la voie privilégiée pour laisser le subconscient s'exprimer... mais ça ne fonctionne pas aussi bien que la veille. Elle n'hésite pas à donner son accord pour un transfert d'énergie aux environs du nombril. Les réactions sont quasi immédiates: elle revit une scène érotique avec son futur mari où elle a éprouvé beaucoup de plaisir, un plaisir qu'elle ressent parfaitement dans mon fauteuil... ce qui fait problème. En effet, elle se demande si tout ça est correct. J'arrête tout pour que nous puissions en parler.

Le jour d'avant elle était épatée, mais elle commence à se demander où tout cela va la conduire; elle n'aurait pu imaginer qu'elle allait venir ressentir des sensations sexuelles dans le bureau d'un inconnu. Est-ce ça une Catharsis, rien que des «affaires» sexuelles ? Je lui ai rappelé qu'il n'y avait eu aucune suggestion de ma part, que les frétillements au pubis de la veille s'étaient imposés à elle très spontanément, ainsi que les deux régressions. J'ai expliqué que mon rôle se limitait à respecter les indications données par le subconscient et que, dans son cas, elles étaient particulièrement claires. Je lui ai aussi fait remarquer que j'avais même évité de lui faire porter attention sur les chakras en début de séance et que nous y étions venus parce que ses craintes avaient empêché qu'elle découvre quelque chose en ouvrant la porte.

De plus, contrairement à la veille, mes interventions verbales n'avaient pas suffi pour que la chaleur du ventre augmente au point de l'amener en régression. Elle avait alors donné son accord pour que j'y pose la main... et cela avait donné des résultats. Quant aux résultats obtenus, ce n'était quand même pas de mon fait si elle se retrouvait encore en situation sexuelle. Mon discours finit par produire l'effet escompté, elle reconnut que ses réticences venaient du fait qu'*elle craignait d'être jugée:* dans la scène qu'elle venait de revivre, son mari lui avait enjoint de ne plus gémir, de jouir en silence. Sans commentaires...

Troisième journée. La nuit précédente, elle s'est encore demandée si elle n'était pas incorrecte de revivre des scènes sexuelles dans le fauteuil. Reprise du discours de la veille sur le même thème, elle a besoin d'être rassurée: il ne peut y avoir de méprise de ma part, c'est son subconscient qui décide, elle n'est pas responsable de ce que des adultes ont fait vivre à la petite fille et elle ne pourra être bien avec elle-même qu'après s'être débarrassée de ses occultations. Je lui ai également fait remarquer qu'elle avait consacré plusieurs années à attendre vainement une solution qu'elle trouvait enfin ici, que ce n'était pas le temps de faire marche arrière. Je terminai en disant une chose parfaitement vraie: j'admire les personnes qui ont le courage d'être confrontées à leurs vérités et je les respecte pour cela.

Elle est dans le fauteuil. Je projette, sur l'écran qui lui fait face, l'enregistrement vidéo d'une cible animée par un stroboscope... et elle y voit le méat urinaire d'un pénis! Elle entre en régression avant même que je puisse prononcer une parole: des scènes, toujours sexuelles, vont se succéder jusqu'à la fin de la rencontre et elle partira calme et sereine. Ouf!

Quatrième journée. Elle me dit qu'elle aurait eu envie d'aller chercher une approbation de la part de son psychologue. «Je voudrais savoir de lui si mes réactions ici sont correctes.» Fauteuil. Comme induction, je choisis un vidéo montrant des truites qui nagent calmement au son d'une cascade d'eau. Donc quelque chose on ne peut plus neutre, on en conviendra. Immédiatement après la projection, elle me demande de lui faire un transfert d'énergie au ventre; elle sent que quelque chose cherche à s'y exprimer mais elle craint d'être devenue incapable de régresser encore. Ce n'est pas long que le transfert produit son effet: elle va revivre des situations qu'il est impossible de rapporter ici. Les scènes s'enchaînent automatiquement les unes après les autres jusqu'à la fin de la séance. Je suis aussi abasourdi qu'elle par tant de révélations de choses totalement occultées. Elle n'aurait jamais pu imaginer qu'elle avait vécu tout cela, mais elle ne met pas en doute leur réalité. C'est la dernière journée de la semaine. Toute une première semaine! Elle est très pensive quand elle prend congé. C'est à mon tour d'être épaté. Épaté par l'efficacité de ma Catharsis, si je la compare aux années passées par ma cliente en psychologie classique.

Dans l'après-midi du dimanche, un enregistrement sur mon répondeur téléphonique: «Je ne viendrai pas demain, ni jamais plus. Je trouve que tes méthodes, ton laxisme... je me sens humiliée et blessée...» Hum! Le choc, l'incrédulité, la colère aussi. J'écris dans son dossier: «Enr. tél. Dit qu'elle ne continuera pas, en désaccord avec ma méthode! Elle n'accepte probablement pas ce qui l'habite et ne peut supporter, à l'avance, tout ce qu'elle a à découvrir. Dommage pour elle. Elle va sans doute chercher une démarche qui lui laissera bonne conscience, mais aucun résultat.» Oui, je suis en beau m... J'appelle une autre personne qui attendait qu'une place se libère. Bon, voilà au moins quelqu'un d'enchanté.

Tôt le lundi matin, Q. me téléphone pour dire qu'elle va arriver à neuf heures, comme d'habitude. «Trop tard, la place est prise» — «Quoi! Déjà prise!» Elle raconte qu'elle est allée rencontrer son psychologue après m'avoir laissé son message, qu'il a écouté ses tourments avec l'empathie habituelle, qu'il lui a confirmé que c'était bien cela la méthodologie dont il avait entendu parler, qu'elle n'avait pas à se culpabiliser pour ce qu'elle avait vécu dans l'enfance et que le mieux serait sans doute de retourner me voir pour en parler, que c'était la seule façon de clarifier les choses. Elle demandait à pouvoir revenir poursuivre sa démarche le plus tôt possible. Ce qui fut fait. Nous avons eu quelques journées que je qualifierai d'hésitantes, puis tout se mit en place à nouveau quand elle me dit: «C'est fini pour moi de jouer les petites oies blanches, je suis prête à connaître toutes mes vérités.»

Imaginons ce qui serait arrivé si elle s'était adressée à un psychologue n'ayant ni la stature, ni la probité intellectuelle de son conseiller. Que de gorges chaudes, de quolibets, de rumeurs véhiculées avec délectation. Mes dossiers contiennent bien entendu les renseignements pertinents pour les personnes qui seraient de mauvaise foi, mais que peut-on faire contre de mesquines rumeurs? Les ignorer ou s'en tourmenter? La sérénité a trop de prix pour laisser les tourments venir la perturber. N'empêche, c'est un métier qui est rarement de tout repos.

Le devoir d'oser

L'un des plus grands succès de librairie de ces dernières années, si l'on parle de psychothérapie, est celui remporté par Scott Peck, publié en français chez Robert Laffont sous le titre *Le chemin le moins fréquenté.* On peut y lire, page 168:

> On a dit plus haut que le psychothérapeute qui veut réussir doit se donner à ses relations avec son patient avec autant de courage et d'engagement que ce dernier. Il doit aussi risquer le changement. De toutes les règles de psychothérapie qui m'ont été enseignées, il y en a peu que je n'aie pas eu à briser, à un moment ou à un autre, non par paresse ou par manque de discipline, mais plutôt en ayant peur et en tremblant, parce que la thérapie de mon patient, à ces moments-là, me le dictait.

Tous les novateurs font face au problème de l'allergie au futur qui «démange» les maisons d'enseignement et, en particulier, les pontifes qui s'y endorment sur leurs lauriers. Puis les années passent et ce qui était considéré hier encore comme élucubration devient peu à peu la norme, par la puissance des évidences impossibles à dénier plus longtemps. C'est à force d'audaces novatrices que l'humanité progresse. Au lieu de me référer à des normes établies et codifiées qui pourraient m'aveugler — ou pour le moins m'éborgner —, je reste un marginal ajoutant ses évidences à celles d'autres marginaux ayant déjà atteint le proche futur. C'est au dossier de l'Homme en marche que je verse le modeste savoir venu de celles et ceux qui ont su se guérir des autres.

Les étapes de la guérison

«Est-ce ça, une Catharsis, rien que des «affaires» sexuelles?» se demandait Q. Elle ne pouvait encore réaliser qu'elle en était seulement à la première étape de sa démarche. Une fois les traumatismes reliés à la sexualité infantile désoccultés, on passe sans transition à l'étape suivante: celle des sentiments blessés, des phobies, des violences physiques et/ou morales, des injustices, des humiliations, des rejets, etc., qui ont, de façon aberrante, engendré des culpabilités chez les victimes. La deuxième étape est donc celle des ravages socio-culturels.

La troisième étape sera celle de la libération et de l'intégration; la quatrième, celle de la plénitude, de la spiritualité. Je viens d'esquisser le schéma théorique le plus courant, mais il y a des variantes, des exceptions qui confirment la règle générale; il ne faudrait donc pas y voir une loi rigide. Avant d'élaborer au sujet des trois premières étapes théoriques, et à l'intention des nouveaux lecteurs, il me semble utile de redire ici ce qui est l'objectif à atteindre par les consultants en Catharsis glaudienne: le plan spirituel, tel que je le définissais à la page 229 de *Catharsis:*

> **Le plan spirituel**
> La spiritualité dont je veux parler n'a rien à voir avec les religions ou les sectes. Nous pouvons nous interroger sur les mystères de la vie et de la mort, sur le pourquoi de l'existence et des difficultés qui rendent parfois la vie si difficile. Pourquoi la maladie, les accidents, les guerres, les tragédies et les cataclysmes? Pourquoi Dieu permet-il cela? Pourquoi pas le bonheur assuré, la richesse, l'égalité pour tous? Les religions proposent des réponses à ces questionnements, des réponses et des rites qui soulignent leurs différences. Ce sont des organisations temporelles qui, bien sûr, proclament chacune avec vigueur être la vraie Religion, la vraie Connaissance, la vraie Foi. Il faut respecter la conviction de leurs adhérents, puisque c'est la foi qui sauve.
>
> Je crois que nous sommes fondamentalement mystiques, et je doute que ceux qui se disent athées puissent vivre sans croire à quelque chose qui gouverne l'univers et qui dépasse l'entendement. Il y a des gens qui se déclarent non croyants, mais je ne pense pas qu'ils soient

dépourvus de la spiritualité fondamentale qui conduit à la sérénité. C'est de cette spiritualité-là qu'il est ici question.

Pour moi, la spiritualité, c'est la foi en soi-même, en ses valeurs, en ses possibilités de réalisation. C'est une harmonie élargissant la conscience, engendrant la paix intérieure, conduisant au dépassement de soi. C'est aussi l'acceptation de ce que l'on est, de ses pulsions inconscientes comme de ses fantasmes gratifiants, de ses élans ou de ses réticences envers les autres. C'est voir le passé sans vains remords, mais savoir en tirer les leçons, ne pas craindre l'avenir, mais ne pas en attendre tout. C'est voir aujourd'hui comme le premier des jours qui restent à vivre, et savoir en apprécier les petits et grands bonheurs.

Cette foi en nous-même ne peut venir que de nous, elle se cimente dans nos pensées ou se détruit par elles. Cela implique que les autres, tout importants qu'ils soient, ne puissent trop perturber notre sérénité. Nous avons besoin d'eux, comme ils ont besoin de nous, pour exprimer nos élans d'amour, de protection ou d'admiration mais ils peuvent, en retour, n'accorder que haine, domination ou mépris. C'est pourquoi une trop grande dépendance à l'égard des autres, y compris nos intimes, peut compromettre notre foi en nous-même. La règle me semble absolue: c'est dans l'affirmation de soi, en acquérant son autonomie en tant qu'être unique, que l'on rejoint son harmonie.

Toutes les Catharsis glaudiennes m'ont appris la même chose: les gens sont fondamentalement doués pour le bonheur de vivre mais on a réussi, de diverses façons, toujours restrictives, à les culpabiliser et à les rendre peureux. Il n'y a rien de surprenant à ce qu'ils retrouvent la faculté d'être bien avec eux-mêmes, quand toutes ces peurs et culpabilités ont été débusquées. Si la mare a bien été récurée à fond, c'est un psychisme sain qui réinstalle la santé physique et mentale. C'est quand les plans psychique et physique ne sont plus perturbés par des affects que l'épanouissement spirituel peut se produire. Alors règne l'harmonie. Le «Moi» véritable émerge et c'est littéralement un être neuf qui prend un nouveau départ, allégé du poids mort d'un passé écrasant. Au fond, le grand secret de la Catharsis glaudienne, c'est qu'elle conduit les gens à se pardonner les «péchés» forgés par leur socioculture, c'est-à-dire par les autres.

Le parallèle peut s'établir avec le processus des guérisons mystiques. Les autres ont installé la crainte de Dieu en le définissant surtout comme un vengeur mégalomane. C'est à l'instant où l'on est capable de sentir qu'Il est essentiellement Amour, Compréhension et Bonté que les peurs installées en Son nom se libèrent. On accepte alors d'être vraiment un reflet de Son image — sexualité et viscères compris —, l'on est enfin capable de *se pardonner à soi-même.* Et l'organisme retrouve ses équilibres en un instant, dans une vibrante explosion d'harmonie. Guérir, c'est se laver des intimidations et croire en soi autant qu'on croit en Dieu.

Je n'ai rien à ajouter à ce texte que j'écrivais il y a plusieurs années, il est l'exacte expression de ce que mon subconscient continue de me dicter... et de la plénitude que tant et tant de personnes ont atteinte depuis. La nécessité de *Guérir des autres* s'y trouvait déjà soulignée sans équivoque. Avec *Catharsis,* je faisais timidement part d'une trouvaille; avec ce livre-ci, je communique sans détour l'approfondissement des connaissances que le travail clinique m'a permis de *saisir.* J'offre ce *fruit* à celles et ceux qui voudront en goûter la saveur.

Première étape. Pourquoi, en Catharsis glaudienne, est-ce très majoritairement la sexualité qui s'exprime en premier? C'est une question que je me suis posée et que j'ai posée souvent à mes étudiants, surtout aux détenteurs d'une maîtrise ou d'un doctorat en psychologie. Comme de coutume, on cherchait une explication dans les diverses théories avancées par les grands noms, sans jamais trouver une réponse évidente. Pourquoi, par exemple, plus de constance du phénomène chez les femmes que chez les hommes? Pourquoi la nécessité, commandée par le subconscient, de réactions physiques au niveau du ventre et du pubis, plus fréquente chez les femmes que chez les hommes? Pourquoi plus de femmes que d'hommes traumatisées par des problèmes sexuels infantiles? Oui pourquoi, mais pourquoi donc les perturbations sexuelles prenaient-elles tant d'importance en Catharsis et si relativement peu en psychothérapie générale? Toutes les réponses se sont imposées avec une éblouissante clarté au fur et à mesure que je rédigeais ces pages; vous en avez pris connaissance en cours de lecture des chapitres précédents .

Les questions touchant à la sexualité embarrassent très souvent les cliniciens traditionnels, tout comme elles embarrassent leurs formateurs, eux-mêmes héritiers des embarras transmis par les théoriciens de renom. Je sais très bien aujourd'hui que ces personnes sont «embarrassées» parce qu'elles ne sont pas au clair sur leur sexualité infantile. Il en résulte donc que, très souvent, une psychothérapie escamote, ou n'aborde que très superficiellement, le problème de la sexualité. Et cela, en dépit du fait qu'il s'agisse non seulement *de notre instinct le plus important,* mais aussi de la principale source culpabilisante, comme j'espère avoir réussi à le montrer.

Si les intervenants en diverses disciplines psychothérapiques renonçaient à imposer leur diagnostic et leur raisonnement aux consultants, ils s'apercevraient vite que c'est effectivement la sexualité infantile perturbée qui s'impose comme première étape d'un processus de guérison. Cette étape est généralement de courte durée. Si la personne qui consulte ne s'en affole pas, si elle ne se fixe pas sur un transfert affectif prolongé, les portes du tunnel, ou les chakras, font bientôt déboucher sur des événements d'autre nature que sexuelle.

Deuxième étape. Ce sont des thèmes relevant de ce que j'ai appelé les «ravages socioculturels» qui émergent alors. Notre deuxième étape peut se comparer aux démarches traditionnelles, la différence fondamentale étant, comme on le sait, que nous laissons le subconscient indiquer la voie à suivre. Quand des personnes finissent par venir en Catharsis glaudienne après avoir longtemps consulté en traditionnel, notre deuxième étape est franchie rapidement: il nous reste à débusquer les reliquats de ce qui n'avait pas été fouillé à fond par les autres intervenants, en particulier *les émotions restées occultées.* En effet, retrouver des souvenirs ne conduit pas à la guérison si on a laissé la moindre émotion culpabilisante dans l'ombre.

Troisième étape. Libération et intégration ne sont possibles qu'à la condition d'avoir réalisé intégralement sa Catharsis. Ce qui revient à dire qu'il n'est pas possible d'y arriver si l'on a «travaillé» au niveau de la deuxième étape seulement, comme cela se fait en psychothérapie traditionnelle et tout particulièrement en analyse. Nous l'avons vu par les cas cliniques exposés dans *Catharsis,* nous en avons repris l'illustration avec le cas de A. au premier chapitre de cet ouvrage-ci, les clinicien(ne)s ont à intervenir occasionnellement pendant la période d'intégration qui, terminée, signifie l'accès à l'épanouissement, au plan spirituel.

Il faut donc avoir le courage d'être confronté à ses vérités les plus secrètes, sans y mettre le moindre interdit, pour que la mare soit récurée à fond. Pour y arriver il faudra accepter de sortir tous «les cadavres du placard».

CHAPITRE 6

Les cadavres du placard

Bien des maux seraient épargnés aux hommes s'ils en connaissaient la cause.
PYTHAGORE

On connaît bien cette expression disant que nous avons tous et toutes au moins un «cadavre caché dans le placard». Ce qui signifie que nous avons en mémoire au moins une chose dont nous ne sommes pas fiers, une vilenie que nous regrettons, qui nous laisse mauvaise conscience et que nous ne voudrions plus commettre. Je dirai que ce «cadavre» est pétrifié, momifié et inodore. Il fait partie de ces choses du passé auxquelles nous ne pouvons rien changer, mais dont nous voulons éviter la répétition. Ce «cadavre» nous revient en mémoire de temps à autre et nous nous empressons de le ranger parmi les mauvaises expériences de vie. Ce «cadavre» est une sorte de balise, qui nous pousse à la non répétition, dans la mesure où nous sommes capables d'avoir conscience des règles qui gèrent la convivialité et que commande l'instinct grégaire. Se torturer les méninges à cause de ce souvenir est parfaitement stérile. Il ne faudrait en retenir que la leçon.

Il en va tout autrement pour les «cadavres» oubliés, dont on n'a absolument aucune connaissance consciente. Ceux-là sont en putréfaction dans le placard du subconscient et leurs effluves nauséabonds nous agressent à notre insu. Ce sont ces effluves, ces miasmes pestilentiels, qui perturbent notre santé. Nous l'avons vu, il est possible de sortir tous les «cadavres» du placard et de retrouver la santé; encore faut-il avoir accès à la mémoire oubliée du subconscient.

Il arrive, en clinique, de rencontrer des cas extrêmement résistants aux régressions, au point qu'il est de notre devoir de laisser savoir à la personne qui consulte qu'il est peu probable que l'on puisse obtenir les résultats espérés dans les délais normaux qui sont de trois à six semaines en moyenne. Ces cas très résistants sont le plus souvent identifiés dès la rencontre d'évaluation, quelquefois au cours des deux ou trois premières journées quand la démarche est amorcée. J'avais parlé des cas limites en ces termes dans *Catharsis:*

> C'est grâce à la médecine qu'un nombre assez restreint — mais significatif — de personnes perturbées pourraient bénéficier de la Catharsis, alors qu'une trop grande activité de l'hémisphère cérébral gauche ne leur permet pas le relâchement indispensable du niveau conscient par les techniques de relaxation.

J'écrivais cela en pensant aux possibilités offertes par la narcoanalyse, une technique psychiatrique visant, par médication, à provoquer une narcose incomplète (subnarcose) susceptible de faire émerger les souvenirs occultés. J'étais alors bien loin de me douter que j'aurais un jour l'occasion de vérifier mon hypothèse. Ce fut un travail long et difficile qui donna des résultats très positifs, sans permettre cependant un récurage complet de la mare. Il aura fallu qu'un éminent psychiatre, directeur de la recherche d'un hôpital psychiatrique universitaire, accepte de faire cette expérience avec moi; une expérience où son rôle se limitait à faire une évaluation avant et après expérimentation d'une part et à faire les injections intraveineuses d'autre part. Pour le reste, c'est-à-dire la conduite de la démarche proprement dite, j'agissais comme je l'aurais fait à mon bureau. Voici le résumé de cette recherche:

Le cas de R., un cas limite

Il s'agit d'un jeune homme athlétique âgé de 28 ans. Il est nanti d'un volumineux dossier médical quand je le reçois pour évaluation. Il a été hospitalisé en psychiatrie à quelques reprises et des diagnostics variés ont été faits à ces occasions. Il est possible que les diverses médications prescrites puissent expliquer que l'on soit passé de «syndrome anxiodépressif, état d'angoisse aiguë et de panique» à «état mental borderline avec dépression secondaire» puis «burn-out», «humeur anxieuse sur personnalité compulsive» pour aboutir à «agoraphobie avec attaques de panique».

Au cours de l'évaluation, j'ai devant moi un garçon sympathique, motivé, confiant et collaborateur. Il est mis en évidence que ce consultant faisait déjà des poussées d'angoisse vers l'âge de neuf ans et qu'il a fait des occultations majeures vers l'âge de quatre ans. Rien, à première vue, ne porte à penser qu'il serait un sujet incapable de surmonter ses résistances mais il est averti que les cas d'agoraphobie ne se résolvent généralement pas dans les délais habituels. Il est convenu qu'il fera une démarche en Catharsis avec moi.

Tout commence bien. Il voit un tunnel et il y trouve une porte. Il voit très bien la maison familiale de ses quatre ans, mais il est impossible de savoir si c'est après avoir franchi sa porte. Surgissent alors des souvenirs. Le lendemain, après une mauvaise nuit, il dit douter de la réussite de la démarche. Il m'apprend que «son» tunnel n'est pas le bon, il s'est tout simplement référé à un tunnel existant qu'il connaît bien. Je commence à entrevoir des difficultés et, le lendemain, je l'adresse à un psychologue pour une évaluation par tests projectifs. Je reçois un rapport très fouillé confirmant que mon client est doté d'une intelligence supérieure et d'aptitudes multiples. La structure de base de sa personnalité serait largement colorée de traits à saveur «auto-punitifs». Le psychologue remarque que, pour que sa démarche soit efficace, ce monsieur devra accepter de laisser remonter à la surface des éléments qui pourraient, dans un premier temps, lui sembler irrationnels.

Nous finirons par avoir le «bon» tunnel, celui que le subconscient lui impose et nous aurons plusieurs amorces de régressions, sans jamais approcher les événements fondamentaux. Malgré cela, je n'ai aucune raison de penser que nous pourrions aller vers un échec puisqu'il y a des transformations qui se produisent dans le tunnel, signe que nous progressons. Cependant, force est de constater que les progrès sont de plus en plus lents, qu'il y a des journées de passage à vide et que ses découragements sont de plus en plus envahissants, en dépit du fait que notre relation est excellente.

Aux environs de la dix-huitième journée, j'ai l'impression que l'on se heurte à un mur infranchissable et j'envisage de recommander une suspension de quelques semaines. Cependant, un responsable de l'organisme gouvernemental qui m'a adressé ce cas me demande de poursuivre, sans me laisser trop obnubiler par les délais; il m'est demandé de faire le maximum pour aider ce jeune homme à redevenir fonctionnel. C'est alors que germe l'idée d'avoir recours à une narco-analyse. Sauf que j'ignore à qui je pourrais m'adresser.

C'est mon client qui trouve la solution: il se souvient d'un psychiatre très ouvert et très chaleureux qui l'avait traité jadis et nous décidons de le contacter à tout hasard. Il accepte de revoir ce patient dans la perspective d'une intervention sous subnarcose. Un rendez-vous est pris et, pour l'occasion, j'adresse une lettre au médecin pour exposer le cas et les motifs de ma demande. Ce dernier ne pratique pas la technique en question, mais il promet de soumettre le cas au directeur de la recherche de l'hôpital qui, après avoir reçu le patient pour évaluation, accepte de faire l'expérience tout en émettant des réserves sur les résultats à en attendre.

Il ne s'agira pas de narco-analyse, la législation canadienne ne permettant plus, semble-t-il, que les deux médicaments utilisés pour ce faire soient injectés en même temps. Le médecin utilisera seulement de l'Amytal sodique (amobarbital). Dans la minute qui suit le début de l'injection, le patient entre en somnolence et répond aux questions d'une voix légèrement pâteuse. Il ne faut pas qu'il s'endorme. Le médecin procède très lentement, cela prend entre 30 et 45 minutes avant que la seringue soit vide. Dans le cas de ce patient, l'effet utile du produit durera encore 30 à 45 minutes après la fin de l'injection. Pendant tout ce temps, je procède comme d'habitude et nous progressons enfin.

Les résistances sont nettement amoindries, des scènes amorcées antérieurement se précisent et se complètent, puis des éléments tout à fait nouveaux émergent. Ces visites à l'hôpital se font au rythme de deux par semaine en moyenne, selon les disponibilités du médecin. Les autres journées, à mon bureau, les progressions sont extrêmement lentes et, à toute fin pratique, on peut considérer qu'il s'agit plus de psychothérapie de soutien que de Catharsis. L'organisation de mon bureau est très perturbée à cause de cette expérience qui me mobilise comme jamais.

Après dix séances sous Amytal, une résistance nous fait piétiner. Une scène, toujours la même, ne cesse de s'imposer sans jamais se compléter; une scène à deux personnages. L'un est très bien identifié, l'autre non. Ce deuxième personnage est parfaitement vu, sauf le visage. Nous avons le sentiment que notre jeune ami s'interdit de savoir qui est cette personne. Le psychiatre, qui a observé avec un vif intérêt ma façon de travailler et les résultats obtenus jusqu'ici, convient avec moi que nous frappons un mur infranchissable. Par acquit de conscience, nous procéderons pendant encore deux ou trois séances avant de conclure que le patient se protège en n'identifiant pas le mystérieux personnage et, donc, que nous avons fait le maximum du possible.

Je suis déçu. La mare n'a pas été récurée à fond bien que des changements de comportement très significatifs aient été observés chez le sujet de l'expérience. Pour sa part, le médecin conclut à un succès inespéré quand il fait son évaluation; il m'affirme que ce jeune homme n'aurait pas été récupérable s'il n'y avait eu mon travail. Un travail de longue haleine qui, à cause des différents délais, se sera étalé sur quatre mois. Pour permettre d'évaluer autant que possible les résultats obtenus, j'ai demandé une réévaluation au psychologue consulté au début. Voici un extrait significatif de son rapport:

> ... Monsieur ... a évolué dans son mode d'entrée en relation, en contact. Il est plus détendu et beaucoup moins porté à la méfiance. Son mode de contact avec la réalité est plus souple et nuancé. Il est moins enclin à être sur ses gardes et rechercher l'élément manquant. (...) Son image personnelle profonde s'est enrichie de facettes nouvelles qui, quoi qu'à l'état embryonnaire, sont des éléments positifs de pronostic. En effet, Monsieur... peut maintenant commencer à se donner une valeur personnelle en dehors des actes concrets. Il amorce une appréciation de ses composantes intérieures alors qu'auparavant il ne se définissait quasi exclusivement que par le résultat tangible de ses comportements. La possibilité de réaliser de véritables prises de conscience est de plus en plus proche de l'actualisation. Le contrôle émotionnel s'est modifié par un apprivoisement du système défensif qui est moins stéréotypé. La structure de personnalité à tendance autopunitive «masochiste» qui se répercutait dans son mode bioénergétique d'être s'est vue quelque peu transformée. Cette transformation structurale en son début me semble largement reliable au type de relation transférentielle vécue au cours de ces quatre mois. Le mode transférentiel a davantage été de type maternel dans lequel Monsieur... a senti qu'il valait la peine qu'on s'occupe de lui de façon globale. Il s'est également sensibilisé à sa personnalité profonde non seulement par la méthode utilisée mais surtout par la façon avec laquelle cette technique s'est insérée dans un contexte relationnel beaucoup plus large. Le sentiment de se percevoir invité à aller à l'intérieur de lui-même plutôt que d'y être forcé a grandement favorisé cet apprivoisement à lui-même...

C'est la transformation structurelle en cours qui me semble être l'élément majeur à retenir. Nous avions affaire à une personne dysfonctionnelle qui, après ce cheminement chez moi, est maintenant sur le marché du travail. J'ai eu la preuve que certaines médications peuvent aider le déroulement d'une Catharsis quand les résistances sont trop fortes; la même preuve a montré qu'il n'est nullement risqué de «travailler» des résistances puisque le subconscient ne fera pas émerger des souvenirs occultés qui pourraient compromettre l'équilibre mental de quelqu'un. J'étais convaincu de cela depuis longtemps, mais de l'avoir vérifié sous contrôle psychiatrique ajoute encore à la démonstration: il n'y a aucun risque à entreprendre une Catharsis glaudienne avec l'aide de quelqu'un qui respecte scrupuleusement les indices donnés par le subconscient.

Cela dit, je m'empresse de souligner qu'une psychothérapie sous Amytal reste du domaine médical très spécialisé. Cela doit se faire là où l'on dispose de tout l'appareillage de réanimation, donc dans un centre hospitalier... et par une personne compétente; or, jusqu'ici, aucun psychiatre n'a reçu une formation en Catharsis glaudienne. C'était simplement une recherche, la confirmation d'une hypothèse qui nous a appris des choses fondamentales; ce n'est pas une nouvelle technique qui est annoncée ici. Cependant quand, avec le médecin, nous avons fait l'analyse de l'expérience, nous avons conclu que l'on pouvait se passer d'injections intraveineuses et que la prescription par un médecin traitant d'un «bon» diazépam pouvait contribuer à contourner les résistances des personnes trop rationnelles. Cependant, me disait le psychiatre, un généraliste serait étonné si on lui disait que, selon le degré de résistance rencontré, on pourrait prescrire des doses jusqu'à dix fois plus fortes que les doses usuelles.

Il ne faudrait pas conclure qu'il faut utiliser une médication pour mener à bien une psychothérapie. J'ai abordé ici un cas limite pour montrer que, *dans des conditions très particulières,* il se vérifie que, là aussi, la Catharsis glaudienne est l'instrument d'investigation idéal pour sortir les cadavres du placard.

Thérapies ultra-courtes

Après avoir exposé un cas complexe — et pour montrer à quel point les délais peuvent varier d'un sujet à l'autre —, voici l'histoire de mon intervention la plus rapide. C'est l'hiver. Une dame très élégante, portant un manteau de fourrure de grande valeur, demande à me voir parce qu'elle se sent dans une grande détresse morale. Questionnaire: nom, date de naissance, état civil... Elle est mariée et elle a eu deux enfants, morts tous deux dans des accidents alors qu'ils étaient adultes. J'arrête le questionnaire. Je m'informe des circonstances de ces décès. Elle se met à raconter le premier accident et je suis alerté par le ton neutre de sa voix.

Quand je lui demande comment elle a réagi en apprenant la mort de son fils, elle répond: — «J'ai été stoïque, les gens m'ont d'ailleurs félicitée pour cela.»

Deuxième accident mortel quelques années plus tard:

— «Cette fois encore je me suis très bien tenue, j'ai fait face à l'adversité avec courage.» Question:

— «Je présume que vous avez extériosisé votre douleur seulement quand vous étiez seule!» Réponse:

— «Non, ce n'est pas ça, je me suis interdit de pleurer. J'avais mal, très mal, mais il ne servait à rien de me laisser aller. Je vous l'ai dit, j'ai su faire face sans broncher.»

Réplique:

— «Très bien, Madame, nous avons terminé. Rentrez chez vous, ressortez les albums contenant les photos de vos enfants quand ils étaient en bas âge, enfermez-vous dans votre chambre pour regarder ces photos et laissez remonter les souvenirs de leurs jeux, de leurs sourires, de leurs bras tendus vers vous... et vous m'appellerez demain matin.»

Médusée, la dame prit congé en me prenant peut-être pour un détraqué. La rencontre avait duré 40 minutes.

Comme convenu, je reçois son appel le lendemain matin. Émue et bouleversée, elle dit avoir pleuré toute la nuit et elle me remercie très chaleureusement: elle se sent enfin bien après tant d'années de mal être. Aurait-elle eu besoin d'aller sortir des cadavres du placard? Je l'ignore mais c'était, sur l'instant, tout à fait secondaire; j'avais «entendu» quelque chose par le ton de sa voix et senti instinctivement que c'étaient les larmes et les cris de douleur retenus qui l'étouffaient. Ce n'est pas dans la connaissance qu'est le fruit, c'est dans l'acte de saisir!

Un deuxième cas ultra-rapide. Un commerçant a perdu le sommeil et il est incapable d'entrer dans sa boutique depuis que, deux semaines plus tôt, il s'est trouvé face à face avec un pendu. Ce matin-là, comme d'habitude, il prend le temps de lire son journal en buvant un café. Quelques instants avant l'arrivée des clients, il va dans son arrière-boutique pour y chercher quelque chose et il fige devant le cadavre du voisin d'en haut qui pend devant sa fenêtre. Il ne se souvient de rien d'autre et depuis il est insomniaque et phobique. C'est un de ses amis qui lui a conseillé de venir me voir.

Il est extrêmement nerveux et il a l'air épuisé. Je le fais passer dans mon fauteuil, je lui demande de fermer les yeux et de se reporter mentalement au jour de la tragédie... Il se rase, se douche, s'habille... Je lui demande de refaire tous ses gestes en pensée. Il sort de chez lui, s'arrête pour acheter le journal et un café, il arrive à son commerce, etc. Peu à peu il entre tellement dans le jeu qu'il est vraiment dans l'action de ce jour-là. Quand il se dirige vers l'arrière-boutique, je l'avertis qu'il va voir un pendu mais qu'il restera en contact avec ses pensées et actions du moment, sans rien oublier. Et, effectivement, il ressent l'incrédulité, puis la terreur devant ce cadavre qui semble le narguer. Comme un somnambule, il va vers le téléphone et il appelle les policiers. Il revit très bien son bouleversement pendant qu'il attend de l'aide... Bref, je le libère ainsi de l'amnésie due au choc nerveux.

Sa «thérapie» était terminée au bout d'une heure. Le lendemain, il m'a laissé savoir qu'il était allé sans hésiter à son magasin après m'avoir quitté, qu'il avait calmement regardé la fenêtre de l'arrière-boutique... et qu'il avait enfin dormi comme un loir. Vous n'imaginez pas les «embarras» qui s'ensuivirent pour moi. Il m'avait fait une telle publicité que les gens venaient me voir pour que je règle leur problème de santé en une heure... une heure de magie, quoi!

L'attente magique

De tout temps, l'humain a cherché l'acte magique qui résoudrait ses problèmes. Tous ses problèmes. S'il s'était trouvé ne serait-ce qu'une seule magie depuis des millénaires, on n'en serait pas à la chercher encore aujourd'hui. Malgré que cela tombe sous le sens, nous rencontrons quand même tous les jours des gens qui veulent croire qu'il existe quelque part dans le monde un gourou, un guérisseur ou un magicien — au féminin ou au masculin — connaissant des secrets fabuleux. Savez-vous qui sont les personnes les mieux placées pour savoir qu'il est vain d'attendre un acte magique? Un pape qui meurt de hoquet après en avoir souffert de nombreuses années, un milliardaire qui se meurt de la maladie de Crohn, un roi atteint d'un cancer. Malgré leur rang, leur fortune ou leur titre ils n'ont que la désolante magie des pilules pour entretenir leurs illusions, au même titre que les plus démunis.

S'ils veulent vraiment guérir, ils n'ont d'autre choix que celui de trouver le courage d'écouter ce que veut leur dire leur subconscient. Et ce courage ne se trouve pas nécessairement chez les plus grands. Au contraire. Ils entretiennent l'illusion que leur argent ou leur puissance leur permettrait de trouver l'acte magique sauveur et ils échouent. Ils échouent toujours parce qu'ils n'ont pas l'audace de faire la démarche salvatrice d'une descente au fond d'eux-mêmes, de se soumettre sans réserve et passivement au grand nettoyage qui fera sortir tous les fantômes putrides de leur placard. Il n'y a pas de magie et pourtant nous sommes submergés de magiciens prometteurs de santé et de bonheur. À commencer par les médecins et leurs pilules.

Reportez-vous au cas de R., le cas limite vu plus tôt. Oui, un médicament l'a aidé à dépasser certaines résistances, mais non, cela n'a pas suffi. C'est lui seul, son psychisme, qui l'a fait progresser vers une récupération de ses moyens; même s'il n'a pu être capable de connaître toutes les vérités traumatisantes de son vécu, c'est quand même uniquement grâce à un travail courageux sur soi qu'il a pu se «sortir la tête hors de l'eau». Et ce n'est d'ailleurs pas fini pour lui. Il n'avait que vingt-huit ans; je suis convaincu qu'un jour plus lointain, grâce à son évolution de vie et à la relativisation des choses, il pourrait connaître une libération complète. À condition de le vouloir vraiment.

Il n'y a pas de magie, mais les magiciens foisonnent. Puis il y a ceux en qui on veut absolument voir des magiciens. Rien ne m'a plus désolé que de rencontrer des gens ayant lu *Catharsis* et qui en ont seulement retenu la forte — et très réelle — possibilité de guérir en six semaines ou moins. Tout le reste, c'est-à-dire les précisions sur le rôle majeur du subconscient, la nécessité de retrouver les événements occultés, le fait qu'il s'agit d'un travail sur soi plutôt que d'un travail fourni par une tierce personne semblaient avoir été escamotés... comme par magie, justement. Je le savais pourtant, mais cela reste toujours déconcertant de découvrir que les gens ne retiennent d'une lecture que ce qui leur convient.

Il est toujours désolant de se retrouver en face de gens qui, visiblement, attendent de vous un acte magique. Ces braves et respectables personnes n'ont aucune chance de trouver ce qu'elles cherchent, hélas. Il n'y a pas de magie et je ne suis pas un magicien. Nous avons, plus souvent qu'on le pense, la capacité de trouver la guérison. Mais c'est en nous, seulement en nous, que cette capacité existe; il est vain d'attendre qu'un appareil, des drogues, des tisanes ou autres amalgames puissent nous dispenser de sortir les cadavres du placard, l'unique voie conduisant à guérir des autres.

Au cours des siècles, les attentes magiques ont évolué. Tout près de nous, les devins et faux prophètes de toutes sortes ont pris le relais des prêtres tombés en quasi désuétude. Puis vinrent les ésotéristes délirants et les spiritualistes sectaires. Ce n'est pas «sorcier» dans le fond, déjà Rabelais avait identifié le phénomène en parlant des moutons de Panurge! Ce qui est aussi à la mode depuis quelques années, c'est d'expliquer tous nos problèmes de vie par les vies antérieures. Je ne puis me dispenser d'en parler, c'est une question qui est régulièrement soulevée par certain(e)s consultant(e)s. Nous entrons, comme pour les croyances religieuses, dans le domaine de la spéculation.

Karma et vies antérieures

C'est au début des années 70 que j'ai été intrigué par certaines lectures rapportant des faits permettant de penser qu'il y avait peut-être une continuité de vies, que la mort ne signifiait rien de plus qu'un vieux manteau qu'on enlève pour se préparer à naître à nouveau. Ces mêmes écrits laissaient entendre que les réincarnations avaient, entre autres buts, une fonction de punition ou de récompense selon les choses bonnes ou mauvaises faites dans la vie précédente, ce qui, très sommairement formulée, est la loi du karma. Comme bien d'autres, je cherchais des réponses. J'en étais arrivé à la conclusion que l'Église et la médecine, sur les plans spirituel et de la santé, n'avaient pas de réponses satisfaisantes. J'ignorais alors que j'en aurais quelques années plus tard grâce au tunnel, ses portes et son paysage. J'en étais encore au stade où toute hypothèse méritait d'être explorée.

Parler de réincarnation, c'est d'abord parler d'une croyance qui, pour l'Inde, serait apparue vers le 7e siècle avant Jésus-Christ. C'est à ce moment-là que se manifeste nettement dans les Upanishads (le Nouveau Testament de l'Inde) l'idée d'une succession de vies sur cette terre. À l'instant de la mort, l'âme revêt un corps nouveau, quitte l'ancien devenu inutile de même qu'on se défait d'un vêtement usé pour en revêtir des neufs. Une croyance parmi les autres, avec certains indices vécus qui ébranlent parfois les sceptiques. En somme, il s'agissait d'une réponse aux inquiétudes métaphysiques qui ne se démentent pas à travers les âges.

Il est possible de voir dans cette croyance hindoue un embryon des croyances chrétiennes: dans le premier cas on naîtra à nouveau pour être puni ou récompensé pour ce que l'on a fait et, dans le deuxième, la même notion de punition ou récompense qui, cette fois, sera «matérialisée» par un séjour éternel en enfer ou au paradis. Il faut convenir que ces deux concepts poursuivent le même but: nous mettre en garde contre les mauvaises actions, donc nous donner des balises à respecter pour que la vie communautaire soit aussi vivable que possible!

Objectivement, il faut admettre que nous sommes là en pleine spéculation. Trouvant la théorie de la réincarnation passionnante, du fait qu'à première vue elle pouvait être vérifiable, j'ai tenté d'en savoir plus. En utilisant l'hypnose, avec des sujets passionnés par la question, j'ai fait une recherche personnelle dont je parlerai après avoir exposé le pour et le contre, selon certains auteurs ou chercheurs. Pour ce faire, je propose des textes extraits de deux articles de presse[1]:

Le pour (Jean-Yves Casgha)

En 1923, le docteur Sunderlal est chargé, par le maharajah de Bhartpur, de vérifier le récit de jeunes enfants qui se prétendaient réincarnés. Et dans le cas de Prabhu, un petit garçon de quatre ans qui vivait à Salipur, il y a de quoi être surpris.

C'est à moi, expliqua son père, que Prabhu parla d'abord de sa dernière réincarnation. Il s'écria un jour tout à coup que ses chers petits-fils étaient en très mauvaise situation et qu'il les ramènerait sur ses épaules. Plus tard, assis à côté de sa mère qui battait le beurre, il dit qu'elle était très avare de beurre, alors que sa précédente mère le faisait asseoir à côté de la baratte et lui en donnait de gros morceaux. Sa mère lui demanda où était sa précédente mère. Il répliqua qu'elle était à Hatyori, que son vrai nom à lui était Harbux, et qu'il fallait l'appeler ainsi, et non pas Prabhu. Évidemment, personne dans la famille n'y avait d'amis et encore moins Prabhu.

Après vérification sur place, on constata que toutes les «inventions» du bambin étaient exactes (noms et descriptions des lieux et de personnes, événements marquants), avec parfois de légères im-

1. *Réincarnation, des preuves troublantes* par Jean-Yves Casgha, dans le N° 139 de «Cosmopolitan», juin 1985 et 2. *Super- moi,* Un document Paris Match du 11 octobre 1990 présentant un extrait du livre *Le super-moi,* l'inconnu qui m'habite par Ian Wilson, éd. Tsuru.

précisions, comme dans un récit de souvenirs très lointains. Bref, tous les accents de la vérité. Confronté aux notables du village, le bambin s'en tira avec les honneurs: tous reconnurent Harbux, mort six ans auparavant. Mais ce qui stupéfia le docteur Sunderlal fut le langage de Prabhu: dès qu'il racontait sa vie précédente, il utilisait un vocabulaire et des connaissances qu'un si jeune enfant ne pouvait pas posséder.

Plus bizarre encore: les anomalies physiques à la naissance qui, dans certains cas, semblent suggérer une continuité entre deux vies. C'est en tout cas l'avis du docteur Sunderlal. En 1908, deux jeunes hommes, Kashi Ram et Chotey Lal, marchaient côte à côte en direction du palais de justice de Suba. Le père de Chotey Lal devait être jugé et l'affaire s'engageait très mal pour lui. Kashi Ram, convoqué comme témoin à charge, venait avec des documents accablants.

Chemin faisant, on s'en doute, Chotey Lal essaie de pousser Kashi Ram à changer d'avis, à ne pas utiliser les preuves qu'il détenait contre son père. Mais Kashi Ram reste imperturbable. Très vite le ton monte, ce qui n'arrange rien, et de propos blessants en coups échangés on en arrive à une bagarre sauvage qui laisse Kashi Ram mort. Chotey Lal ne sait plus quoi faire et dans un accès de folie, il brise les côtes de son compagnon et lui coupe les doigts de la main droite. Or, quelques mois plus tard, dans une ville voisine, naît un curieux bébé né sans doigts à la main droite, les côtes brisées et recollées, qui dit plus tard avoir gardé le souvenir de sa vie précédente et du drame qui la termina.

Ce cas n'est pas unique et le docteur Stevenson, dont les enquêtes sont irréprochables, a rassemblé deux cents dossiers semblables[2]: il s'agit toujours d'un petit enfant, né avec des cicatrices ou une infirmité, et qui se souvient d'une autre vie à la fin de laquelle il est mort dans des circonstances telles qu'il en a gardé des traces.

Stevenson reste prudent: «De tous les cas que nous connaissons maintenant, la réincarnation est la meilleure explication que nous ayons été capable de trouver. Il existe un nombre de faits impressionnants. Cela ne signifie pas que je pense qu'ils apportent, séparément ou ensemble, la preuve de la réincarnation.»

C'est généralement sous hypnose que les sujets des chercheurs modernes font leurs régressions dans des vies antérieures. «Mais ces vies antérieures, explique Jean-Louis Siémons, pourraient n'être qu'un tissu d'images puisées à des sources très diverses et mises en forme par l'hypnotisé et l'hypnotiseur. Et même si c'est l'existence historique

---

2. *200 cas suggérant le phénomène de réincarnation*, éd. Sand.

d'un Romain ou d'une belle Vénitienne qui émerge, rien n'oblige à croire que c'est l'incarnation passée du sujet plongé en état d'hypnose.»

Pour éviter cet écueil, Patrick Drouot, à Paris, utilise plutôt la suggestion. L'auteur de l'article, Jean-Yves Casgha, s'est soumis aux soins de Patrick Drouot pour faire un voyage dans ses vies d'antan. Il raconte ses visions et sensations puis il conclut: Pour moi, le plus objectivement possible, tous les éléments de cette «vie antérieure» je les possède dans cette vie-ci: tous les détails appartiennent à ma culture au sens large et, même s'ils sont dans des cases mémoire différentes, j'ai plutôt la sensation que mon cerveau les a organisés de manière cohérente dans une sorte de magnifique rêve éveillé. Tous les détails sauf un quand même, mais j'ai très bien pu l'inventer parce qu'il était «logique» dans le déroulement de mon histoire. Patrick Drouot a des milliers de cas en réserve, tous plus troublants les uns que les autres.

Fantasmes? Hallucinations? Désirs inconscients? Des chercheurs se sont allongés et ont commencé par étudier sur eux-mêmes. Évidemment, prouver la réalité des régressions dans des vies antérieures, c'est-à-dire prouver rationnellement l'existence des vies antérieures, est très difficile. Mais ce qu'on a constaté, en revanche, ce sont les effets produits sur les personnes qui traversent ce type d'expérience: pour eux, la vie devient plus «concrète», elle ne se borne plus à commencer à la naissance et à finir à la mort. Il y aurait «quelque chose avant et quelque chose après.

Le contre (Ian Wilson)

Ce fut l'une des plus impressionnantes expériences de Joe Keeton, le célèbre hypnothérapeute. Un éditeur anglais, Michael O'Mara, se trouvait étendu, subissant une transe hypnotique, tandis que Joe Keeton lui suggérait qu'il remontait dans le temps, à la découverte d'une existence antérieure.

À la stupéfaction des témoins de cette scène, Michael sembla subir une curieuse évolution. Son accent américain habituel se transforma en caricature d'accent irlandais. Lorsqu'on lui demanda le nom du personnage qu'il avait incarné dans une existence précédente, il répondit «Stephen». Il se décrivit comme vivant à Dublin, vers la fin du siècle dernier.

Il fallut quatre séances d'hypnose pour que l'éditeur, toujours incarné en Stephen, finisse par révéler son nom de famille: Garret. Dans l'intervalle, il avait démontré une connaissance sommaire mais frappante du folklore des rues de Dublin de la fin du 19e siècle. Il décrivit les quais de la ville, les terrasses où se nichaient d'élégantes maisons d'époque géorgienne. Au bord de l'eau se trouvait un grand château. Non, il ne s'agit pas d'un château... Cela y ressemble. (Était-ce une référence à la fameuse Maison des douanes de Dublin?).

En revenant à la conscience, Michael, de lointaine ascendance irlandaise mais né à Philadelphie, se trouva incapable d'expliquer ces réminiscences à partir de souvenirs personnels. «D'abord, je présumais que j'inventais de toutes pièces et que ces visions provenaient de mon imagination. En entendant ces réponses sortir de ma bouche, j'étais stupéfait. J'avais l'impression d'être habité par des démons ou quelque chose d'approchant.»

Un autre sujet que Keeton fit régresser par hypnose, un journaliste sceptique du nom de Brian Hitchen, se retrouva sous le règne du roi Jacques II d'Angleterre. Il exprima ensuite la même opinion: «Lorsque j'entendis au magnétophone l'enregistrement de mon expérience, je me surpris à écouter un homme que je n'avais jamais connu. Si sa voix était la mienne, les sentiments étaient ceux d'un autre. Jamais je n'aurais donné consciemment de telles réponses. C'était comme si un autre s'était emparé de moi.»

Michael O'Mara suspecte qu'une bonne part de la personnalité de Stephen Garrett dérive en partie de sa propre lecture d'*Ulysse,* de James Joyce, un roman remarquable situé à Dublin, à peu près à la même époque, rendu célèbre par son style et par son vocabulaire, et dont le personnage principal est un certain Stephen Dedalus. L'extraordinaire rappel d'infimes détails provenant de romans historiques enregistrés des décennies auparavant suggère que, hors d'atteinte du «Moi», nous conservons bien plus de souvenirs précis que nous n'en avons conscience.

Dans les fameux enregistrements de Bloxham, une mère de famille du Sud du pays de Galles évoquait les souvenirs d'une vie en Grande-Bretagne sous l'occupation romaine, au début du règne de Constantin le Grand. Ils présentaient des scènes et une stylisation des noms de ville latins qui correspondaient en tout point à ceux du roman historique de Louis de Wohl *The Living Wood* publié par Collanz en 1947.

Autre exemple fameux du début de ce siècle: la fille d'un ecclésiastique anglais a livré sous hypnose les souvenirs détaillés de sa vie sous les traits d'une certaine Blanche Poynings, confidente de Maud, comtesse de Salisbury, durant le règne de Richard II. Une interrogation méticuleuse, toujours sous hypnose, révèle que sa source était un roman historique victorien, *Countess Maud,* d'Emily Holt, publié en 1892. Elle s'en était souvenue inconsciemment.

Ian Wilson poursuit: Il m'a été donné de bien connaître Michael O'Mara et Joe Keeton. Il ne peut exister aucun doute quant à leur intégrité, ni sur le fait que la personnalité bizarre de Stephen Garret soit sortie spontanément de la bouche de Michael. J'ai poussé mes investigations sur un certain nombre de cas passionnants d'évocations de vies antérieures provoquées par l'hypnose. Je suis sûr que la totalité de ces cas ne proviennent pas de souvenirs réels issus de précédentes existences. La source en était une oeuvre d'imagination que la personne avait lue avant de l'oublier(...)

Il apparaît d'autre part que nous possédons un enregistrement de l'ensemble de l'expérience accumulée au cours d'une vie. Cela dérive en particulier des travaux du pionnier canadien de la neurochirurgie, le docteur Wilder Penfield, l'un des fondateurs de l'Institut neurologique de Montréal, de réputation mondiale.

Dès la fin des années 30, Penfield entreprit un nouveau traitement chirurgical destiné aux épileptiques, qui impliquait l'emploi d'un analgésique local pour ouvrir la boîte crânienne et opérer, à l'air libre, le cerveau du patient, qui restait conscient. Si barbare que puisse paraître le procédé, il permit à Penfield d'accomplir le traitement curatif et d'obtenir la localisation de diverses portions du cortex cérébral.

C'est au cours d'une de ces expériences, en appliquant une électrode sur le lobe frontal d'un patient, qu'il eut la surprise de sa vie en entendant ce dernier commencer à lui décrire le «flash-back» d'un événement vécu dans le passé, exactement comme si un film se déroulait en face de lui[3].

Mes expériences

Je le disais plus haut, j'étais fasciné par la possibilité que nous ayions une succession de vies successives à vivre. J'espérais qu'il en soit ainsi et j'entrepris, à plusieurs occasions, une recherche dans le but de le démontrer ou, pour le moins, d'obtenir des indices permettant de penser que cela était possible ou probable. Étant très à l'aise

3. Le patient se retrouva quelques années plus tôt, assis dans un tramway. Il lisait à l'envers un titre en première page d'un journal local lu par un voyageur lui faisant face. Il put même lire la date de l'édition. On envoya quelqu'un vérifier dans les archives du journal, qui constata qu'il y avait bien ce titre en première page à la date désignée. (N.D.L.R.)

avec les techniques hypnotiques, j'y voyais l'outil d'investigation approprié, pour autant que les sujets d'expérience soient ce que l'on appelle de «bons sujets», c'est-à-dire des personnes capables d'atteindre un niveau assez profond d'hypnose.

Avec ces personnes, j'ai toujours obtenu sans la moindre difficulté qu'elles se retrouvent dans des «vies antérieures». J'ai entendu des récits passionnants, très détaillés et aussi des verbalisations dans une langue non connue des sujets. Deux récits de ces cas suffiront probablement pour clarifier mon propos.

Une amie de la famille, secrétaire médicale et excellent sujet pour l'hypnose, se retrouve au début du siècle. Elle est religieuse et enseigne l'anglais à une classe de jeunes filles. Ce qui me fascine, c'est qu'elle donne une leçon en parlant un anglais impeccable avec un léger accent français qui ne rappelle que très vaguement sa voix.

Or, cette femme que je connais très bien ne parle pas l'anglais, au point qu'elle ne peut aller seule dans une province anglophone du Canada. Quand elle s'entend parler en écoutant l'enregistrement sonore de la séance, elle commence par nier que cela puisse être elle qui parle puis, dans un grand éclat de rire elle dit: «C'est incroyable mais j'ai joué le rôle de soeur X qui enseignait au pensionnat. Mais comment se fait-il que j'aie pu parler en anglais tout à l'heure alors que je n'ai jamais réussi à assimiler cette langue?»

La réponse à sa question était facile à donner: même si elle n'a jamais pu retenir consciemment les leçons reçues, son subconscient s'en souvenait parfaitement et, grâce à l'état d'hypnose, pouvait s'exprimer. Une remarque majeure doit être faite ici: il ne s'agissait pas de souvenirs occultés, seulement oubliés. La distinction est importante, il faudrait retourner au graphique de la page 37 dans *Catharsis* pour la saisir. Il y est montré que le subconscient est à deux niveaux, le plus important étant celui des choses simplement oubliées mais quand même disponibles en cas de nécessité ou à l'aide de l'hypnose et le second, celui des souvenirs occultés, non disponibles autrement que par régression et *sans hypnose,* puisque cet état incite à la fabulation.

Un autre cas. Une jeune femme universitaire, ayant terminé avec moi son cheminement en Catharsis, me dit qu'elle est très intriguée par ce qui est rapporté à propos du karma et des vies antérieures. Elle me demande d'en faire l'expérience. Je vérifie si elle peut entrer en hypnose profonde puis nous procédons.

Elle dit être un jeune homme phtisique — elle ne dit pas tuberculeux mais bien phtisique — de 23 ans. Il est dans un jardin en arrière de la maison paternelle. Il décrit ce jardin et, en particulier, le mur en pierre couvert de lierre auprès duquel il se tient. Il dit également que c'est le début de l'automne et qu'il porte un foulard autour du cou pour ne pas prendre froid. À mes questions, il répond que son père est notaire, que l'on est en l'an 1743 et qu'il s'appelle Jean Belay. Dès qu'il — elle — donne ce nom, je propose de retourner plus loin dans le temps, dans une vie plus antérieure.

Cette fois, elle est une femme. Elle dit se trouver dans une sorte de maison faite de troncs d'arbres. Il y fait sombre mais elle distingue de vieux grimoires — elle ne dit pas de vieux livres —, des cornues et un four. Elle est la maîtresse-servante d'un alchimiste. Je pose des questions… et elle répond dans une langue germanique. Je saisis au passage quelques mots d'allemand, pas assez pour savoir ce qu'elle baraguine puis, ouvrant les yeux, elle me dit: «On arrête tout ça, je suis en train d'inventer au fur et à mesure, je pourrais continuer ainsi encore longtemps mais c'est de la foutaise.»

Je lui révélai que j'avais compris ça quand elle eut dit qu'elle s'appelait Jean Belay. «Ah,oui! Comment ça?» En souriant d'un air entendu, je lui demandai de sortir du fauteuil et de m'accompagner dans le petit couloir qui, à l'époque, séparait mon bureau de la salle de régression et je la priai de faire face à un grand cadre devant lequel elle passait deux fois par jour. On y lit le texte du fameux sonnet XXXI:

DES REGRETS

Heureux qui, comme Ulysse, a fait un beau voyage,
Ou comme cestuy-là qui conquit la toison,
Et puis est retourné, plein d'usage & raison,
Vivre entre ses parents le reste de son âge!

Quand reverrai-je, hélas, de mon petit village
Fumer la cheminée? & en quelle saison
Reverrai-je le clos de ma pauvre maison,
Qui m'est une province, & beaucoup davantage.

Plus me plaît le séjour qu'ont bâti mes aïeux,
Que des palais romains le front audacieux:
Plus que le marbre dur me plaît l'ardoise fine,

Plus mon Loire gaulois que le Tibre latin,
Plus mon petit Lyré que le mont Palatin,
Et plus que l'air marin la douceur angevine.

JOACHIM DU BELLAY

Son œil avait inconsciemment «accroché» cette signature au passage et, priée de donner un nom de famille pour répondre à ma question, elle avait vu «surgir» Belay de sa mémoire. Toutes les expériences connurent la même issue, c'est-à-dire des récits de «vies antérieures» fabriquées. Peut-être est-ce parce que je suis un piètre chercheur? Pourtant j'étais loin d'être sceptique au départ!

Quand quelqu'un me demande ce que je pense des vies antérieures, je fais désormais la réponse suivante: après avoir expérimenté l'hypnose pendant dix ans, puis avoir travaillé en Catharsis pendant 14 ans, il n'est *jamais* arrivé une seule fois que quelqu'un soit *spontanément* dans une vie antérieure, mais que toutes les personnes à qui je l'ai *suggéré,* à titre d'expérience, se sont retrouvées dans une autre vie, toujours dans un rôle intéressant, souvent historique. S'agissant d'une spéculation, je ne vois pas l'utilité d'engager une polémique: au cours des siècles, trop de gens se sont massacrés au nom de leurs mutuelles croyances. Je respecte toutes les croyances, mais je tente d'être aussi objectif que possible. Quand, par exemple, j'aborde la découverte de la Catharsis glaudienne, j'ai le sentiment de savoir de quoi je parle, et que je le fais en connaissance de cause.

En supposant que les récits de vies antérieures soient issus de l'imagination des gens, il est possible d'y voir un moyen d'investigation du type «rêve éveillé». On peut inférer que les gens qui se voient dans une autre vie font ainsi des projections fantasmatiques porteuses de messages. Mais il faut alors décoder ces messages, c'est-à-dire en faire l'analyse. Et quand on parle d'analyse, on tombe dans la subjectivité, la spéculation. Et la spéculation, c'est la porte ouverte à tous les délires: jadis, on nous exhortait à accepter nos souffrances pour les offrir à Dieu et ainsi obtenir une place au paradis. Aujourd'hui on nous dit parfois que c'est la loi du karma qui impose nos souffrances pour que la prochaine vie soit plus heureuse! Deux croyances, mais un même discours prêchant la résignation.

Nous avons vu les ravages que peut faire l'inhibition de l'action. Or, se résigner c'est renoncer à agir. La solution à la plupart des problèmes de santé réside bien dans la désoccultation des événements traumatisants de la petite enfance; les innombrables guérisons constatées par les catharsistes glaudiens montrent qu' il n'y a aucun lien entre ces guérisons et d'éventuelles vies antérieures.

Nos problèmes de santé peuvent parfois poser de véritables énigmes. Cependant, si l'on veut bien accepter notre thèse, on découvre que tout peut s'expliquer et se résoudre en retrouvant des faits anciens occultés. Nous allons prendre connaissance d'un cas ayant dérouté plusieurs spécialistes de la santé et qui fut résolu de la façon la plus simple qui soit.

Le cas de S., handicapée physique

Il s'agit d'une femme de 40 ans qui a eu un accident de la route deux ans avant que son cas me soit confié. Elle se plaint de douleurs permanentes au dos et, à cause d'une jambe «folle», elle doit utiliser une canne autant pour marcher que pour rester debout. Monter ou descendre un escalier représente toute une épreuve. Suite à l'accident, on a diagnostiqué une fracture simple d'une vertèbre. Il y a longtemps que la fracture s'est réparée, il ne devrait normalement plus subsister de séquelles, pourtant elle est bel et bien handicapée.

Divers spécialistes ont été consultés. En deux ans, elle a été vue d'abord en neurologie; on a procédé à des examens très poussés: électromyographie, électroencéphalographie, tomodensitrométrie et tomographie axiale. Elle a aussi été vue en psychologie, en neuropsychologie puis finalement en psychiatrie. On imagine aisément les sommes investies sans que l'énigme de son handicap soit résolue. Et elle sera à la charge de la société jusqu'à la fin de ses jours si elle ne guérit pas.

Les symptômes principaux énumérés dans le rapport du neuropsychologue sont:

— perte de poids (plus de 20 livres)

— vertiges ou sensations de risque ou perte d'équilibre presque constants

— démarche de claudication avec «fauchage» de la jambe gauche

— forts tremblements des mains

— perte de contrôle des urines pendant plusieurs mois après l'accident

— sentiments d'anxiété

— perte de relation amoureuse

— perte de précision du geste

Avant d'accepter un cas, simple ou complexe, nous procédons toujours à une évaluation selon des critères propres aux catharsistes glaudiens. J'entrevois une difficulté éventuelle du fait que cette personne ne vient pas me rencontrer de sa propre initiative. Il est en effet important que motivation et détermination président à une démarche en vue de résoudre un problème de santé. Fort heureusement, cette personne n'accepte pas son handicap, ni d'être à la charge de la société. Après avoir vérifié ce point, et avant de procéder aux tests habituels, je lui demande de raconter son accident et ses suites... et j'ai immédiatement la certitude qu'elle guérira!

Elle raconte l'accident dans ses moindres détails, comment son véhicule a quitté la route avant de se renverser, comment sa jambe était coincée puis comment elle a réussi à s'extraire de l'épave avant que les secours arrivent. Je lui fais part de mon incrédulité: il est bien connu que les gens ayant un grave accident ne se souviennent pas des instants qui précèdent le choc, ni de ceux que le suivent. Et comme les rapports médicaux constatent qu'elle a subi une commotion cérébrale, en plus d'avoir eu une fracture vertébrale, je lui dis qu'il est impossible qu'elle se souvienne... et «le chat sort du sac».

> C'est vrai que j'étais inconsciente quand on m'a trouvée à côté de l'auto, mais c'est quelques semaines plus tard que je m'en suis souvenue. J'avais bien récupéré, je marchais assez normalement et j'avais repris mon travail, même si le médecin aurait préféré que j'attende encore un peu. Puis, une nuit, j'ai fait un rêve où j'ai revécu l'accident dans ses moindres détails, comme je viens de le raconter. Mais, après le rêve, j'étais paralysée dans mon lit, incapable de bouger. J'étais paniquée, personne dans la maison pour m'aider. Je sentais le besoin de prendre un bain chaud.
>
> Je me suis faite tomber du lit en roulant sur moi-même et j'ai rampé jusqu'à la salle de bains. De peine et de misère, j'ai finalement réussi à atteindre les robinets puis à me hisser dans la baignoire pleine. Je pensais avoir fait couler de l'eau chaude mais je n'en ressentais pas les bienfaits que j'espérais. Je me suis laissée glisser davantage pour que mes épaules aussi soient sous l'eau et j'ai soudain ressenti une vive brûlure dans la nuque: l'eau était quasiment bouillante mais mon corps était insensible, sauf la nuque et la tête!

Je venais d'avoir la réponse de l'énigme. En effet, je venais de comprendre que son «rêve» était en fait une régression spontanée et que, depuis, elle restait «accrochée» au traumatisme physique et psychique vécu pendant l'accident. La fracture était guérie, mais tous les examens médicaux réunis n'arrivaient pas à mettre en évidence la cause de son handicap, c'était un mystère que les spécialistes consultés ne pouvait résoudre. Quand j'ai demandé à cette patiente si elle avait raconté, à l'un ou l'autre des spécialistes, le rêve qu'elle avait fait et l'hypœsthésie — perte provisoire de la sensibilité physique — qui en avait résulté, elle répondit que non, que personne n'avait posé les questions comme je l'avais fait!

Son dossier médical la suivait partout. Quand j'ai pris connaissance des divers rapports, j'ai trouvé celui d'un neurologue qui écrit que «la patiente a été impliquée dans un accident, avec état commotionnel (a eu une amnésie antérograde et rétrograde de courte durée)» et celui d'un neuropsychologue qui, huit mois après, dit: «Madame décrit bien l'accident et son déroulement. Il n'y a pas d'amnésie associée à l'événement.» J'ai trouvé curieux qu'un psychologue ne se soit pas étonné de cette impossible absence d'amnésie! Comme quoi il faut se donner la peine «d'entendre» ce que l'autre sait... et poser les bonnes questions. *Ce n'est pas dans la connaissance...* comme vous savez!

... guérie en cinq semaines

Il n'y avait donc plus d'énigme pour moi. Son handicap et ses maux de dos étaient des phénomènes physiques bien réels, mais qui résultaient de problèmes psychiques non résolus. Pourquoi les divers «spécialistes» orthodoxes n'avaient-ils pu résoudre l'énigme? La confidentialité m'interdit de donner les détails des innombrables événements occultés par cette cliente depuis l'âge de trois ans; pour les spécialistes tenus au secret professionnel, ce cas serait la plus parfaite illustration de ma thèse et démontrerait à quel point l'enchaînement des «charges émotives occultées» peut conduire inéluctablement à un accident et ses suites. Après 18 rencontres, elle marchait sans canne. Sept de plus furent nécessaires pour récurer la mare à fond.

Après la Catharsis, un réexamen neuropsychologique a été demandé. Il est instructif de comparer les résultats d'avant avec ceux d'après. On y constate évidemment que la patiente marche sans canne, qu'elle ne se plaint plus de vertiges, qu'il n'y a plus de maux de tête inhabituels, plus de perte de sentiments de compréhension ou de sentiments d'anxiété créant des difficultés, ni de problèmes relationnels. Les capacités intellectuelles sont remontées de plusieurs points par rapport à l'évaluation précédente et il y a une bonne remontée des capacités verbales de mémoire de chiffres. On constate une très bonne amélioration des capacités d'attention. Les fonctions linguistiques, gnosiques et praxiques sont maintenant tout à fait de l'ordre de la normale. On ne retrouve aucun indice d'aphasie ni auditive, ni verbale, ni à la lecture. Il n'y a pas d'indice d'agnosie, quel que soit le stimulus employé. Enfin, les fonctions perceptives et perceptivo-motrices semblent maintenant aussi revenues au niveau de la normale.

On constate donc que les bénéfices retirés d'une Catharsis glaudienne touchent à de multiples sphères, au-delà du ou des problèmes ayant incité à entreprendre la démarche. C'est effectivement notre prétention que le récurage de la mare engendre une transformation générale de l'être. Il arrive d'ailleurs assez souvent que le problème majeur n'avait pas été perçu par les consultants puisque nous retrouvons pratiquement toujours des implications de la sexualité infantile au point de départ des désordres de santé physique et mentale.

Il arrive assez souvent que des personnes consultent pour, par exemple, des céphalées de tension tenaces, des ulcères intestinaux, une cardiopathie, de l'arthrite, une névrose d'angoisse, etc. et que nous découvrions en cours de route des épisodes psychotiques de l'enfance passés inaperçus ou une carence affective, une inappétence sexuelle, une solitude amoureuse qu'une somatisation ou un sentiment de mal être camouflait. Il arrive, dans un pourcentage significatif des cas soumis, que l'élément déclencheur de la maladie soit un problème de couple. Faut-il s'en étonner? C'est ce que nous allons voir.

Problèmes de couple

S'il est indubitable que la sexualité est avant tout un instinct animal, le besoin d'amour est essentiellement lié à l'humain. L'amour reçu et donné est probablement la «nourriture» psychique la plus indispensable à notre épanouissement. C'est la conjonction de l'instinct sexuel et du besoin d'amour qui fait se former les couples, qu'ils soient hétéro ou homosexuels.

Les connaissances acquises en pratiquant la Catharsis glaudienne amènent à une réflexion originale permettant de mieux comprendre les problèmes de couple. C'est un truisme de dire qu'un couple réunit deux individualités. Pourtant on croit possible, au début surtout, que les individualités puissent se fondre pour n'en former qu'une. C'est une impossibilité et, donc, une illusion. L'histoire des gens, une fois les occultations levées, nous apprend que la rencontre de l'autre se fait à un moment particulier — ou privilégié, si l'on préfere — de leur évolution, comme si les deux courbes de vie venaient à se croiser au même instant.

Deux «avenirs» possibles seront dès lors comme programmés; ou bien les courbes de vie, qui convergeaient pour se rejoindre, se noueront pour suivre une trajectoire unique, ou bien, après s'être croisées, elle continueront leur course en s'éloignant de plus en plus l'une de l'autre.

Prenons hypothétiquement le cas de Manon et de Christian. Sans qu'ils puissent s'en douter au moment de la rencontre, Manon n'a pas occulté de violentes émotions vécues dans l'enfance: elle est ainsi bien armée pour éviter de rester en inhibition de l'action chronique. Mais, à l'inverse, Christian n'est pas véritablement ce qu'il aurait dû potentiellement être: ses comportements sont commandés par des événement occultés. Nous voici devant deux individualités de qui les courbes de vie finiront par se séparer. En effet, Manon a toujours intégré les émotions au fur et à mesure des événements et elle continuera de le faire dans l'avenir. Mais Christian, qui n'a jamais su faire face aux émotions violentes, a pris l'habitude — bien malgré lui — de refouler lesdites émotions, de ne pas les intégrer au fur et à mesure.

Dans un couple ainsi constitué, des problèmes majeurs surviendront tôt ou tard, quelle que soit l'intensité amoureuse ressentie au début. Ce seront peut-être des problèmes larvés, mal identifiés. Mais des problèmes qui creuseront un fossé de plus en plus large entre les deux, sans que l'on puisse vraiment savoir pourquoi. L'un ou l'autre, vulnérabilisé par un climat de moins en moins serein, cherchera peut-être ailleurs pour combler ses besoins affectifs. Gouvernés par les principes hérités de leur éducation, ils feront peut-être — dans la mesure de leur possible — contre mauvaise fortune bon coeur... et Christian finira par être mal dans son corps ou dans sa tête, les tensions iront en s'amplifiant au point qu'un beau jour Manon prendra l'initiative de consulter en psychologie, dans l'espoir de sauver leur couple... et cela ne servira à rien.

La bonne solution serait-elle que Christian fasse une démarche en Catharsis? Assurément oui, s'il le fait pour résoudre ses problèmes de santé. Vraisemblablement non, s'il le fait pour sauver son couple. Il risquerait de découvrir que c'est seulement parce qu'il était gouverné par les faits occultés — et non par son véritable «Moi» — qu'il s'était senti amoureux de Manon. Autrement dit, si Christian n'avait pas été «amoindri» par des occultations au moment de leur rencontre, il est très probable qu'ils n'auraient pas été portés à former couple. Mais, sait-on jamais, il se pourrait que la démarche de Christian contribue à se faire nouer des courbes qui s'éloignaient. Mon message est-il clair? On ne va pas en Catharsis pour sauver un couple, on va en Catharsis pour sauver l'individu que l'on est.

Il peut pourtant arriver que je sois témoin d'une évolution inattendue. Un homme, divorcé à sa demande, père de deux enfants dont il avait la garde, était venu à mon bureau pour résoudre un problème de santé. Après trois semaines, il débouche dans un paysage presque parfait. De légers indices suggéraient qu'il devait intégrer ses découvertes ou résoudre un problème d'inhibition de l'action. Je lui confiai que j'ignorais de quoi il pouvait s'agir mais que cela semblait être mineur. Il demanda à se servir de mon téléphone pour appeler son ex-épouse: il voulait l'inviter à dîner.

Après avoir raccroché, il me dit: «Je crois savoir à quoi correspondent les indices du paysage. Par le contenu de mes régressions, j'ai compris pourquoi j'avais demandé le divorce. Je sais aujourd'hui que c'était une mauvaise décision et je vais proposer un remariage à ma femme. Même si elle le refuse, j'aurai au moins eu l'occasion de lui donner les explications qu'elle mérite d'avoir et je serai au clair avec moi-même». Il n'y a pas de magie en Catharsis glaudienne, mais des moments magiques, ça oui il y en a!

Tomber amoureux

J'ai brièvement cité Scott Peck et son livre *Le chemin le moins fréquenté* au chapitre précédent. Je ne puis m'empêcher de récidiver, tant les pages qu'il écrit sur l'amour me paraissent lucides (page 93):

> De toutes les idées fausses qui circulent à propos de l'amour, la plus répandue, et la plus percutante, est que tomber amoureux, c'est l'amour ou, du moins, une manifestation de l'amour. C'est un malentendu convaincant parce que le fait de tomber amoureux est vécu subjectivement de façon très intense comme étant l'expérience de l'amour. Lorsqu'on tombe amoureux, on a tout de suite envie de dire: «Je l'aime.» Mais deux problèmes sautent aux yeux.
>
> Le premier, c'est que tomber amoureux est une expérience spécifiquement érotique et liée au sexe. Nous ne tombons pas amoureux de nos enfants, même si nous les aimons profondément — non plus que nos amis du même sexe (à moins, bien sûr, que nous n'ayons des tendances homosexuelles) même si nous nourrissons à leur égard des sentiments très affectueux. Nous ne tombons amoureux que lorsque nous sommes, consciemment ou inconsciemment, sexuellement motivés.
>
> Le deuxième problème, c'est qu'être amoureux est inévitablement temporaire: tôt ou tard, la passion s'éteint. Cela ne veut pas toujours dire que nous cessons d'aimer, mais simplement que le sentiment d'amour extatique finit toujours par s'estomper. Invariablement, la lune de miel se termine, l'idylle se fane.

Voilà ce qui perturbe peut-être le plus l'être humain que nous sommes: nous voudrions tellement que cela ne finisse jamais, que toujours nous puissions vivre sur le nuage de la passion. Ce n'est, hélas, pas possible et il faut s'y résoudre. Sinon ce sera la recherche sans fin des mêmes sensations renouvelées, d'une aventure à l'autre. Sacha Guitry l'avait dit: *En amour, le meilleur moment c'est quand on monte l'escalier.*

Le mythe de l'amour romantique

Toujours de Scott Peck, page 100:

> Pour réussir aussi bien à nous piéger dans le mariage, l'une des caractéristiques de la passion doit être l'illusion que cela durera toujours. Cette illusion est entretenue dans notre culture par le mythe de l'amour romantique qui trouve ses origines dans les contes de notre enfance, où le prince et la princesse sont heureux et ont beaucoup d'enfants.
>
> Le mythe de l'amour romantique nous dit, en effet, qu'à chaque jeune homme correspond une jeune femme qui est «faite pour lui», et vice versa. De plus, ce mythe laisse entendre qu'il n'existe qu'un seul jeune homme pour chaque jeune femme, et que cela est prédéterminé dans les astres. Lorsque nous rencontrons la personne qui nous est destinée, nous la reconnaissons immédiatement par le fait que nous tombons amoureux. Nous reconnaissons la personne que le ciel a choisie pour nous, et comme l'accord est parfait, nous allons pouvoir satisfaire à jamais nos désirs mutuels, et vivre ainsi dans l'union et l'harmonie sans faille.
>
> Mais qu'un jour cela vienne à passer, que le désaccord s'installe et que la passion disparaisse, alors il devient évident que nous avons commis une terrible erreur, que nous avons mal interprété les étoiles, que nous n'avons pas réussi l'union avec le seul et unique bon parti; ce que nous croyions être l'amour n'en était pas et nous n'avons plus qu'à vivre malheureux pour toujours, ou bien divorcer.

Il poursuit, page 106:

> Il est évident et généralement admis que les rapports sexuels et l'amour, bien que souvent simultanés, sont parfois dissociés parce qu'à la base ce sont des phénomènes séparés. Faire l'amour n'est pas en soi un acte d'amour. Pourtant, l'expérience des rapports sexuels, et particulièrement de l'orgasme (même dans la masturbation), est une expérience plus ou moins associée avec l'effondrement des frontières du moi et l'extase qui l'accompagne. C'est pour cela qu'au moment crucial on peut dire «je t'aime» à une prostituée pour qui, un peu plus tard, on n'éprouvera pas le moindre sentiment affectif. Bien sûr, l'extase peut être intensifiée lorsqu'elle est partagée avec l'être aimé. Mais que l'on

soit avec un partenaire aimé (ou même sans partenaire du tout), l'effondrement des frontières du Moi au moment de l'orgasme peut être total: on peut pendant quelques secondes oublier complètement qui on est, être perdu dans le temps et dans l'espace, hors de soi, transporté. On peut ne faire qu'un avec l'univers. Mais seulement pendant quelques secondes.

Orientation sexuelle

Des recherches scientifiques récentes sur le rôle des hormones sexuelles tendent à montrer que toute nouvelle expérience de vie peut modifier le cortex cérébral et que la réaction du cortex diffère selon le sexe. Il ne faut donc pas s'étonner si une Catharsis conduit parfois à des changements de comportements sexuels. En effet, si l'on considère que les événements traumatisants de l'enfance ont perturbé le développement d'un individu, le dégagement des émotions culpabilisantes occultées tendra à rétablir un équilibre qui était jusque-là perturbé. Nous avons très souvent constaté que les changements sont extrêmement positifs, que la vie sexuelle de ces personnes s'est grandement bonifiée. Cela peut même aller jusqu'à un changement de l'orientation sexuelle.

Il arrive que l'on me demande ce que je pense ou ce que je sais de l'homosexualité. Je n'ai pas à porter un jugement de valeur puisque mon souci est d'aider quelqu'un à découvrir ses vérités cachées. Par contre, je n'hésite pas à dire que, selon moi, il y a deux catégories d'homosexualité: celle qui est innée et irréversible ou celle qui est acquise et vraisemblablement réversible. Voyons de quoi il s'agit.

À Berlin, le docteur Gunter Dorner dirige un laboratoire de recherche qui se consacre à l'étude des facteurs hormonaux pouvant influencer l'orientation sexuelle des individus mâles. Il constate, après d'autres chercheurs, que le cerveau d'un fœtus mâle, porté par une mère stressée, peut subir des transformations telles qu'il se développe comme un cerveau féminin. Une étude statistique portant sur trois groupes d'individus a démontré qu'il y avait deux fois plus d'homosexuels nés pendant la guerre que dans les six années ayant précédée ou suivie.

À l'université de Californie, campus de Berkeley, le docteur Marion Diamond poursuit des recherches permettant de constater que le sexe du cerveau peut effectivement s'inverser si l'on castre des rats ou si l'on enlève les ovaires des rates dès leur naissance. Un des critères d'évaluation repose sur le fait que le lobe cérébral gauche est plus épais que le droit chez les femelles. Or, chez les rates adultes s'étant développées sans ovaires, c'est le cerveau droit qui est le plus épais. Ce qui revient à dire que ces femelles ont un cerveau mâle. La même constatation se fait sur les rats castrés: à l'âge adulte, ils ont un cerveau femelle.

Ces recherches permettent de soupçonner que certains individus des deux sexes peuvent naître avec un cerveau qui est de sexe contraire à celui du corps. On peut alors se dire que ces personnes sont homosexuelles ou lesbiennes par nature. Cela peut d'ailleurs se vérifier assez facilement. Si l'on injecte de la testostérone à un homme et que son cerveau n'y réagit pas, les chercheurs en concluent que son cerveau est féminin. Les femmes de qui le cerveau ne réagit pas aux injections d'œstrogènes ont un cerveau d'homme.

En dehors de ces cas, qu'il faut considérer comme étant innés, il y a ceux où l'orientation sexuelle inversée est acquise suite à certaines circonstances restées occultées. Corps et cerveau étant du même sexe, on peut alors parler de comportements involontairement contre nature. Je m'explique. Supposons qu'un jeune garçon ait trouvé très agréable d'avoir été initié par un homme, mais qu'il en ait occulté le souvenir. Il ne pourra s'expliquer pourquoi il est sexuellement attiré par les hommes, bien qu'il puisse aimer platoniquement la compagnie des femmes. Si les circonstances de son initiation sont débusquées en Catharsis, il deviendra hétérosexuel conformément à sa nature. Nous touchons un point majeur permettant de comprendre pourquoi une Catharsis glaudienne est tellement efficace pour résoudre les dysfonctions sexuelles.

Les dysfonctions sexuelles

Ce n'est pas sans raison que les universités ont jugé bon de former des sexologues. C'est que les problèmes sexuels motivent de plus en plus les hommes et les femmes à consulter. Cette activité humaine, qui est à la fois la plus intime et la plus importante, n'est plus autant un sujet tabou. Il est impossible d'évaluer les ravages faits dans nos sociétés par les carences d'épanouissement de notre instinct le plus puissant. L'expérience clinique aidant, je ne me lasserai pas de dire que beaucoup de maux dont souffrent les sociétés judéo-chrétiennes proviennent des «forces» ecclésiales. C'est entendu que ce n'était pas là le but recherché, mais nous sommes bien obligés de constater les dégâts et d'agir au mieux pour les réparer.

La sexologie se donne comme mission d'aider les individus des deux sexes à résoudre leurs problèmes de dysfonctionnement sexuel. Noble entreprise. Si je dois me fier aux sexologues venant en Catharsis pour résoudre leurs problèmes personnels, je suis obligé de constater que la sexologie, au stade où elle est actuellement, pourrait bénéficier des connaissances acquises par les catharsistes glaudiens. Je m'en explique:

Qu'il s'agisse d'impuissance ou d'éjaculation précoce chez l'homme, de vaginisme, d'inappétence sexuelle ou d'anorgasmie chez la femme, qu'il s'agisse enfin de déviations de toutes natures touchant les individus des deux sexes, il faut savoir que ce sont très majoritairement des pathologies psychiques. Un grande loi s'est dégagée de nos travaux: *les individus restent profondément marqués par les détails occultés d'un vécu sexuel.* Cela veut dire que l'on peut se souvenir des moindres détails agressants d'un viol et occulter le fait que l'on en aurait quand même joui. C'est très loin d'être toujours le cas, mais on ne doit pas nier que cela puisse arriver.

Je me limiterai à un exemple de troubles permanents résultant d'une occultation, en priant les lecteurs de transposer cet exemple sur n'importe quel autre dysfonctionnement sexuel. L'anorgasmie féminine est un cas fréquemment rencontré, la description du trouble est sensiblement toujours la même: *je suis capable d'être excitée, je me sens lubrifiée, je sens la montée vers le plaisir et, soudain, tout s'arrête juste avant l'orgasme.* La frustration tourne à l'obsession. Plus on espère de la prochaine fois, plus l'échec est traumatisant. Plusieurs de ces victimes iront vérifier, avec un partenaire d'occasion, si le problème ne proviendrait pas des comportements du partenaire habituel. Mais, hélas et malgré l'attrait de la nouveauté, le résultat est le même, sinon pire. Beaucoup de ces femmes ne trouveront une amorce orgasmique qu'en se masturbant. Mais, là encore, l'explosion libératrice ne se produit pas et elles peuvent poursuivre l'exercice plusieurs fois de suite sans jamais connaître un complet apaisement.

Les catharsistes glaudiens connaissent tellement bien l'origine de ce problème qu'ils sont désolés que l'on cherche à le résoudre en prescrivant des exercices masturbatoires. Non seulement ce n'est pas la solution, mais c'est même, à la limite, une prescription qui risque d'aggraver le trouble en multipliant les constats d'échec. *L'origine du trouble se trouve toujours être une expérience sexuelle occultée.*

Assez souvent, il s'agira d'une situation plutôt banale. Banale si nous la jugeons en adulte, mais dramatique si nous la vivons comme enfant ou adolescent. Imaginez une fille ou un garçon se masturbant. En totale concentration sur le plaisir qui va jaillir, il (elle) entend quelqu'un s'exclamer, d'un ton sec et accusateur: «Qu'est-ce que tu fais là?» C'est sa mère, ou quelqu'un d'autre, qui vient de le (la) surprendre, tout juste avant la délicieuse explosion. Badoum, badoum, le rythme cardiaque s'accentue encore, le cerveau s'affole. Transpiration, nervosité, honte, péché, culpabilité, Dieu, le démon, l'enfer... il faut oublier... oui, oublier, oublier, oublier. Occultation.

Même si l'adolescent(e) en cause obtenait aisément son plaisir avant, c'est l'instant de l'occultation qui laissera son empreinte dans le subconscient, c'est donc l'orgasme stoppé «juste avant» qui se reproduira systématiquement par la suite, dans *n'importe quelle* activité sexuelle. On n'imagine pas le nombre de handicapés sexuels qui doivent leur problème à une intervention de ce type. Cependant il y a mieux, si je puis m'exprimer ainsi.

Imaginons qu'une petite fille ait été initiée par un homme adulte la caressant avec son pénis et qu'elle ait connu ainsi son premier plaisir alors qu'elle était debout sur un escabeau, se tenant en équilibre sur la jambe droite, le talon gauche appuyé sur un montant de porte, pendant une éclipse solaire et que la radio diffusait du Verdi. Si, en relation avec cette expérience, un incident quelconque vient installer en elle un sentiment de culpabilité d'une puissance telle qu'elle doit impérativement l'occulter, elle sera devenue anorgasmique si elle ne se retrouve pas chaque fois debout sur un escabeau... etc. Incroyable! C'est pourtant la stricte et amère vérité.

J'ai caricaturé à dessein pour faire comprendre que chaque geste, chaque comportement, chaque position, chaque éclairage ou chaque son reste gravé au niveau subconscient de l'enfant. C'est la somme de ces détails qui a conduit au plaisir et désormais le plaisir ne pourra être vécu si l'ex-petite fille, devenue adulte, ne se retrouve pas exactement dans la même situation. Allons plus loin encore. Même si, par hypothèse, cette femme se retrouvait sur un escabeau, dans la même position que la petite fille, il faudrait encore que son partenaire agisse exactement de la même façon et avec la même pression, au même rythme que l'avait fait l'initiateur et que ce soit pendant une éclipse solaire tandis que la radio diffuse la même partition de Verdi. Autrement dit, il est impossible que cela puisse jamais se produire. Il n'y a qu'une solution pour résoudre le problème de cette femme.

En cours de Catharsis glaudienne, la scène occultée de l'initiation s'imposera d'elle-même si l'intervenant(e) respecte les signaux du subconscient. La scène sera désoccultée, c'est-à-dire revécue *intégralement*. Aucun détail ne pouvant être omis sous peine d'insuccès, le fameux plaisir sexuel occulté depuis plusieurs années sera ressenti physiquement, avec l'intensité de l'époque... et la consultante s'en trouvera guérie à l'instant même. Nous avons beau le dire et le redire, il restera difficile à certain(e)s de comprendre que *le fait de désocculter puisse éliminer d'un seul coup plusieurs années de mal fonctionnement.* Pourtant il en est bien ainsi. Dans notre exemple, la consultante cessera instantanément d'être liée aux circonstances de son initiation. Grâce à la désoccultation, elle pourra désormais avoir un orgasme sans problème dans n'importe quelle activité sexuelle de son choix.

La solitude amoureuse

Délaissons les questions sexuelles liées au seul instinct animal pour les replacer dans le contexte où elles se colorent de mille feux flamboyants. C'est dans l'amour, intense et partagé, que l'épanouissement sexuel atteint la perfection. Cette perfection, chantée par les poètes, est à n'en pas douter la clé du bonheur suprême. Les performances physiques sont alors secondaires, le seul contact épidermique peut même tenir lieu d'orgasme. Souvenez-vous de la légèreté de l'air, des nuages roses dans la tête, de la douceur magnétique de la peau quand les mains se touchaient. Oui, vous vous en souvenez et vous regrettez qu'il n'en soit plus ainsi depuis que l'eau de vaisselle de la vie quotidienne a délayé tout ça. Cela va parfois jusqu'à un sentiment de vide, un vide immense à faire hurler: c'est la solitude amoureuse qui s'installe.

Derrière les plaintes somatiques, les perturbations psychiques, se cache parfois une plainte amoureuse. Comment alors s'étonner si certaines démarches thérapeutiques sont d'abord une demande d'amour *humain*, d'amour authentique. Cet appel n'est évidemment pas soupçonné par la personne qui demande de l'aide. Certains intervenants en psychothérapie redoutent que, sous une forme ou sous une autre, cette demande devienne un jour explicite. Ils feront alors tout pour ne pas la laisser s'exprimer ou pour ne pas l'«entendre», la formule consacrée étant: de l'empathie oui, mais pas de la sympathie. Ce qui, en clair, pourrait se traduire par une froideur de commande.

J'avoue n'avoir jamais très bien compris cette nuance. Ou bien on aime, ou bien on n'aime pas la personne qui est devant nous. Je serais incapable d'être à l'écoute de quelqu'un qui me serait antipathique, envers qui je devrais m'imposer professionnellement un comportement empathique[4]. De la même façon, je comprendrais mal quelqu'un qui, ne se sentant pas à l'aise avec la personne qu'elle consulte pour la première fois, déciderait quand même de se confier à ses soins car, dès les premiers instants d'une rencontre, les phénomènes transférentiels sont présents, aussi ténus soient-ils.

Si j'aborde cette question, c'est qu'elle est importante à mes yeux. J'ai coutume de dire que je ne puis être d'une aide efficace si la personne devant moi n'est pas, tout au long de la rencontre, la personne la plus importante de l'univers. Je suis incapable de jouer au thérapeute empathique, ni aucun autre rôle de commande. Comment peut-on demander à l'autre d'être spontané et vrai s'il ne reçoit en retour qu'une vague écoute codifiée? Scott Peck, avec le talent et la sensibilité qu'on lui connaît, écrit à la page 167 du livre déjà cité:

> On notera avec étonnement qu'en Occident la volumineuse littérature professionnelle sur la psychothérapie évite le sujet de l'amour. Les gourous hindous ne cachent pas que l'amour est la source de leur pouvoir. La littérature occidentale ne fait que s'en approcher dans certains articles qui tentent d'analyser les différences entre les thérapeutes qui réussissent et ceux qui ne réussissent pas, et qui finissent par dire que les qualités des premiers sont la chaleur humaine et leur capacité de communiquer. En fait, nous semblons être embarrassés par le sujet de l'amour. Il y a bon nombre de raisons à cela. L'une d'elles est la confusion qui domine dans notre culture entre l'amour véritable et l'amour romantique. Il y a aussi notre prédisposition pour tout ce qui est rationnel, tangible et mesurable en «médecine scientifique», celle justement par laquelle a évolué la psychothérapie. Et puisque l'amour est un phénomène intangible, imparfaitement mesurable, et suprarationnel, il ne s'est pas prêté à l'analyse scientifique.
>
> Une autre raison, c'est l'importance de la tradition psychanalytique psychiatrique qui veut que le psychanalyste reste distant et détaché, tradition dont il semble qu'elle soit due aux disciples de Freud plutôt qu'à Freud lui-même. Dans cette même tradition, les sentiments qu'éprouve le patient envers son thérapeute sont appelés «transferts»

4. Empathie: Faculté de s'identifier à quelqu'un, de ressentir ce qu'il ressent. Sympathie: Participation à la souffrance d'autrui. Affinité morale, similitude de sentiments.

et les sentiments du thérapeute vis-à-vis de son patient des «contre-transferts», cela impliquant que de tels sentiments sont anormaux, qu'ils font partie du problème plutôt que de sa solution, et qu'ils doivent être évités.

C'est absurde. Les transferts, nous l'avons dit plus haut, se réfèrent à des sentiments, des perceptions et des réactions *non appropriés*. Pourtant, il n'y a rien de déplacé dans le fait qu'un patient aime son thérapeute qui l'écoute véritablement, heure après heure, sans le juger, qui l'accepte complètement, comme peut-être il ne l'a jamais été, qui ne l'utilise pas et qui l'aide à soulager ses souffrances. Au fond, l'essence même du transfert est ce qui empêche le patient de développer une relation amoureuse avec le thérapeute, et la guérison consiste à dépasser ce transfert pour que le patient puisse vivre une relation amoureuse réussie, souvent pour la première fois...

Et dans votre cas?

Pas plus que dans *Catharsis*, on ne trouve ici une liste des problèmes de santé, physique ou mentale, susceptibles d'être résolus grâce à une Catharsis glaudienne. La raison en est simple. À partir du moment où l'on sait que tous les problèmes de santé résultent d'une déficience des défenses naturelles de l'organisme — c'est-à-dire du système immunitaire —, que l'on sait que les mécanismes de ce système sont commandés par le psychisme et que le psychisme est lui-même gouverné par l'environnement, la conclusion s'impose d'elle-même: pratiquement tous les problèmes de santé peuvent se résoudre en remontant à leur source. Et leur source, c'est les autres.

Mon premier livre annonçait la découverte d'une technique inédite puisque, pour la toute première fois, on pouvait, au fur et à mesure que l'on progressait dans le tunnel conduisant à la guérison, suivre pas à pas les étapes et progrès d'une psychothérapie. C'était une première mondiale. De plus, troublante constante scientifique, la guérison était annoncée par l'arrivée dans un paysage aux caractéristiques très précisément inventoriées. L'originalité de cette technique venait du fait qu'elle apportait la preuve, enfin irréfutable, qu'il n'est de guérison sans la participation du subconscient. C'était aussi la première fois qu'une distinction claire, non équivoque, était faite entre conscient, subconscient et inconscient dans leur rôle spécifique.

C'était également la première fois, et dès l'introduction, que de façon claire et non équivoque, il était dit:

> Personne ne détient le monopole de la connaissance en matière de santé et tout le monde peut aider à guérir: le médecin le fait, le sorcier du fond de brousse aussi. Les médicaments peuvent contribuer à la guérison, les incantations aussi. *En réalité, personne ne guérit vraiment les autres.* La grande et seule certitude en matière de santé, c'est que *nous nous guérissons nous-mêmes,* et seulement si notre subconscient le veut. La plupart des médications et des thérapeutiques n'ont d'autre objet que d'accorder un répit à l'organisme afin de lui donner le temps de remettre en jeu son système immunitaire et ses défenses naturelles.

S'il arrivait que l'on s'interroge à savoir quel est, selon moi, le texte le plus important de mes écrits, c'est ce texte qu'il faudrait retenir. À une lettre près. Aujourd'hui, et désormais, il faudrait dire et écrire: si notre subconscient *le peut*, au lieu de: le veut. En effet, si c'est bien le subconscient qui connaît toutes nos vérités, il faut encore que notre conscient accepte de les connaître. Ce livre-ci aura été écrit pour le montrer et pour démontrer que oui, la Catharsis glaudienne peut conduire à pratiquement toutes les guérisons, mais à la condition que l'on puisse accepter consciemment de connaître toute les vérités, d'identifier tous les cadavres du placard. Les vérités qui révèlent que les responsables de nos maladies sont très souvent les autres. On a donc le choix de vouloir ou de ne pas vouloir GUÉRIR DES AUTRES.

Pour conclure

La démarche en Catharsis glaudienne aura, comme nous l'avons vu, récuré la mare, vidé le placard. Ce qui faussait les comportements a été éliminé, la personne concernée est enfin en possession de tous ses moyens. Elle est devenue vaiment elle-même, ce qu'elle aurait toujours dû potentiellement être. Elle ne voit plus ni les gens ni les choses de la même manière, elle est littéralement une nouvelle personne. Elle sait désormais quels sont ses véritables besoins, elle peut distinguer l'essentiel de l'accessoire. Par le biais des transferts affectifs, elle a aussi dégagé les sentiments perturbés qui faussaient ses perceptions. Son statut d'être humain s'est imposé plus clairement que jamais, et plus clairement que jamais elle a pris conscience de ses besoins d'amour. Amour à donner autant qu'à recevoir. Sa thérapie est à toute fin pratique terminée, ses plans physique, psychique et spirituel se mettent en harmonie, la vie normale reprend ses droits et ses priorités.

Pour mieux nous distinguer du règne animal, il est dit que le rire est le propre de l'homme. Mais y a-t-il plus beaux rires que ceux de l'Amour?

Appendice

Les pages qui suivent contiennent des commentaires ou des rapports de cas écrits par des catharsistes glaudiens qui se sont prévalus de l'invitation à y exprimer leur perception de la Catharsis. Bien qu'il s'agisse d'écrits hors texte, ils ne sont pas pour autant hors contexte, comme on le verra. C'est dans l'ordre alphabétique de leur nom que ces auteurs sont présentés.

En premier lieu, cependant, je vous propose une réflexion savoureuse d'un membre sympathisant de la Corporation internationale des catharsistes glaudiens. Il s'agit de Claude Giroux, pharmacien-éducateur, présentement attaché au ministère de la Santé et des Services sociaux du gouvernement du Québec.

M. Giroux enseigne depuis 1985 au Certificat de Toxicomanie de la Faculté de médecine de l'Université de Sherbrooke. Depuis 1977, il a occupé différents postes dans le secteur de la prévention, de l'éducation et de la réadaptation des toxicomanes. Il fut président de l'AITQ (Association des intervenants en toxicomanie du Québec) de 1988 à 1990.

Ensuite, dans l'ordre annoncé ci-dessus, les textes de:

— Quinto Banorri, psychologue et catharsiste à Montréal. Il a été formé à l'approche psychanalytique avant de se rallier à l'approche systémique. Il a travaillé en pédopsychiatrie pendant 20 ans, au sein d'une équipe pluridisciplinaire de consultations externes. Les implications sexuelles infantiles ne lui sont pas étrangères, comme on s'en doute.

— Louise Joly, infirmière et catharsiste dans la région de Québec. Elle a 15 ans d'expérience comme infirmière en centre hospitalier, en pratique privée ou en santé communautaire. Elle ignorait qu'elle découvrirait sa vocation en se soumettant à une démarche vers la Catharsis avec moi. Au fur et à mesure qu'elle cheminait dans son tunnel, elle mesurait ses insatisfactions et les limites de la médecine et de sa formation professionnelle. Un certain jour, alors que nous approchions de la fin de sa démarche, elle me dit sa conviction que cette Catharsis était la thérapie de l'avenir, que rien de connu par elle n'en approchait la précision, la sûreté et l'efficacité. Bref elle faisait sa demande pour être acceptée en formation. C'est seulement quand elle eut débouché dans un paysage parfait, totalement guérie des somatisations et du mal être qui l'avaient conduite vers mon bureau, qu'elle fut acceptée en formation.

— Marie Larose, travailleuse sociale et catharsiste dans la région de Québec, membre de l'AITQ. Elle a 10 ans d'expérience en relation d'aide, dont 5 ans comme clinicienne dans un centre gouvernemental de réadaptation pour alcooliques et toxicomanes. Elle a pratiqué la thérapie individuelle et familiale et elle a été l'un des promoteurs de l'approche systémique en toxicomanie. Elle dit avoir choisi d'ajouter la Catharsis glaudienne à ses compétences parce qu'elle offre accès à des informations jusque-là inconscientes et masquées par le symptôme. Ce qui, en plus de la disparition du symptôme, favorise la guérison, la paix intérieure.

Enfin, pour terminer, je vous parlerai d'un film qui, sous certains aspects, permet de visualiser la désoccultation d'événements occultés.

Sorcellerie, magie, occultisme et drogues: de la mandragore au Diet Pepsi

par Claude Giroux*

La présentation qui suit n'a pas la prétention de véhiculer la seule vérité. En fait, elle reflète un questionnement personnel, issu d'une douzaine d'années d'activité dans le champ des toxicomanies, dans différents milieux.

Au risque de décevoir les attentes de ceux qui espèrent que, «magiquement», je leur livrerai un matériel concret, truffé de références scientifiques témoignant de sa qualité et de son mérite, je n'ai d'autre intention que de poser quelques questions à votre assemblée. Des questions qui dérangent, il va sans dire.

Il est possible que mes propos indisposent certaines personnes. Il est difficile de questionner certaines valeurs sans heurter les susceptibilités individuelles. Je n'ai pas pour but de discréditer une approche, une profession, un organisme. Encore moins des personnes.

---

* Claude Giroux est pharmacien-éducateur chargé de cours au Certificat de Toxicomanie de l'Université de Sherbrooke. D'après une allocution présentée au colloque provincial de l'Association des intervenants en toxicomanies du Québec, Rivière-du-Loup, automne 1990.

Malgré tout, les attitudes et les comportements qui y sont sujets méritent d'être critiqués. Une saine remise en question de vérités trop facilement dogmatisées n'a jamais nui.

Mon intérêt pour la dimension ésotérique en lien avec l'intervention en toxicomanie est probablement né lors d'une visite faite, il y a quelques années, à l'Institut Edgar Cayce, de Virginia Beach (Virginie, USA). Cayce, voyant et médium américain dont l'oeuvre fut maintes fois commentée, a été consulté par quelques centaines de personnes affligées des plus diverses pathologies. Vous vous en doutez, des cas d'alcoolisme sont conservés dans la collection complète des comptes rendus des consultations effectuées par Cayce. Ces documents sont entreposés dans la bibliothèque de l'institut de Virgina Beach. Rédigées de 1910 à 1938, les «lectures» de Cayce sur les problématiques d'alcool donnent une interprétation de l'alcoolisme qui concorde parfaitement avec la vision actuelle de la problématique alcoolique. La chose étonne, car Cayce vivait à une époque où l'alcoolisme était vu comme un vice, dans un univers où le modèle moral et religieux dominait. À titre d'illustration, voici l'extrait d'une «lecture» effectuée le 14 janvier 1934, à la demande d'une épouse qui cherchait les causes de l'alcoolisme de son mari et les conditions nécessaires à sa guérison:

> ...And there has been made the desire to keep from such a pain until the pain and the desire, bringing their fruit, have made for this inordinate desire for drink- until the condition has reached such as may be termed possessed with the spirit of both rum and the sedatives to keep the satisfying of these influences.
>
> -Lecture 486.

La surprenante perception que Cayce avait de l'alcoolisme, et les nombreux témoignages de personnes qu'il a aidées ont fait germer en moi un questionnement et une réflexion que je viens aujourd'hui partager avec vous.

Histoire humaine

Sorcellerie, magie et drogues... curieuse juxtaposition, n'est-ce-pas? Plusieurs m'en ont fait la remarque. Qu'est-ce que la toxicomanie vient faire aux côtés de la magie? Plus qu'on ne croit généralement.

Depuis des millénaires, l'expérience magique accompagne l'expérience humaine et nos contemporains qui nient sa présence dans le quotidien de leur vie font preuve de témérité .

Bien entendu, la magie a, tout comme la société où elle habite, évolué. De la magie des cavernes à la magie des tavernes... Prenons comme illustration de cette idée les faits suivants:

Démons et exorcismes. La vie de certaines peuplades dites primitives, en accord avec le témoignage d'anthropologues, intègre la dimension magique au quotidien. La vision globale de l'univers, chez les groupes qui vivent encore à notre époque ce style de vie, est fondamentalement différente de celle qu' en a l'occidental moyen.

Peuplé de démons, d'esprits et d'outils magiques, l'univers primitif, celui de nos ancêtres d'il y a quelques millénaires comme celui des peuples habitant aujourd'hui des régions reculées, possède sa propre logique. Il permet l'explication rassurante des différents événements marquant l'aventure humaine: naissance, accidents, mort, succès, amour...

La bonne vieille sorcière. La sorcière médiévale et le sorcier de campagne succédèrent aux chamans et aux prêtres de l'antiquité comme dépositaires de la science magique. Personnage inquiétant, toléré parce que nécessaire et utile au peuple ou aux dignitaires, le sorcier a rapidement imprégné l'imaginaire occidental, hantant nos contes et nos légendes.

Spiritisme et karma. Allan Kardec, qui a publié en 1857 le *Livre des esprits* a introduit le spiritisme et son interprétation des événements avec, comme toile de fond, le karma individuel et social.

L'avenir tient du passé, le bien est récompensé et le mal puni. La justice divine est accomplie sur cette planète. La pensée magique se dote ici d'une logique cartésienne, et tire profit de l'engouement du siècle pour l'aventure scientifique et industrielle.

Vers la même époque, en France, viennent les occultistes, qui se réclament des grandes traditions: Papus, Eliphas Lévi, Stanislas de Guaïata.

Toujours au siècle dernier, Héléna Blavatsky, un ancien médium, fondait la Société théosophique, que certains qualifient de secte.

Épisode qui fait sourire: un des théosophes de cette école, le révérend Charles Leadbeater, homosexuel et pédophile, découvre avec admiration un jeune Indien qu'il identifie alors comme la réincarnation de Jésus-Christ. Le théosophe se «souvient» alors d'une trentaine d'expériences de vies antérieures qu'il aurait vécu en compagnie du Jésus-Indien, tandis que le jeune homme, lui, se découvre à ce moment une vocation spirituelle. Il sera connu sous le nom de Krishnamurti, et mourra en 1986, auteur de nombreux livres sur la spiritualité et la religion[1].

Enfants du Verseau et de la télévision. En 1980, Marilyn Ferguson a publié *The Aquarian Conspiracy.* Celle qui avait écrit pendant l'année 1973 «la révolution du Cerveau», y décrit la convergence des psychothérapies libératrices, de l'écologie et des sciences de pointe.

C'est le signal du départ. L'ère nouvelle semble s'installer, tirant profit d'une situation économique, sociologique et démographique qui s'y prête.

La valeur de l'expérience magique

Le contexte culturel. La magie est, ou n'est pas, selon que la culture dominante en reconnaît la possibilité.

---

1. Anecdote tirée de *Le grand bazar du bizarre,* les dossiers du «Canard», Paris, juin 1990.

Pour plusieurs sociétés autochtones d'Amérique du Sud, la réalité de la magie ne fait aucun doute. Intégrée dans les habitudes et les moeurs, la magie ne dérange pas.

Là où la magie dérange, c'est qu'elle a été interdite, niée. En Occident, l'Église, puis la Science, ont combattu la magie. Déclarée hérétique, le simple fait d'en évoquer l'existence conduit aux sarcasmes ou à la disqualification du discours de l'impudent.

Le biais culturel est si fort que la possibilité d'existence de l'expérience magique sera niée a priori. On répondra, dans une logique à faire sourire: «C'est impossible parce que ça ne se peut pas...» En fait, comme le dit de Martino:

> Celui qui nie le problème de la réalité des pouvoirs magiques montre la même absence d'esprit critique que les spirites pour qui ces faits inquiétants ne seraient rien de moins que la «démonstration expérimentale» de l'immortalité de l'âme et de l'existence des «désincarnés[2]».

La tranquillité d'esprit menacée. Et si la magie existait? Pour certaines cultures, qui existent depuis des siècles, la magie fonctionne et a maintes fois prouvé son efficacité. Des ethnologues rapportent les cas troublants d'indigènes capables de percevoir 24 heures d'avance des tempêtes, ou l'arrivée de visiteurs. Les cas de décès par envoûtement sont loin de faire rigoler certains Africains.

Comme l'ajoute de Martino[3], le problème de la réalité des pouvoirs magiques n'a pas pour objet seulement la qualité de ces pouvoirs, mais aussi notre concept de la réalité.

Celui qui nie d'emblée la possibilité de l'existence de la magie montre la même absence d'esprit critique que plusieurs illuminés des sciences occultes pour qui tout s'explique par l'action des esprits ou des extra-terrestres!

---

2. De Martino, Ernesto, *Le monde magique,* parapsychologie, ethnologie et histoire, Marabout université, no. 215, 1967. p. 31.
3. De Martino, Ernesto, *Le monde magique,* parapsychologie, ethnologie et histoire, Marabout université, no. 215, 1967.

Il est plus agréable et réconfortant, pour l'homme moderne, affirme un auteur nommé Wundt, de préférer le merveilleux univers de Galilée et Newton. Pourtant, la science actuelle ne commence-t-elle pas à remettre cet univers-là en question?

Parapsychologie. De Mesmer, médecin viennois qui en 1778 pratique le magnétisme animal, jusqu'au moderne laboratoire de parapsychologie de Rhine, installé en 1935 à l'université de Duke (USA), la parapsychologie est une invention récente.

La dimension spirituelle de l'Homme

Le besoin de Dieu. L'Homme a besoin du Divin. Temples, églises, rituels... Ce besoin,que je laisse à d'autres le soin d'interpréter, s'est toujours manifesté, dotant l'humanité de prestigieux édifices, de tableaux, d'oeuvres musicales monumentales. Il a aussi servi de toile de fond à des massacres, des guerres, et des génocides. Son impact fut et demeure important sur l'histoire de l'homme.

Survivre à la vie. Plus la misère augmente, plus les libertés sont opprimées, plus l'univers spirituel devient un instrument de survie, d'espoir et de réconfort.

C'est dans la douleur que la prière est sans doute la plus fervente, chez la majorité des humains.

La dimension spirituelle peut être vue par certains comme un refuge à la vie... ou peut-être est-ce que la vie, privée de sa dimension spirituelle, n'est pas vraiment la vie?

Tout comme la spiritualité, la substance psychotrope (alcool, opium, café, tabac, cannabis...) est une constante de l'aventure humaine.

Prêtres, chamans, sorciers et empoisonneurs

En 5 000 av. J-C, les Sumériens utilisaient l'opium.

En 3 500 av. J-C, un papyrus égyptien décrivait une brasserie.

En 2 000 av. J-C, nous avons la première interdiction connue de boire de l'alcool:

Un prêtre égyptien l'interdit à son élève en disant: «Moi, ton supérieur, je t'interdis d'aller dans les tavernes. Tu es aussi dégradé qu'un animal.»

En 450 après J-C, le Talmud de Babylone écrit: «Le vin se trouve à la tête de tous les médicaments. Quand le vin manque, il faut des drogues.»

Ces illustrations, tirées de *Les rituels de la drogue* (Thomas Szaz), suffiront à soutenir l'affirmation que les drogues font partie des rares constantes qui, au cours des siècles, persistent dans la longue marche de l'humanité. Les continents changent, les religions tombent, les empires croulent... mais toujours, la substance psychotrope, celle qui fait rêver, penser ou ressentir différemment, demeure.

Historiquement, les drogues ont souvent été utilisées pour permettre le contact de l'homme avec la dimension divine.

Par exemple, au Mexique, on retrouve la mescaline, extraite du Peyolt, cactus qui joue un rôle important chez les Indiens Huichol. Cette substance, intégrée aux coutumes populaires, ne se retrouve cependant pas à portée immédiate et les utilisateurs affrontent plusieurs obstacles et parcourent de bonnes distances pour se la procurer... On est loin de la solution de facilité!

On peut parler aussi du psylocibe mexicain, dont on dit qu'il fut servi aux convives à la cérémonie du couronnement de Montezuma, en 1502. Ce champignon est, lui aussi, associé au pouvoir et à l'élite (comme le furent au début, coïncidence curieuse, le tabac, le café et la cocaïne, pour ne citer que quelques drogues).

Party chez Dionysos. Le vin figure en bonne place dans les rituels religieux. L'Occident a connu les orgies dionysiaques, un cérémonial religieux qui laissait place à la violence et à la folie dans le quotidien structuré et ordonné de la société grecque antique.

Le berceau de la démocratie avait, lui aussi, besoin d'une soupape. L'ivresse excessive jouait ce rôle, toléré lorsqu'il s'inscrivait dans le cadre religieux et magique.

La recherche de l'Amour. La recherche des aphrodisiaques a toujours passionné notre espèce.

Les «belles» espagnoles consommaient la belladone, plante aux redoutables alcaloïdes toxiques, pour embellir leur regard.

Le Grand Albert, un manuel de magie de campagne du siècle dernier, nous dit que la racine de jusquiame contribue beaucoup à donner de l'amour, et à se servir du coït. Selon l'auteur, ceux qui veulent séduire des femmes n'ont qu'à la porter sur eux, car ceux qui en portent sont joyeux et fort agréables.

Le grimoire *Trésor du Vieillard des pyramides* expliquait doctement que la verveine *(verbena officinalis)* rend amoureux parce que son suc fait beaucoup de sperme. Cette même plante entrait dans la composition d'une potion servant à faire «danser une fille en chemise»:

> Prenez de la marjolaine sauvage, de la franche marjolaine, du thym sauvage, de la verveine, des feuilles de myrte avec trois feuilles de noyer et trois petites souches de fenouil; tout cela sera cueilli la veille de la Saint-Jean au mois de juin avant le soleil levé. Il faut les faire sécher à l'ombre, les mettre en poudre et les passer au fin tamis de soie et quand on veut exécuter ce joli badinage, il faut souffler de cette poudre en l'air dans l'endroit où est la fille[4]...

Même ceux qui fuyaient l'amour et les péchés de la Chair, savaient les vertus de la tisane de nénuphars, dont on vantait le pouvoir anaphrodisiaque!

Si vous vous demandez ce que ces parenthèses historiques ont de commun avec le 20e siècle, interrogez-vous sur les rumeurs qui entourent les pseudo-vertus aphrodisiaques de la cocaïne... Rien ne change donc vraiment?

---

4. Ferran, Pierre. *Le livre des herbes étrangleuses, vénéneuses, hallucinogènes, carnivores et maléfiques,* Marabout, Univers secrets, 1969, p. 319.

La recherche du Pouvoir et de la Richesse. L'alliance avec plantes et démons apportait aux sorciers et sorcières plusieurs pouvoirs, une renommée et un respect, ainsi que la possibilité de faire commerce de leur influence. Un truc que les corporations médicales (on me permettra cette remarque... qui aime bien châtie bien!) ont vite saisi. Au Moyen Âge, seuls les sorciers pouvaient, au péril de leur vie, utiliser la mandragore. On disait de cette plante dont la racine tubéreuse évoque grossièrement la forme d'un homme, qu'elle poussait lorsqu'on la déterrait un cri d'agonie qui tuait ou rendait fous ceux qui l'entendaient. Cette anecdote que rapporte Shakespeare (*Roméo et Juliette,* acte IV, scène III) explique bien pourquoi le commun du mortel ne devait pas s'aventurer à jouer sur les territoires protégés par les corporations de guérisseurs... tout ça dans l'intérêt public, bien sûr!

La mandragore pouvait, selon les grimoires de l'époque, doubler le nombre de pièces d'or qui se trouvaient dans un coffre où on l'enfermait. Elle était aussi utilisée dans l'élaboration de philtres d'amour. Une panacée aux maux de l'humanité: pauvreté, solitude, impuissance...

La solution finale des Borgia. La Voisin, les Borgia et autres empoisonneurs célèbres... Les poisons étaient aux siècles précédents l'équivalent du commando terroriste contemporain, popularisé au 20e siècle grâce aux médias électroniques. Les philtres toxiques tuaient pourtant plus proprement, tout aussi efficacement, et justifiaient, bénéfice marginal, la présence d'experts, apothicaires et médecins, auprès des puissants.

Toujours, les substances ont marqué l'Histoire humaine.

Médecines populaires. Qui ne connaît pas les recettes de la campagne ou des anciens contre le rhume, les verrues, l'urticaire ou les maladies honteuses...

Faisant appel le plus souvent à la magie, elles refont surface quand la médecine demeure impuissante à vaincre la maladie. Je ne puis résister à la tentation de vous en donner quelques exemples:

Contre l'insomnie:

À Cap Saint-Ignace, on dit de boire une tisane de surreau blanc.

À Granby, c'est 1/4 de cuillerée à thé de gingembre dans une tasse d'eau qu'il faut utiliser.

Contre la pneumonie:

À Saint-François de la Rivière sud, il faut boire l'urine d'un petit garçon, recueillie le matin lorsqu'il est à jeun.

Contre les saignements de nez:

À Sillery, à Sainte-Hyacinthe, en Gaspésie et à plusieurs autres endroits on recommande de mettre des fils d'araignée dans le nez de la victime.

Contre la grippe:

À Bonaventure, le malade doit chiquer des rognons de castor.

À Douville, on préférera faire boire une infusion d'herbe à dinde.

Contre le mal de tête:

À Montmagny, vous devez appliquer sur la nuque une tranche de pain trempée dans du vinaigre.

À Granby, vous placerez des tranches de patates crues sur le front, en attendant qu'elles soient noircies avant de les enlever[5].

Les drogues et le développement de l'esprit scientifique

Lavoisier et ses successeurs, prônant la suprématie de la Science sur l'empirisme, font réfléchir. Lavoisier, père de la chimie moderne, n'est-il pas celui qui a «prouvé» que les météorites ne pouvaient exister car le ciel ne contenait visiblement aucune pierre? Auguste exemple d'une science qui surestime sa puissance!

Malgré tout, depuis le Siècle des Lumières, la Science a été promue au rang de divinité en plusieurs occasions.

---

5. Source: Simoneau, Diane. *Les médecines populaires au Québec,* L'Aurore/Univers, Louiseville, 1980.

Qu'on pense aux prétendues vertus miraculeuses qui ont entouré la découverte de l'électricité. On entendait alors guérir toutes les maladies par application électrique. Une situation répétée à la découverte de la radio-activité. Pouvez-vous imaginer que l'on vit des malades s'exposer volontairement à des substances dites «radio-actives» dans l'espoir de traiter les malaises de leur existence?

Au 20e siècle, alors que la science s'est dotée d'un arsenal pharmacologique plus imposant que jamais, combien plus dangereuse est cette tentation de jouer au «divin guérisseur» investi des pouvoirs de la technologie toute-puissante!

Les drogues et l'ère moderne

Haschich et opium pour rêver. La magie des drogues qui permettent de mieux vivre se poursuit à notre ère. L'héroïne et la morphine permettent de supporter la douleur physique. L'opium a souvent permis de supporter la servitude et la misère.

Café et amphétamines pour combattre. Alors que les drogues démotivantes ou incapacitantes ont mauvaise presse, la société occidentale est traditionnellement moins sévère avec les substances qui, comme le café, augmentent l'attention et permettent de travailler plus longtemps ou plus intensivement. Les distributrices à café existent dans les universités qui profitent de leur présence, alors que, pourtant, les vendeurs de cannabis sont dépistés et pourchassés.

Tranquillisants et hypnotiques pour tolérer. Combien d'anxiolytiques et autres tranquillisants ont sauvé de ménages! Permettant de tolérer, camouflant l'agressivité, la colère, la frustration, ces substances permettent de reporter à demain le drame d'aujourd'hui.

Pensée magique

De Loto-Québec à Radio-Québec. La pensée magique est à l'oeuvre chez nous.

Quand on parle à son moteur qui ne veut pas partir. Quand on engueule la chaise sur laquelle on a buté. Quand on interprète la température comme une attaque du destin contre son week-end. Quand on s'imagine que son vote peut modifier la politique économique du pays. Quand on croit que les nouvelles télévisées sont le résumé de ce qui s'est passé dans la journée... C'est de la pensée magique.

La magie publicitaire. Les serviettes sanitaires qui font sourire, les confitures qui font maigrir, les analgésiques qui permettent d'être de bons parents, le sirop contre la toux indispensable à la bonne épouse, le Diet-Pepsi qui vous intègre à l'univers des jeunes-beaux et maigres... encore de la magie!

Notre société véhicule toujours la réponse aux besoins de magie qui caractérisent l'espèce.

Médecine magique

Parmi les sphères de l'activité humaine où on peut le mieux identifier la magie, nous retrouvons la médecine, dont l'activité tient à la fois de la connaissance, de la compétence et de l'effet placebo.

Le placebo. La dimension placebo participe à toute guérison. L'effet placebo, pour les néophytes, est présent dans toute intervention thérapeutique, pharmacologique, psychologique, chirurgicale...

Parfois identifié comme «réponse thérapeutique individuelle», l'effet placebo n'a rien à voir avec le degré d'instruction ou le quotient intellectuel de son expérimentateur. Il est une partie de l'expérience humaine.

Ce sera le «mauvais goût» du sirop qui en confirme l'efficacité, les diplômes flamboyants tapissant soigneusement les murs du psychanalyste, ou encore les principes ancestraux inculqués par des générations de parents aimants. Ce sera la couleur du cachet, le prix de la consultation... Tant de facteurs y contribuent! Il existe une multitude d'aspects sous lesquels on rencontre l'effet placebo, mais, ne nous y trompons pas: ils tirent tous partie de cette zone grise où, dans l'esprit humain, se cache et agit la magie.

Le pouvoir de guérir. Le pouvoir trop grand pour un humain, qui brise le médecin et aveugle son patient...

Parmi les défis que le médecin moderne partage avec les chamans et les guérisseurs antillais figure en bonne place le cri de son patient réclamant un miracle. Un cri d'angoisse, souvent apposé à un pronostic sans véritable espoir. Un cri que seule l'intervention magique peut soulager.

Ce soulagement par la prescription magique d'une panacée souvent peu efficace soigne autant le médecin que son patient, n'en doutons pas. Il n'est pas facile de rencontrer chaque jour la mort, la misère, l'impuissance et l'absurdité de la maladie. Ce n'est guère enviable de constater que la puissance médicale, idéalisée par les jeunes candidats à l'exercice de la profession et les malades inquiets par la maladie, ne peut rien contre la majorité des maux affectant le plus souvent l'humanité.

Fernand Séguin, en rédigeant son «serment d'Hippocrate des temps modernes», faisait avouer à ses médecins:

> Bardés de nos diplômes, détenteurs d'un arsenal de drogues dont nous connaissons parfois mal les mécanismes et les interactions, nous vous accueillons dans nos cabinets, aussi angoissés que vous pouvez l'être, car nous ne connaissons guère plus que vous votre sexualité, votre alimentation, la qualité de votre vie, nous ne savons pas comment réagir devant l'insomnie, la fatigue, les vagues douleurs lombaires, la dépression diffuse, le stress, l'aliénation et la solitude, tout ce cortège de syndromes étrangers à notre formation professionnelle et qui forment l'essentiel de votre détresse.
>
> — F. SÉGUIN, *Demain la santé,* de Y. Villedieu, Les dossiers de Québec-Science, 1977, page 266

Magie et psychothérapie

La relation magique médecin-malade est aussi valable dans toute relation soignant-soigné. L'acte du thérapeute, travailleur social, psychologue, naturopathe contient la dimension placebo. Et l'angoisse du médecin s'étend aux autres soignants, confrontés à la maladie et aux attentes de la personne qui consulte.

Vivre en ayant raison: le pouvoir du thérapeute. Pourquoi les enfants de psychiatres ou de psychologues seraient-ils différents des autres? Pourquoi lorsque votre voisin de table s'est révélé être psychologue avez-vous cet imperceptible mouvement de recul? Pourquoi la pensée d'être le seul «civil» dans une réunion de psychiatres revêt-elle cette diffuse menace?

Patient, vous placez la puissance dans les mains du médecin. Blessé, vous investissez votre salut dans l'expert qui s'avance.

Cette puissance, reçue, cultivée, protégée et entretenue par des individus et des corporations professionnelles depuis quelques siècles fait partie de la société occidentale.

Les professions soignantes, de l'infirmière au psychologue, du médecin au rabouteux de village, confèrent à leurs membres un prestige toujours présent. Un pouvoir quasi divin auquel certains professionnels finissent par croire, malgré les affirmations contraires de leur expérience quotidienne.

On voit alors ces médecins dicter au citoyen ses options politiques, ce naturopathe devenir journaliste et se prononcer dans la polémique philosophique qui entoure l'avortement, ce chercheur sortant de son laboratoire soutenant la théorie de la supériorité de la race blanche... le pouvoir divin divinise celui qui en est investi.

C'est une réalité à laquelle l'intervenant en toxicomanie n'échappe pas. Et qui menace son intervention s'il ne s'en méfie pas.

Magie et toxicomanie

Travailler sur le corps et l'esprit.

Tout un contrat!

Qui peut prétendre exceller en tout? Pourquoi une seule personne devrait-elle avoir toutes les réponses? Pourquoi parler d'intervention holistique si on n'intervient pas sur tout? Doit-on intervenir à un endroit et espérer l'apparition de modifications partout? N'est-ce pas ce que fait la médecine traditionnelle?

L'intervenant en toxicomanie qui prescrirait un traitement de mégavitamines, une cure de jeûne, des massages, qui interpréterait les symptômes physiques comme le reflet d'émotions négatives, qui suggérerait de nouvelles habitudes de pensée, de nouvelles lectures, un nouvel emploi et un nouveau conjoint a-t-il les compétences et le pouvoir réel qu'il affiche?

Cet exemple s'éloigne-t-il tant de certaines situations vécues par quelques toxicomanes?

Être efficace et lucide. Faut-il croire pour être efficace? Un aveugle pourrait-il faire un bon tailleur? Feriez-vous réparer votre voiture par un plombier? Et si c'était votre beau-frère?

L'intervention en toxicomanie est une spécialisation, les intervenants sont les premiers à le soutenir. Cette affirmation pourrait être longuement débattue. Si cette forme spécifique d'intervention nécessite une formation ou des compétences particulières différentes, par exemple, de celles que possède un chiropraticien ou un massothérapeute, peut-on présumer que l'inverse est aussi vrai? Et qu'un bon intervenant n'est pas forcément un massothérapeute, un ergothérapeute ou un diététicien adéquat?

Le sentiment d'être devenu «divin» qui afflige certains médecins, leur conférant l'illusoire pouvoir de poser un diagnostic dentaire, de traiter un cancer de la prostate et d'exercer la psychanalyse en même temps peut se retrouver, si on n'y prend garde, chez les autres soignants. Ce qui serait tout aussi regrettable et, les médecines «alternatives» n'étant pas régies par une corporation professionnelle ou un code de déontologie, potentiellement plus dangereux.

Imposer les mains au toxicomane

Le succès dépend bien un peu du thérapeute, non?

Les méthodes expérimentées depuis près d'un siècle pour «soigner» l'alcoolique et le toxicomane sont loin d'être miraculeuses. À preuve, la multitude d'approches, le foisonnement d'écoles de pensée, et l'expérimentation incessante de thérapies nouvelles. De la méthadone à la gestalt, du comportementalisme à l'analyse transactionnelle, de la psychanalyse à l'acupuncture...

Un survol des recherches actuelles semble démontrer que l'efficacité des méthodes traditionnelles est comparable, lorsqu'il s'agit d'aider le toxicomane. Alors, comment expliquer le succès ou l'échec?

Il reste deux variables majeures: le toxicomane lui-même, puis son thérapeute, sur qui je m'attarderai.

Le besoin du thérapeute - la thérapie du toxicomane?

Tout comme un marin ne l'est qu'avec son bateau, un thérapeute ne l'est vraiment qu'en faisant de la thérapie. Et pour faire de la thérapie, il a besoin d'un client.

En soi, rien d'anormal. Il y a suffisamment de problèmes sur terre, et suffisamment de gens qui souffrent et demandent de l'aide. On ne peut que voir avec joie plusieurs de nos concitoyens opter pour la profession de «thérapeute».

Là où le bât peut blesser, c'est devant le risque qu'un thérapeute «contaminé» par le pouvoir divin que lui confère sa clientèle, en arrive à croire avoir la solution à l'ensemble des maux de l'humanité. C'est un risque grave lorsqu'il travaille avec la clientèle toxicomane. La solution réside bien souvent dans le client lui-même, enfouie dans son subsconscient et révélée par une foule de symptômes plus ou moins éloquents.

Les observations de Brochu[6] qui constate que les centres qui reçoivent les toxicomanes ne les réfèrent que rarement à d'autres organismes (seulement 15 p. 100 des ressources publiques et privées effectuant une référence à d'autres services après l'évaluation initiale des clients qu'ils recevaient) suggèrent deux possibilités: la première est que la grande majorité des centres pour toxicomanes possèdent le personnel et la compétence nécessaire pour recevoir n'importe quel cas de toxicomanie; la seconde, que la majorité des centres pour toxicomanes sont incapables de poser les limites de leur compétence et ne peuvent préciser dans les demandes qui leur sont faites celles auxquelles ils ne peuvent répondre.

Je m'interroge devant les «programmes» si bien uniformisés, régissant de façon identique le traitement de certains toxicomanes: séjour constant de 21 jours, entrevues et groupes séquentiels toujours identiques, protocoles fixes, classification standardisée des demandes qui, comme par hasard, tombent toujours sur les catégories pour lesquelles on a déjà créé des groupes où on possède des intervenants. Les groupes thérapeutiques «gays» naissent souvent là où on trouve des thérapeutes gays. Les groupes de femmes ont lieu sous la supervision de thérapeutes féminins.... Est-ce parce qu'on retrouve peu de thérapeutes noirs ou handicapés que ces clientèles sont si peu représentées dans nos établissements?

Entre sciences humaines et sciences occultes...

Ceux qui ne m'aiment déjà pas vont peut-être me détester, à présent. Comment ose-t-il s'attaquer à la Science?

Je dois faire acte d'humilité et vous avouer que je suis pharmacien. Que j'ai vendu des médicaments, parfois modérément efficaces, parfois d'une efficacité douteuse, à des patients malades convaincus que ces produits représentaient leur seule planche de sa-

6. Brochu, Serge. Étude portant sur les ressources de réadaptation en alcoolisme et autres toxicomanies au Québec, AITQ, 1987, p. 57.

lut. J'ai aussi été intervenant en toxicomanie, et, lorsque je recevais des toxicomanes au bout de leur rouleau, fauchés, sans toit, recherchés par la justice, je me suis tout aussi bien persuadé que l'heure ou la demi-heure d'écoute empathique ou de conseils judicieux que je leur avais accordée leur avait été d'un grand secours. J'ai péché. Je ne suis ni bon, ni pire que la majorité d'entre nous. Je ne prétends pas à l'immortalité par la profondeur de mon questionnement. Mais je m'en voudrais de ne pas poser mes questions.

Entre la sincérité de l'intervenant bénévole et le doctorat du psychologue, lequel lave plus blanc?

Entre le Valium du chef de département de psychiatrie, titulaire d'une chaire à l'université, et l'intervention du travailleur social catharsiste, lequel agit le mieux?

Entre les bras d'une mère aimante et l'expertise professionnelle d'une infirmière qualifiée, où aimeriez-vous être soigné(e)?

J'entends déjà triompher les partisans de la querelle et de la confrontation! Est-ce la confirmation de la supériorité de l'intervention du généraliste sur l'acte professionnel de l'ultra-spécialiste?

Non.

Plutôt l'affirmation de la nécessité de compléter le savoir par l'être. La confirmation de la nécessité du magique, de l'humain, de l'inquantifiable dans l'acte thérapeutique. Le besoin du gros bon sens qui, depuis des siècles, a guidé les gestes de nos grands-mères. Le besoin de ne pas croire aveuglément à la puissance de nos thérapeutes ou à l'impuissance du malade.

Combien de malades se sont-ils guéris eux-mêmes, lorsqu'un thérapeute avisé leur a permis de le faire? Combien de victimes de charlatans divers cherchaient dans une solution facile, technologique, éloignée d'eux, la solution au mal qui les rongeait?

Faut-il utiliser ou éviter la magie? La magie ne comporte aucune garantie de succès. La dénigrer n'est pas, cependant sans danger. Elle nous rappelle la relativité de nos pouvoirs. Elle se souvient que l'Homme n'est qu'homme.

Reconnaître sa présence dans l'acte soignant est peut-être la meilleure façon d'éviter le piège qui consiste à s'y livrer sans le savoir.

Car c'est possible.

L'intervention en toxicomanie a aussi son *Grand Albert,* son *Grimoire du Pape Honorius* et son *Livre noir du vieillard des pyramides.* Tout comme pour d'autres le font avec le traité d'occultisme de Cornélius Aggripa, certains intervenants en consultent compulsivement les pages, répétant les phrases qui s'y inscrivent, habillant de pouvoir les formules qu'ils y découvrent.

Ce grimoire, dont on vante tant depuis quelques années la puissance dans le travail auprès des toxicomanes a comme nom «DSM-III-R». C'est l'inventaire relativement complet des pathologies mentales pouvant frapper l'espèce humaine.

Page après page, y sont décrites les maladies, leurs symptômes. Numérotés. Classés. Investi du pouvoir médical car ce volume est d'abord conçu par des psychiatres, pour des médecins.

Si j'ai l'air de minimiser le DSM-III-R, c'est un peu par réaction à l'engouement dont semble faire l'objet cet outil. Le DSM-III-R est un catalogue. Un gros annuaire des maladies psychiatriques. Il permet de mettre un nom sur les pathologies. Point. Un outil dont l'intérêt est d'abord didactique, facilitant la communication entre spécialistes.

La magie traditionnelle enseigne que nommer, c'est obtenir le pouvoir. Le malheureux qui donne son nom à un sorcier tombera sous son emprise. Le nom porte l'essence, l'âme de la personne ou de l'objet.

C'est faire de la magie que de croire que l'identification d'une pathologie, aussi méthodique soit-elle, nous donne un pouvoir sur le problème. C'est encore un acte magique que de se rassurer en se fiant aux noms que portent les maladies. Ou d'excommunier les hérétiques qui refusent de souscrire au crédo commun et osent douter de la toute-puissance du DSM-III-R.

Dollard Cormier[7] nous rappelle, sourire en coin, qu'aux USA, au 19e siècle, le Compendium psychiatrique de l'époque (le DSM-III-R

---

7. Cormier, Dollard. *Alcoolisme, abstinence, boire contrôlé, boire réfléchi,* Méridien, 1989, p. 19.

d'alors), énumérait parmi ses diagnostics possibles les deux maladies suivantes:

La drapétomanie, maladie qui poussait les esclaves à s'enfuir.

La dyasthésie éthiopienne, maladie qui amenait les esclaves à détruire et gaspiller tout ce qu'ils touchaient.

En guise de conclusion...

Il est impossible de conclure une réflexion toujours en marche. Je suis heureux d'avoir pu partager mon questionnement avec un auditoire réceptif. L'humour est un outil dangereux, qui peut parfois minimiser l'impact du communicateur, aussi dois-je vous répéter le sérieux de mon questionnement.

Dans la perspective d'une recherche constante d'interventions plus efficaces, mieux adaptées à la personne qui en bénéficie, je crois important d'intégrer la dimension spirituelle et une certaine dimension «magique» au prisme à travers duquel nous décodons la toxicomanie. Car une intervention holistique ne peut négliger une facette aussi importante de l'expérience humaine.

Évidemment, il y a le risque de «perdre» le sceau d'approbation de la Science officielle. Certains peuvent craindre l'opprobre du conclave des sommités bardées de diplômes, dont le prestige suffit à établir le savoir, qui protègent jalousement leur exclusivité de la connaissance.

Cependant, aucun scientifique véritable ne peut réfuter l'existence de la dimension spirituelle de l'expérience humaine. Aucun ne peut nier que l'Histoire de l'Homme fut tissée d'intrigues où la religion, l'amour, le pouvoir et les drogues constituaient la trame principale.

Et nul scientifique qui mérite ce titre ne saurait ignorer le défi de l'inconnu, en refusant de prendre le risque de se tromper, quitte à froisser quelques bien-pensants trônant sur une certaine connaissance. Ce fut le cas de Galilée, d'Einstein, d'Edison.... et ce pourrait être celui de quelques thérapeutes novateurs.

Quelques réflexions à propos de la Catharsis glaudienne

par Quinto Banorri*

À mon avis, le principe fondamental de la Catharsis glaudienne, c'est que les faits et l'expérience clinique priment sur les théories. C'est une méthode qui peut se définir au sens original du terme «meta odos», c'est-à-dire d'un chemin que l'on découvre au fur et à mesure qu'on le parcourt. C'est le contraire d'une routine qui serait contraignante, tracée d'avance par des repères incontournables. Des principes de base la régissent, qui laissent cependant toute la place à la découverte. C'est un système «ouvert» où la méthode, toujours fidèle à elle-même, s'individualise à chaque cas. Le parcours n'est jamais le même puisque les personnes et les problèmes qui leur sont propres ne se ressemblent jamais. Albert se plait à dire que la méthodologie de sa Catharsis est d'une précision «chirurgicale».

---

* Membre de la Corporation professionnelle des psychologues du Québec. Membre de la Corporation internationale des catharsistes glaudiens.

Donc, premier principe: les faits sont plus importants que les théories. Albert est un homme pragmatique qui se méfie souverainement des élaborations théoriques, des superstructures qui ne seraient pas solidement ancrées sur une base solide. Pour lui, ce sont les faits constatés et expérimentés qui seuls permettent de tirer des conclusions. La façon dont il conçoit la collecte des faits, leur compilation et leur compréhension est en total accord avec les systémiciens pour qui «la carte n'est pas le territoire». Les représentations que l'on peut se faire de la réalité n'est pas la réalité et, donc, lorsqu'il y a contradiction entre les faits observés cliniquement et la théorie, c'est incontestablement la théorie qui est fausse. Jamais il n'arrive que l'on cherche à «distortionner» les faits pour tenter de les accoler à une théorie. C'est très rassurant puisque, grâce à son point d'ancrage, la Catharsis glaudienne ne peut devenir une construction théorique éloignée de l'expérience.

Le deuxième principe, corollairement au premier, veut que les catharsistes acceptent de ne rien savoir avant l'autre. Aucune idée préconçue, aucune tentative de «coller une étiquette» à l'autre, aucune référence aux classifications psychopathologiques traditionnelles. Ce n'est pas une négation de la valeur relative de ces classifications, c'est l'acceptation que c'est seulement l'autre qui sait vraiment tout de lui, mais qu'il ignore qu'il le sait. Autrement dit, un catharsiste glaudien refuse toute relation de type «dominant-dominé». Même si son expérience et ses connaissances lui permettraient d'émettre des hypothèses, aussi larges soient-elles, le premier principe le mettrait à l'abri du danger de prendre ses hypothèses pour la réalité. Dans le cas contraire, ce ne serait assurément pas un catharsiste glaudien.

À ma connaissance, c'est la seule méthode psychothérapique qui fait, à ce point là, un principe de base du non-savoir en constante application. C'est ce qui, à mon sens, explique sa grande efficacité. En effet, quand on sait ou quand on croit savoir, on ne cherche pas. C'est aussi vrai dans l'histoire des découvertes scientifiques que dans la vie courante. Combien de fois le fait qu'on croyait savoir a-t-il bloqué des développements extraordinaires, empêché des grandes découvertes?... finalement faites par d'autres moins ligotés par leurs connaissances, mais obligés de lutter contre les théories reçues!

À mon avis toujours, un des éléments qui empêchent la résolution des problèmes en psychothérapie, c'est justement le fait que le thérapeute «sait». Il a écouté ce que le client lui rapporte et souvent, après la première entrevue, il croit qu'il sait. Il pose un diagnostic, circonscrit parce qu'il sait que, parce qu'il l'a appris, parce qu'il connaît les différentes théories psychiatriques, psychanalytiques ou autres. Il possède un savoir constitué qui lui laisse savoir d'avance que tel ou tel autre problème signifie..., qui le renvoie à telle constellation ou configuration psychopathologique. Non seulement il sait cela, mais il sait aussi, et de façon très précise, comment il faut traiter, par quelles étapes il faut passer et tout cela, malheureusement, en oubliant la personne qui est devant lui. C'est ce qu'on appelle la science objectivante!

Cette méthodologie est probablement efficace dans les sciences positives, dans le traitement des matériaux industriels par exemple. Mais dans la mesure où elle est appliquée en psychothérapie, elle empêche tout processus, tout développement et toute désaliénation. À la limite, elle peut aider quelqu'un à devenir «fonctionnel», comme disent les manuels psychiatriques, à adapter des comportements, à avoir donc un rôle orthopédique. Ce qui, bien sûr, peut représenter pour les autres, la société en général, une amélioration importante bien qu'impotente. Mais je ne pense pas que cela puisse, en aucun cas, aider quelqu'un à devenir soi-même, à se réaliser, à se reconquérir, à se désaliéner. À la limite, cela peut même constituer une autre forme d'aliénation à soi... très commode pour la société.

Il est évident que l'on n'est pas exempt de ce risque du seul fait d'être catharsiste. L'humain peut en arriver à être imbu de lui-même, de penser détenir la vérité au point d'en oublier les principes de base de sa profession. Mais alors on ne pratique plus la Catharsis glaudienne et l'on s'exclut de sa Corporation.

Vivre... dans l'illusion de vivre

par Louise Joly*

Lors de la rencontre pour évaluation, une professionnelle de 41 ans me confie qu'une lueur d'espoir s'est éveillée en elle après la lecture de *Catharsis*. En dépit d'une démarche tentée antérieurement dans une autre approche, elle n'est pas libérée du malaise qu'elle décrit comme «un désespoir face à l'amour et la sexualité». Ce malaise remonte à cinq ans, quand elle a remis en cause sa relation conjugale. Elle ne voit aucune issue possible du fait qu'elle se sent incapable de quitter son conjoint, c'est pourquoi elle se dit décidée à dépasser ses résistances afin de comprendre d'où vient son malaise. Elle est donc très motivée.

Elle dit avoir beaucoup de souvenirs de ses années d'enfance. «Une enfance heureuse et sans conflits» précise-t-elle. Cependant,

---

* Membre de l'Ordre des infirmiers et infirmières du Québec Membre de la Corporation internationale des catharsistes glaudiens.

le tableau d'évaluation met en évidence qu'elle n'a qu'un vague souvenir de ses premières menstruations et sa certitude de ne jamais s'être masturbée à l'adolescence... ce qui, selon nous, projette déjà une ombre sur son passé. Le tableau clinique est mince: elle est un peu mal à l'aise dans une foule et elle a parfois de légers vertiges dans diverses situations, depuis l'âge de 21 ans. C'est une personne très déterminée et autonome, très en contrôle des situations.

Dès la première séance de travail avec moi, elle se retrouve à trois ans et demi. Quelqu'un entre furtivement dans sa chambre mais, à cause de l'obscurité, elle ne peut distinguer de qui il s'agit. Une grande peur la fait se recroqueviller, les bras croisés sur ses jambes repliées. Des mains d'adulte lui enserrent le cou et elle sent qu'on la secoue avec violence. Tout s'arrête là. Elle est stupéfaite par ce qu'elle vient de revivre mais, comme c'est généralement le cas après une première régression, elle doute que ce soit vrai, que c'est seulement le fruit de son imagination, qu'il est impossible qu'un tel événement ait pu se produire au sein d'une famille aussi sereine que la sienne. Toutefois elle est intriguée par la douleur ressentie au cou pendant la régression: c'est exactement la même douleur qu'elle ressent à certaines périodes, depuis de nombreuses années. Mais elle s'empresse de trouver une explication logique: «J'ai dû prendre froid». Puis, pour expliquer la raideur et la crispation évidentes: «J'étais tellement nerveuse aujourd'hui.»

Au fil des jours, il faudra bien qu'elle se rende à l'évidence qu'elle revit dans mon fauteuil des événements authentiques dont elle avait totalement occulté le souvenir: Elle a trois ans. Son père va lui apprendre un nouveau jeu. C'est ainsi qu'elle ressentira intensément un premier plaisir sexuel... et les affres de la douleur. C'est que son père, homme habituellement doux et serein, devient extrêmement brutal sous l'emprise du désir. À la fin du jeu, elle se retrouve seule, allongée sur le sol, brisée. Une intense douleur dans le ventre lui fait penser qu'il est «cassé» et elle s'évanouit. Le lendemain, elle ressent un malaise intérieur qu'elle s'explique comme étant la conséquence d'une chute! Jusqu'à l'âge de sept ans, elle subira régulièrement les visites nocturnes de son père. C'est quand elle tente de se révolter qu'il la secoue en lui serrant le cou.

Sa démarche vers la Catharsis se fera en 20 rencontres, soit en quatre semaines.

Au fur et à mesure que nous progressions, elle faisait énormément de liens expliquant ses malaises physiques (rigidité et crispation du corps, maux de tête) ses problèmes sexuels et ses comportements. Elle pouvait enfin s'expliquer la sensation d'être manipulée, contrôlée, agressée, abandonnée ou envahie, sensations qui se manifestaient en maintes circonstances:

— *Sentiment d'abandon et d'isolement:* la conviction d'avoir toujours dû se débrouiller seule, de n'avoir eu besoin de personne.

— *Sentiment d'agression:* elle se figeait immédiatement si quelqu'un haussait le ton en s'adressant à elle. Incapable de répliquer immédiatement, elle se sentait envahie par une agressivité qu'elle projetait sur l'autre.

— *Sentiment de contrôle:* qui se traduisait par une difficulté à laisser les autres prendre des initiatives ou des décisions. Que ce soit dans ses relations de couple ou au travail, elle était persuadée que l'on tentait de la contrôler. De ce fait naissait l'impulsion de maîtriser plusieurs situations et de rejeter certaines personnes.

Enfin donc, elle s'est trouvée dans un paysage parfait. Elle avait gagné la bataille... contre elle-même. Elle a compris qu'elle n'avait, jusqu'ici, d'autre choix que la rationalisation à outrance pour survivre dans un monde qui lui semblait hostile. Grâce à l'anéantissement de ses anciennes structures un grand bien-être s'est installé en elle, ainsi qu'un intense désir de vivre.

Commentaires

Vivre dans l'illusion de vivre, c'est se sentir poussé à des comportements dont on ne comprend pas l'origine, c'est une lutte contre le pouvoir sous toutes ses formes, c'est se sentir envahir par les inquiétudes, le doute et l'angoisse face à soi-même. Tout est menaçant, on suit les mêmes rituels et le chemin devient de plus en plus ardu à parcourir. Parallèlement, on cherche à s'améliorer en vue d'atteindre ce que l'on pense «devoir être», sans quoi on se fermerait à tout ce qui survient sur notre chemin, de peur d'apprendre que l'on se trompe et, ainsi, de se trouver dans l'obligation de «changer». Mais c'est se bercer d'illusions, il ne s'agit en réalité que de survie. Et à quel prix? Au prix des énergies épuisées.

L'exemple que j'ai choisi de présenter ici permet, me semble-t-il, de montrer un aspect de ce que représente une démarche en Catharsis glaudienne en vue de de la réalisation de soi. Il s'agit non seulement de guérir de somatisations, de maladies, mais encore de changer des comportements inadéquats. On devient alors une nouvelle personne débutant une nouvelle vie.

Du symptôme à la guérison, une constante: des cheminements uniques

par Marie Larose*

En général, les gens entreprennent une thérapie pour régler un problème qu'ils n'arrivent pas à résoudre seuls. Bien sûr, la vie nous réserve à tous son lot de joies et de difficultés mais un problème, c'est plus sérieux. Contrairement à une difficulté, un problème persiste, s'impose et fait obstacle au développement et à l'épanouissement de la personne.

Les motifs de consultation sont variés: insomnie, phobie, anorexie, anxiété, problèmes sexuels, allergie, alcoolisme... La personne qui consulte espère se libérer du symptôme qui l'accable. C'est cette souffrance qui l'incitera à consulter. C'est son symptôme qui la motivera à chercher une solution.

Comme le cri strident du détecteur de fumée informant qu'un incendie s'est déclaré, le symptôme fournit un indice précieux. Qu'il

---

* Membre de la Corporation professionnelle des travailleurs sociaux du Québec. Membre de la Corporation internationale des catharsistes glaudiens.

soit physique (mal de dents) ou psychique (sentiment dépressif), il exprime un dysfonctionnement chez l'individu.

Le symptôme a donc comme fonction d'indiquer à la personne que quelque chose ne va pas. Ignoré par l'individu, il va persister en s'amplifiant jusqu'à ce qu'il soit entendu, compris et que le problème soit réglé à la source.

La majorité des thérapies s'attaquent au symptôme dans l'espoir de le voir disparaître ou, au moins, diminuer. C'est le cas, par exemple, de l'agoraphobe qui, par une technique de désensibilisation, va tenter, jour après jour, de contrôler ses peurs — en l'occurrence de sortir de chez lui — dans le but de les conquérir.

Si le symptôme persiste, le travail consistera souvent à «éduquer» la personne souffrante à vivre le mieux possible avec lui. Je me rappelle d'une cliente qui était en arrêt de travail depuis plusieurs mois pour cause de burn-out. Très déprimée, insomniaque, Anne verbalisait une profonde insatisfaction face à son travail tout en se sentant incapable de le laisser. Elle était plongée en pleine inhibition d'action: ses symptômes persistaient et le congé de maladie se prolongeait. La compagnie d'assurance exigea alors qu'elle se présente à une évaluation psychiatrique. À la fin de l'entrevue d'une heure, le psychiatre conclut qu'elle était trop idéaliste et que, dans la vie, il fallait plus souvent qu'autrement choisir entre deux solutions insatisfaisantes. Il lui proposa donc de la rencontrer à quelques reprises en cabinet privé pour lui apprendre à relaxer. Par ce fait même, il souhaitait augmenter sa résistance au stress, c'est-à-dire sa capacité à faire des compromis.

Heureusement, elle refusa et vint consulter en Catharsis. Le travail réalisé lors des régressions lui permit de lever l'inhibition d'action qui l'empêchait de quitter son emploi. Elle réorienta sa carrière en fonction de ses valeurs et intérêts véritables. Ses symptômes n'ayant plus leurs raisons d'être ont évidemment disparu pour faire place à une énergie créatrice.

Mon expérience de thérapeute en alcoolisme et toxicomanie m'a démontré que la disparition du symptôme, c'est-à-dire l'abstinence, n'est pas gage de la guérison. Si les racines du problème, qui se retrouvent en général dans les événements occultés de l'enfance, ne sont pas débusquées, la détresse va persister. Elle va se manifester de plusieurs façons.

Pour certains, le retour en force de l'envie de consommer — ou «craving» — va survenir après une période d'accalmie. La rechute menace alors.

Pour d'autres, l'abstinence est une lutte quotidienne. Elle mobilise beaucoup d'énergies et de temps. L'obsession de consommer fait place à l'obsession de «ne pas boire». Le mouvement alcoolique anonyme peut alors devenir un refuge, l'endroit où l'individu se sent en sécurité, où il s'éloigne de la tentation. J'ai vu des clients assister à plus de sept réunions du mouvement Alcooliques Anonymes par semaine.

L'individu peut aussi développer un nouveau symptôme. C'est ce qui se passe quand la personne transfère sa compulsion aux jeux de hasard, par exemple. L'ancien et le nouveau symptômes ne seront malheureusement pas perçus comme deux signaux indicateurs d'une même réalité. Ils seront trop souvent traités indépendamment l'un de l'autre. L'intervention en toxicomanie sera jugée comme un succès alors que la personne abstinente sera référée à une ressource spécialisée pour les problèmes de jeu. On s'attaquera au nouveau symptôme plutôt qu'à son origine. Et le client restera aux prises avec sa détresse.

L'intervenant qui oriente son traitement vers la disparition du symptôme ne se retrouve-t-il pas dans la position de celui qui débranche les batteries du système d'alarme plutôt que de chasser les intrus?

Je ne fais pas ici un procès d'intentions. Je suis pour la vertu et le désir sincère du thérapeute de soulager la souffrance humaine. Mais pourquoi se contenter de résultats partiels ou temporaires quand il peut en être autrement pour la majorité des gens?

Et si la solution aux problèmes de santé se trouvait en chacun de nous? L'intervention directive axée sur le symptôme ne ferait que nous éloigner de notre propre guérison en nous enrégimentant dans des règles établies pour la masse.

L'expérience de la Catharsis a démontré que l'origine des traumatismes est unique à chaque personne. Ainsi, deux toxicomanes peuvent consommer pour des raisons très différentes. Il est impossible en début de traitement de savoir avec certitude quel sera le contenu des régressions. Le thérapeute, tout comme le client, découvre la vérité au fur et à mesure que le matériel occulté revient à la conscience.

Il y a deux conditions essentielles à la réussite d'une Catharsis. La première concerne le client. En Catharsis on ne connaît pas au départ les occultations. C'est une démarche vers l'inconnu. Le client doit être prêt à accepter toute éventualité concernant le contenu des régressions, y compris le matériel lié à sa sexualité.

Le processus n'est pas facile. Il demande du courage. Pour qu'il y ait purification, les événements occultés doivent être revécus intégralement, avec les émotions et la détresse ressenties lors de l'occultation. Ainsi, un homme de 40 ans peut pleurer à chaudes larmes en revivant une scène vécue en bas âge, événement qui lui aurait semblé banal comme adulte.

En Catharsis, l'origine du problème, la solution se situe dans le subconscient de la personne qui consulte. C'est donc elle qui est le principal moteur de sa guérison. Sa motivation réelle à changer et son désir sincère de se libérer définitivement de sa souffrance sont ses alliés.

Il existe une deuxième condition à la réussite d'une Catharsis et elle concerne le thérapeute. La psychanalyste allemande Alice Miller dit du nouveau-né qu'il est un faisceau de besoins. L'enfant en bas âge est totalement dépendant de l'adulte pour sa survie. Ses énormes besoins physiques (nourriture,...) et psychiques (protection, acceptation totale,...) expliquent sa vulnérabilité et l'intensité de la souffrance vécue lorsque ses besoins ne sont pas comblés.

Plus le traumatisme est précoce, plus la souffrance est grande. L'enfant ne demande qu'à être aimé et malheureusement il est trop souvent victime des carences et des besoins inconscients de son entourage. C'est cette solitude, liée à la non-satisfaction de ses besoins, qui l'étouffe. Que ce soit de la négligence ou de l'abus, c'est ce manque d'amour véritable dont il souffre et qu'il recherchera au travers de la thérapie.

La grande solitude vécue par l'enfant lors du traumatisme témoigne de l'incompréhension et de l'indifférence de son entourage. L'absence d'un témoin protecteur isole l'enfant dans sa souffrance et favorise ainsi l'occultation. Pour survivre, l'enfant a dû occulter sa détresse. Son drame sera désormais enfoui dans les profondeurs de son subconscient, à moins qu'il ne rencontre au moins une fois dans sa vie un témoin éclairé qui lui permettra de libérer sa souffrance en comblant ses besoins véritables.

C'est le rôle du thérapeute catharsiste d'être ce témoin. C'est donc avec la certitude — cette fois-ci — de revivre le traumatisme, non pas dans la solitude mais dans un climat d'authenticité et d'amour, que le subconscient permettra à l'information de revenir à la conscience. C'est à cette condition que la personne acceptera de communiquer, que son subconscient dévoilera sa vérité.

L'attitude du catharsiste est donc primordiale dans la démarche. Le thérapeute doit être au clair avec lui-même, avoir comblé ses carences et résolu ses propres traumatismes. C'est dans la mesure où il a lui-même expérimenté l'amour authentique qu'il vivra l'acceptation globale de l'autre, qu'il pourra établir une relation saine et non utilitaire avec son client. Il pourra ainsi l'accompagner avec sincérité dans le respect de sa différence.

La vérité se vivra au travers d'une relation thérapeutique acceptante. Cette acceptation qui tient de l'amour véritable, de cette croyance profonde en l'autre. Comme un parent qui supporte inconditionnellement son enfant, qui ne le reniera jamais. C'est de cette sécurité-là dont l'enfant a besoin pour développer le meilleur de lui-même. C'est cette conviction de ne pas se retrouver à nouveau dans la solitude et l'indifférence qui emmènera l'individu souffrant à aller au bout de lui-même. La vérité pourra ainsi émerger et, avec elle, la délivrance et la paix intérieure.

Il y a une certitude en Catharsis: c'est le subconscient qui sait et qui a le pouvoir d'autoguérison.

Pour illustrer ma thèse, je vous présente la petite histoire vécue de deux de mes clientes. Leurs thérapies témoignent des ressources extraordinaires du subconscient. Chacune d'elle a consulté dans le but de se débarrasser de symptômes qui lui empoisonnaient la vie. J'ai choisi ces deux thérapies indépendamment du sexe ou de l'âge des clients car elles me semblent le mieux illustrer la notion d'imprévisibilité du traumatisme d'origine.

Je les remercie tout d'abord de m'avoir permis de les accompagner dans cette aventure et d'avoir accepté de faire connaître leur histoire. J'ai été témoin des moments pénibles de leurs thérapies. J'ai aussi partagé l'étonnement de la découverte et par-dessus tout l'énergie de la guérison.

Dans le but de préserver la confidentialité, des noms fictifs ont été donnés.

Pour chacune des thérapies, je situerai dans un premier temps le motif de consultation tel que verbalisé lors de la première rencontre. Ensuite, je présenterai les occultations réelles qui étaient cachées jusque là derrière le symptôme et qui ont été mises à jour grâce à la Catharsis. Dans le but d'éviter des longueurs, j'ai choisi de me limiter aux régressions les plus significatives.

Après la lecture du motif de consultation, je vous suggère de vous arrêter quelques instants et de vous demander: « *Selon moi, quelle est l'origine du problème de cette personne?* Vous pourrez ainsi vous amuser à confronter vos hypothèses avec les occultations réelles telles que mises à jour par la Catharsis. À moins d'être devin, vous arriverez peut-être comme moi à la conclusion qu'il est préférable de donner la parole au subconscient qui, LUI, NE SE TROMPE JAMAIS.

La femme qui n'avait pas de pieds

Les motifs de consultation:

Louise a 33 ans. Elle a un mari qu'elle aime et qui le lui rend bien, elle a tout pour être heureuse. Pourtant, une ombre au tableau l'empêche de profiter pleinement de la vie. Elle a une peur incontrôlable de se geler les pieds.

Cette peur irrationnelle l'a emmenée à organiser sa vie autour de son symptôme. Elle occupe un emploi saisonnier qui débute au printemps pour se terminer à l'automne. Louise évite ainsi de sortir à l'extérieur durant la période où elle appréhende le froid. La seule pensée de devoir sortir au froid pour faire des courses la paralyse.

Louise dit aussi se sentir très mal lorsqu'elle se retrouve en voiture. Elle limite au maximum toute activité exigeant l'utilisation d'un véhicule automobile. Elle parle aussi de sa peur des orages et du sentiment de panique ressenti quand le ciel se couvre.

* *(Quel est le problème selon vous?)*

Les occultations à l'origine de la phobie de se geler les pieds:

À quatre ans, Louise est fascinée par ses pieds qu'elle trouve trop grands comparativement à ceux d'une amie.

À six ans, le chien d'une voisine lui a déchiré une jambe. À la panique, se sont ajoutés la souffrance physique et le bénéfice secondaire d'avoir sa mère à elle toute seule pendant que cette dernière panse ses plaies.

À neuf ans, c'est la fin de l'été et elle joue à espionner chez une copine par les carreaux de maison. Le père de cette dernière surgit soudainement. La petite, qui a peur d'être punie, s'enfuit à la course et se foule une cheville. L'incident, cette fois-ci, est associé à la culpabilité d'avoir fait quelque chose de mal.

Quelques semaines plus tard, Louise commence ses classes. Son pied n'est toujours pas guéri. Un pied en pantoufle, elle s'inquiète grandement à la pensée de ne pas guérir suffisamment vite pour mettre sa botte à l'arrivée du froid. Comment son pied sera-t-il tenu au chaud alors? La fillette est très anxieuse à cette pensée.

À neuf ans, Louise est à l'église. Elle est fascinée par l'arrivée d'une dame qui est en jupe. Cette dernière n'a qu'une jambe et sa prothèse est bien en vue. La petite constate que les autres fixent aussi «la dame à la prothèse». De retour à la maison, s'amusant à sautiller sur une jambe devant une glace, elle se plaît à imaginer qu'elle n'a qu'une jambe et qu'elle bénéficie de l'attention de tout le monde. Soudain, elle ressent une grande culpabilité et avec elle la peur que son souhait se réalise.

À douze ans, elle se blesse en courant dans le corridor de la maison. Elle s'est planté une écharde dans un pied. La peur ressentie lors de l'accident est très intense. Elle est affolée par la grosseur de l'écharde qui est finalement retirée sous anesthésie locale.

À treize ans, c'est l'été. Elle est pieds nus et discute avec un groupe d'amis sur le bord d'une piscine. Sa cousine la ridiculise publiquement en s'en prenant à ses pieds. Elle dit que ses pieds sont trop grands et qu'elle a d'énormes orteils. Louise est profondément humiliée.

À vingt ans, Louise fait une randonnée de ski de fond avec des amis. Comme c'est sa première expérience, elle a mal évalué la distance à parcourir. À mi-chemin elle ne sent plus ses orteils tellement ils sont gelés. La panique s'installe dès ce moment et elle se rend péniblement à la fin du parcours. Plus le temps passe plus la panique est grande, la tension insupportable. Trois jours plus tard elle n'a toujours pas retrouvé sa sensibilité. Elle était persuadée qu'elle devrait se faire amputer les orteils. Elle croit que son ami de coeur ne voudra plus d'elle si cela se produit. Le troisième jour, cédant aux pressions de son entourage, elle accepte de se rendre à l'hôpital. Le nerf n'est pas atteint, et elle retrouve sa sensibilité dans les semaines qui suivent.

Pour Louise c'est ce dernier événement, la randonnée de ski de fond, qui a installé, fixé sa phobie de se geler les pieds. C'est la peur générée par cet incident ainsi que les émotions déjà occultées lors des événements précédents en lien avec les pieds qui étaient réactivée à chaque fois qu'elle envisageait de sortir par temps frais.

Les occultations à l'origine de sa peur de l'automobile:

À treize ans un proche parent de Louise est amputé d'un membre à cause du cancer. Selon les médecins traitants, la tumeur se serait développée suite à l'impact d'un coup reçu lors d'un accident d'automobile survenu quelques mois auparavant. Louise est très affectée par ce drame. En plus de sa propre tristesse, elle ressent la détresse familiale, auxquelles s'ajoute la peur de perdre l'être cher.

À dix-neuf ans en plein hiver, elle a un accident d'automobile sur la route Montréal-Québec. La chaussée est glissante. Son ami tente de freiner et le véhicule se retrouve dans le champ. Au choc de l'impact s'ajoute la peur ressentie à la pensée de devoir attendre plusieurs heures avant d'être aidée et ainsi de risquer de se geler les pieds. Heureusement, le couple est secouru rapidement par des automobilistes qui l'amène au poste de police le plus près. En y attendant son conjoint qui est parti rechercher le véhicule, Louise lit sur un mur du poste une affiche préventive qui dit «La majorité des accidents ont lieu à moins de 15 km du domicile de la victime». Louise conclut en frémissant qu'elle risque sa vie à chaque fois qu'elle utilise l'automobile.

Les occultations à l'origine de la phobie des orages:

À huit ans il pleut à boire debout. Elle entre dans un restaurant avec son père. Elle regarde la pluie tomber et est impressionnée par une telle quantité d'eau. Inquiète, elle s'approche du comptoir où trois hommes discutent. Ils parlent de la pluie qui tombe sans cesse. L'un d'eux dit:«C'est une journée de fin du monde». La petite est paniquée et pense alors qu'elle est bien trop jeune pour mourir.

À dix-sept ans elle apprend que son ami de coeur s'est noyé par négligence. Elle lui en veut de n'avoir pas pris plus de précautions face à l'eau.

Elle a trente ans lors du déluge du 14 juillet 1987. L'eau monte dans le sous-sol de sa résidence. Elle est totalement paniquée. Elle pense que ça ne s'arrêtera jamais et elle se dit que c'est une journée de fin du monde. Des engourdissements et des maux de ventre s'installent alors. Couchée sur le divan du salon, elle est incapable de bouger, sa vue se brouille, elle est comme paralysée.

Dans le cas de Louise, c'est une multitude d'événements qui étaient à l'origine de ses phobies. Malgré le grand nombre d'occultations derrière ses symptômes, la guérison fut rapide. La sixième séance laissait présager de la guérison prochaine. Louise faisait de la peinture depuis plusieurs années. Elle me dit alors qu'elle s'était amusée la veille à rassembler ses productions dans une même pièce. C'est avec étonnement qu'elle constata pour la première fois que dans toutes ses oeuvres elle avait omis systématiquement de peindre les pieds de ses personnages. Comment pouvait-elle représenter cette partie du corps qui était synonyme de terreur?

Louise est sortie dans son paysage à la septième séance. Six mois après la fin de la thérapie, ses phobies ont complètement disparu. Elle me dit profiter de la vie sans aucune restriction. Indépendamment des saisons ou du mode de locomotion, elle se surprend à avoir les pieds bien au chaud. De plus, l'automobile est pour elle une détente et elle n'appréhende plus les orages.

Finalement, elle me confia que sa production artistique est en plein essor. Elle ajouta avec satisfaction que les personnages de ses nouvelles créations ont désormais leurs deux pieds pour les porter.

La tristesse au fond des yeux

Les motifs de consultation:

Diane a trente-trois ans. Elle est secrétaire médicale et vit avec un homme depuis cinq ans. Lors de l'évaluation, elle verbalise un très grand sentiment d'isolement qu'elle ne peut s'expliquer. À la moindre contrariété elle se referme sur elle-même, s'isole. Elle est envahie alors par un sentiment de solitude, de vide intérieur.

Elle se décrit comme étant spectatrice de sa vie plutôt qu'actrice. Elle subit les événements de sa vie avec la conviction que quoi qu'elle dise, quoi qu'elle fasse, ça n'y changera rien. Ce sentiment d'impuissance est inscrit en elle.

L'élément déclencheur de sa démarche est une insatisfaction générale face à sa relation de couple. Elle se demande si sa difficulté à communiquer est à l'origine des problèmes de son couple où s'il y a autre chose. Elle souhaite être au clair avec elle-même dans le but de prendre une décision réfléchie.

(Quel est le problème selon vous?)

Les occultations à l'origine du problème:

Dans les trois premières séances, Diane a revécu quatre scènes qui témoignent toutes de l'intensité de la solitude ressentie enfant.

À six ans la petite se fait disputer par sa mère et elle ne sait pas ce qu'elle a fait de mal. En larmes, très déprimée, elle va tout d'abord s'isoler dans sa chambre, puis à l'extérieur de la maison. Elle s'y endort, toute seule.

À six ans à la récréation, elle joue avec ses amies qui parlent des sorties qu'elles font avec leurs parents. Attristée, elle se demande pourquoi ses parents ne la prennent pas par la main pour se promener. Elle est triste mais ne veut pas que ses amies s'en rendent compte, elle feint alors la joie. Elle pense que ses parents sont trop occupés pour s'intéresser à elle et que ses frères ne veulent pas jouer avec elle parce qu'elle n'est qu'une fille. Elle cache sa détresse et n'en parle à personne.

À huit ans dans son lit le soir, la petite ne veut pas s'endormir sans avoir préalablement embrassé son père qui n'est pas encore rentré. Entendant son père arriver, elle se lève et se dirige vers lui. Elle l'embrasse. Sa mère la voyant lui crie aussitôt d'aller se recoucher. Dans sa chambre, la petite, en sanglots, désespérée, décide qu'elle n'embrassera plus jamais son père. Ce fut le dernier baiser.

À quatorze ans elle fait du gardiennage chez un voisin. Ce soir-là le père de l'enfant à garder est à la maison. Il tente d'avoir certaines faveurs sexuelles de la jeune gardienne. Intimidant ma cliente, il approche d'elle en lui touchant les seins. L'adolescente apeurée, perturbée, quitte la maison en courant. Elle ne parle à personne de cet incident, même pas à une amie.

Comment se fait-il que ma cliente ait réagi de façon si dramatique à des événements relativement anodins? Ses réactions semblaient excessives en regard des événements vécus. Cette réaction de grand isolement a pris tout son sens, toute sa logique en regard de la régression qui a suivi.

Les 25 séances suivantes ont permis à Diane de revivre sa naissance. Une naissance excessivement pénible autant physiquement que psychiquement. Il faut se rappeler ici que plus un traumatisme est précoce, plus la souffrance vécue est grande. La douleur physique intense associée à une grande détresse ont alors marqué la petite.

Sa mère était inconsciente sous anesthésie générale, alors, sans aide réelle du médecin, elle s'est mise au monde toute seule. C'est cette énorme tension physique, cette charge émotive qui étaient inscrites dans les profondeurs de son subconscient.

Cette grande solitude dans la détresse était réactivée à chaque nouvelle difficulté, à chaque nouveau traumatisme. Lors de sa naissance, Diane n'a pas eu l'aide à laquelle elle aurait eu droit. Au moment où elle avait le plus besoin de sa mère, elle a vécu l'abandon, l'indifférence.

C'est donc dans la solitude que Diane a vécu ses 33 premières années de vie. Car il y a un pré-requis à la parole, à la communication, c'est l'espoir d'être entendu.

Pour Diane ce fut un soulagement de comprendre finalement d'où venait son sentiment « d'être à part», son mal de vivre.

C'est en revivant le traumatisme de sa naissance, non pas dans l'indifférence cette fois-ci, mais en compagnie d'un témoin supportant que Diane fut entendue pour la première fois. Dès le moment où elle expérimenta cette complicité, elle constata qu'elle n'était plus seule. Son grand vide intérieur l'a quitté à tout jamais pour faire place à un sentiment de plénitude, de bien-être. Diane sait désormais qu'elle a tout ce qu'il faut pour établir des relations satisfaisantes. Et pour la toute première fois de sa vie, elle a le désir de connaître la complicité au travers d'amitiés sincères et stimulantes.

Lignes interdites*

Si vous souhaitez voir une illustration de régressions, une similitude avec ce que les gens vivent en Catharsis glaudienne, vous pourriez vous accorder le loisir de visionner ce film qui est disponible dans les Vidéo clubs.

De jeunes médecins, en cours de spécialisation, sont fascinés par le récit de patients qui ont connu la mort clinique pendant quelques minutes. Certains disent avoir franchi un tunnel, un autre dit être arrivé dans un jardin merveilleux. Tunnel, paysage... est-ce de la Catharsis?

Quatre d'entre eux vont jouer avec la mort dans l'espoir de connaître par eux-mêmes ce qui se passe après la mort. Et que découvrent-ils? Exactement ce que ma thèse propose!

Ils sont gouvernés par certains comportements tels que frigidité pour Rachel, la fille du groupe, ou donjuanisme pour Joe. Vous pourrez déceler les perturbations qui gouvernent Nelson et David.

Sitôt cliniquement mort, chacun entre en régression et est assailli par des souvenirs d'événements vécus dans l'enfance, des souvenirs occultés: Nelson, responsable de la mort d'un garçon, Joe marqué par les péripéties de sa naissance, David ayant forcé une pe-

---

* Dans certains pays francophones, le titre est *Expériences interdites*. Vresion française de *Flatliners*, un film Columbia réalisé par Joel Schumacher d'après un scénario de Peter Filardi 1990.

tite fille noire à lui faire une fellation et Rachel, accusée par sa mère d'être responsable du suicide de son père.

Le problème, et il est de taille, c'est qu'ils ne font que très brièvement une régression «sauvage», non contrôlée. Si bien qu'ils sont assaillis à tout moment par des «régressions spontanées» tout aussi sauvages que la première. Ce qui, en aucun cas, ne peut arriver en Catharsis glaudienne. Il sera bon d'en tenir compte afin de ne pas confondre ces expériences «hors du commun» avec une thérapie structurée et sûre.

Auront-ils finalement la réponse qu'ils cherchaient à propos de la vie après la mort ? C'est ce que vous saurez en visionnant le film.

Fascinant et instructif, à croire que le scénariste s'est inspiré de Catharsis pour illustrer le retour vers des événements occultés chargés de culpabilité.

A.G.

Bibliographie sélective

Références majeures

1. Glaude, A., *Catharsis, le tunnel qui conduit à la guérison*, Stanké, Montréal, 1984.
2. Hamer, R.G., *Fondement d'une médecine nouvelle*, Tome 1, 1re partie, ASAC, Chambéry, 1988.
3. Hamer, R.G., *Fondement d'une médecine nouvelle*, Tome 1, 2e partie, ASAC, Chambéry, 1988.
4. Miller, A., *La connaissance interdite*, Aubier, Paris, 1990.
5. Renard, L., *Le cancer apprivoisé*, Soleil, Genève, 1990.
6. SIRIM (Collectif), *Alors survient la maladie*, Empirika/Boréal Express, Montréal, 1984.

Ouvrages cités, avec référence dans le texte

Ancelin-Shutzenberger, A., *Vouloir guérir*, Erès/La méridienne, 1985.

Darlambach, Dr, *De la pérénité du couple*, Arietis, Genève, 1979.

Fraser, S., *La maison de mon père*, Le Jour, 1990.

Hamer, R.G., *L'infarctus, maladie de l'âme*, ASAC, 1990.

Peck, S., *Le chemin le moins fréquenté*, Robert Laffont, 1987.

Simeon, T.W., *La psychosomatique, médecine de demain,* Marabout Université, 1969.
Thie, J.F., *Touch for Health,* DeVorss + Company, Publishers, 1979.
Wilson, I., *Super moi, l'inconnu qui m'habite,* Tsuru, 1990.

Articles ou revues, avec référence dans le texte

Cahiers critiques de thérapie familiale et de pratique de réseau, n° 10, Privat, 1989.
Cahiers de Biothérapie, n° 107, supplément-octobre 1990.
Châtelaine, «Les bonheurs de Sophie» par L. Cloutier, février 1984.
Cosmopolitan, «Réincarnation, des preuves troublantes», par J.-Y. Casgha, n° 139, juin, 1985.
L'Actualité médicale, octobre 1990.
Mental Research Institute, Paolo Alto, par D. Sullivan-Everstine, 1989.
Science, vol. 251, mars 1991.

Table des matières

Du même auteur
aux Éditions internationales Alain Stanké
CATHARSIS
Le tunnel qui conduit à la guérison

Achevé d'imprimer au Canada
Imprimerie Gagné Ltée Louiseville

LES ÉDITIONS DE L'HOMME

Ouvrages parus aux Éditions de l'Homme

Affaires et vie pratique

30 jours pour mieux organiser, Gary Holland
Acheter et vendre sa maison ou son condominium, Lucille Brisebois
***Acheter une franchise,** Pierre Levasseur
***Les assemblées délibérantes,** Francine Girard
***La bourse,** Mark C. Brown
Le chasse-insectes dans la maison, Odile Michaud
***Le chasse-insectes pour jardins,** Odile Michaud
Le chasse-taches, Jack Cassimatis
***Choix de carrières — Après le collégial professionnel,** Guy Milot
***Choix de carrières — Après le secondaire V,** Guy Milot
***Choix de carrières — Après l'université,** Guy Milot
***Comment cultiver un jardin potager,** Jean-Claude Trait
Comment rédiger son curriculum vitæ, Julie Brazeau
***Comprendre le marketing,** Pierre Levasseur
Des pierres à faire rêver, Lucie Larose
***Devenir exportateur,** Pierre Levasseur
L'étiquette des affaires, Elena Jankovic
***Faire son testament soi-même,** Me Gérald Poirier et Martine Nadeau Lescault
Les finances, Laurie H. Hutzler
Gérer ses ressources humaines, Pierre Levasseur
Le gestionnaire, Marian Colwell
La graphologie, Claude Santoy
***Le guide complet du jardinage,** Charles L. Wilson
Le guide de l'auto 91, Denis Duquet et Marc Lachapelle
Guide du savoir-écrire, Jean-Paul Simard
***Le guide du vin 91,** Michel Phaneuf
***Le guide floral du Québec,** Florian Bernard
Guide pratique des vins de France, Jacques Orhon
J'aime les azalées, Josée Deschênes
***J'aime les bulbes d'été,** Sylvie Regimbal
J'aime les cactées, Claude Lamarche
***J'aime les conifères,** Jacques Lafrenière
***J'aime les petits fruits rouges,** Victor Berti
J'aime les rosiers, René Pronovost
J'aime les tomates, Victor Berti
J'aime les violettes africaines, Robert Davidson
J'apprends l'anglais..., Gino Silicani et Jeanne Grisé-Allard
Le jardin d'herbes, John Prenis
Je me débrouille en aménagement intérieur, Daniel Bouillon et Claude Boisvert
***Lancer son entreprise,** Pierre Levasseur
Le leadership, James J. Cribbin
Le livre de l'étiquette, Marguerite du Coffre
***La loi et vos droits,** Me Paul-Émile Marchand
Le meeting, Gary Holland
Le mémo, Cheryl Reimold
***Mon automobile,** Gouvernement du Québec et Collège Marie-Victorin

Notre mariage — Étiquette et planification, Marguerite du Coffre
*Le nouveau guide des bons restaurants 1991, Josée Blanchette
*L'orthographe en un clin d'œil, Jacques Laurin
*Ouvrir et gérer un commerce de détail, C. D. Roberge et A. Charbonneau
Le patron, Cheryl Reimold
Piscines, barbecues et patios, Collectif
*La prévention du crime, Collectif
Prévoir les belles années de la retraite, Michael Gordon
Les relations publiques, Richard Doin et Daniel Lamarre
Les secrets des maîtres vendeurs, Henry Porter
La taxidermie moderne, Jean Labrie
*Les techniques de jardinage, Paul Pouliot
Techniques de vente par téléphone, James D. Porterfield
*Le temps des purs — Les nouvelles valeurs de l'entreprise, David Olive
*Tests d'aptitude pour mieux choisir sa carrière, Linda et Barry Gale
*Tout ce que vous devez savoir sur le condominium, Robert Dubois
Une carrière sur mesure, Denise Lemyre-Desautels
L'univers de l'astronomie, Robert Tocquet
La vente, Tom Hopkins

Affaires publiques, vie culturelle, histoire

*Artisanat québécois, tome 4, Cyril Simard et Jean-Louis Bouchard
La baie d'Hudson, Peter C. Newman
Beautés sauvages du Canada, Collectif
Bourassa, Michel Vastel
Les cathédrales de la mer, Marie-Josée Ouellet
Le cauchemar olympique ou l'envers de la médaille, Sylvain Lake
*Claude Léveillée, Daniel Guérard
*Les conquérants des grands espaces, Peter C. Newman
Dans la tempête — Le cardinal Léger et la révolution tranquille, Micheline Lachance
La découverte de l'Amérique, Timothy Jacobson
*Dieu ne joue pas aux dés, Henri Laborit
*Duplessis, tome 1 — L'ascension, Conrad Black
*Duplessis, tome 2 — Le pouvoir, Conrad Black
*Les écoles de rang au Québec, Jacques Dorion
L'establishment canadien, Peter C. Newman
*Le frère André, Micheline Lachance
La généalogie, Marthe F. Beauregard et Ève B. Malak
*Gilles Villeneuve, Gerald Donaldson
*Gretzky — Mon histoire, Wayne Gretzky et Rick Reilly
*Les insolences du frère Untel, Jean-Paul Desbiens
*Larry Robinson, Larry Robinson et Chrystian Goyens
Les mots de la faim et de la soif, Hélène Matteau
*Notre Clémence, Hélène Pedneault
*Les nouveaux riches, tome 2 — L'establishment canadien, Peter C. Newman
*Option Québec, René Lévesque
*L'or des cavaliers thraces, Collectif
Oui, René Lévesque
Parce que je crois aux enfants, Andrée Ruffo
Les patients du docteur Cameron, Anne Collins
*Plamondon — Un cœur de rockeur, Jacques Godbout
*Le prince de l'église, Micheline Lachance
*Provigo, René Provost et Maurice Chartrand

* **La saga des Molson,** Shirley E. Woods
Sauvez votre planète!, Marjorie Lamb
* **La sculpture ancienne au Québec,** John R. Porter et Jean Bélisle
* **Sous les arches de McDonald's,** John F. Love
* **Le temps des fêtes au Québec,** Raymond Montpetit
* **Trudeau le Québécois,** Michel Vastel
* **La vie antérieure,** Henri Laborit

Cuisine et nutrition

100 recettes de pain faciles à réaliser, Angéline Saint-Pierre
* **À table avec sœur Angèle,** Sœur Angèle
Les aliments qui guérissent, Jean Carper
Le barbecue, Patrice Dard
* **Bonne table et bon cœur,** Anne Lindsay
Brunches et petits déjeuners en fête, Yolande Bergeron
Cocktails de fruits non alcoolisés, Lorraine Whiteside
Combler ses besoins en calcium, Denyse Hunter
* **Comme chez grand-maman Biondi,** J. Biondi et C. Lanzillotta
Comment nourrir son enfant, Louise Lambert-Lagacé
* **Le compte-calories,** Micheline Brault-Dubuc et Liliane Caron-Lahaie
* **Le compte-cholestérol,** M. Brault-Dubuc et L. Caron-Lahaie
* **Les confitures,** Misette Godard
La congélation de A à Z, Joan Hood
Les conserves, Sœur Berthe
Crème glacée et sorbets, Yves Lebuis et Gilbert Pauzé
La cuisine au wok, Charmaine Solomon
Cuisine aux micro-ondes 1 et 2 portions, Marie-Paul Marchand
* **La cuisine chinoise traditionnelle,** Jean Chen
* **La cuisine créative Campbell,** Campbell
* **La cuisine joyeuse de sœur Angèle,** Sœur Angèle
Cuisiner avec le four à convection, Jehane Benoit
* **Cuisiner avec les champignons sauvages du Québec,** Claire L. Leclerc
* **Cuisine santé pour les aînés,** Denyse Hunter
Le défi alimentaire de la femme, Louise Lambert-Lagacé
* **La diète rotation,** Dr Martin Katahn
Faire son pain soi-même, Janice Murray Gill
* **Faire son vin soi-même,** André Beaucage
La fine cuisine aux micro-ondes, Patrice Dard
* **Gastronomie minute,** Julien Letellier
Le livre du café, Julien Letellier
Menus et recettes du défi alimentaire de la femme, Louise Lambert-Lagacé
Les menus minute Weight Watchers, Weight Watchers
Menus pour recevoir, Julien Letellier
Micro-ondes plus, Marie-Paul Marchand
Modifiez vos recettes traditionnelles, Denyse Hunter
Les muffins, Angela Clubb
La nouvelle cuisine micro-ondes, Marie-Paul Marchand et Nicole Grenier
La nouvelle cuisine micro-ondes II, Marie-Paul Marchand et Nicole Grenier
Les pâtes, Julien Letellier
* **La pâtisserie,** Maurice-Marie Bellot
La sage bouffe de 2 à 6 ans, Louise Lambert-Lagacé
Les tisanes qui font merveille, Dr Leonhard Hochenegg et Anita Höhne
* **Toutes les meilleures pizzas,** Joie Warner
* **Toutes les meilleures salades et vinaigrettes,** Joie Warner

*__Toutes les meilleures sauces pour les pâtes,__ Joie Warner
Une cuisine sage, Louise Lambert-Lagacé
Votre régime contre l'arthrite, Helen MacFarlane
Votre régime contre le diabète, Martin Budd
Votre régime contre le psoriasis, Harry Clements
Votre régime pour contrôler le cholestérol, R. Newman Turner
Weight Watchers — La cuisine santé, Weight Watchers
Les yogourts glacés, Mable et Gar Hoffman

Plein air, sports, loisirs

*__100 trucs de billard,__ Pierre Morin
52 Week-ends au Québec, André Bergeron
L'ABC du bridge, Frank Stewart et Randall Baron
Apprenez à patiner, Gaston Marcotte
L'arc et la chasse, Greg Guardo
Les armes de chasse, Charles Petit-Martinon
L'art du pliage du papier, Robert Harbin
La batterie sans professeur, James Blades et Johnny Dean
La bicyclette, Jean Corbeil
Carte et boussole, Björn Kjellström
Le chant sans professeur, Graham Hewitt
Le clavier électronique sans professeur, Roger Evans
*__Les clés du scrabble,__ Pierre-André Sigal et Michel Raineri
Comment vivre dans la nature, Bill Rivière et l'équipe de L. L. Bean
Le conditionnement physique, Richard Chevalier, Serge Laferrière et Yves Bergeron
*__Construire des cabanes d'oiseaux,__ André Dion
Corrigez vos défauts au golf, Yves Bergeron
*__Le curling,__ Ed Lukowich
De la hanche aux doigts de pieds — Guide santé pour l'athlète, M. J. Schneider et M. D. Sussman
Devenir gardien de but au hockey, François Allaire
*__Le dictionnaire des bruits,__ Jean-Claude Trait et Yvon Dulude
Exceller au baseball, Dick Walker
Exceller au football, James Allen
Exceller au tennis, Charles Bracken
Exceller en natation, Gene Dabney
La flûte traversière sans professeur, Howard Harrison
Le golf au féminin, Yves Bergeron et André Maltais
Grandir en 100 exercices, Henri B. Zimmer
Le grand livre des sports, Le groupe Diagram
Le guide complet du judo, Louis Arpin
Le guide de l'alpinisme, Massimo Cappon
Le guide de la pêche au Québec, Jean Pagé
Guide des jeux scouts, Association des Scouts du Canada
Le guide de survie de l'armée américaine, Collectif
Guide de survie en forêt canadienne, Jean-Georges Desheneaux
La guitare, Peter Collins
La guitare sans professeur, Roger Evans
J'apprends à dessiner, Joanna Nash
J'apprends à nager, Régent la Coursière
Je me débrouille à la chasse, Gilles Richard
Je me débrouille à la pêche, Serge Vincent
*__Jouez gagnant au golf,__ Luc Brien et Jacques Barrette
Jouons au scrabble, Philippe Guérin

Le karaté Koshiki, Collectif
Le livre des patiences, Maria Bezanovska et Paul Kitchevats
* **Maîtriser son doigté sur un clavier,** Jean-Paul Lemire
Manuel de pilotage, Transport Canada
Le manuel du monteur de mouches, Mike Dawes
Le marathon pour tous, Pierre Anctil, Daniel Bégin et Patrick Montuoro
La médecine sportive, Dr Gabe Mirkin et Marshall Hoffman
La musculation pour tous, Serge Laferrière
* **La nature en hiver,** Donald W. Stokes
* **Les papillons du Québec,** Christian Veilleux et Bernard Prévost
* **Partons en camping!,** Archie Satterfield et Eddie Bauer
Partons sac au dos, Archie Satterfield et Eddie Bauer
Les passes au hockey, Claude Chapleau, Pierre Frigon et Gaston Marcotte
Photos voyage, Louis-Philippe Coiteux et Michel Frenette
Le piano jazz sans professeur, Bob Kail
Le piano sans professeur, Roger Evans
La planche à voile, Gérald Maillefer
La plongée sous-marine, Richard Charron
Le programme 5BX, pour être en forme,
Racquetball, Jean Corbeil
Racquetball plus, Jean Corbeil
Les règles du golf, Yves Bergeron
Rivières et lacs canotables du Québec, Fédération québécoise du canot-camping
S'améliorer au tennis, Richard Chevalier
Le saumon, Jean-Paul Dubé
* **Le scrabble,** Daniel Gallez
Les secrets du baseball, Jacques Doucet et Claude Raymond
Le solfège sans professeur, Roger Evans
La technique du ski alpin, Stu Campbell et Max Lundberg
Techniques du billard, Robert Pouliot
Le tennis, Denis Roch
Le tissage, Germaine Galerneau et Jeanne Grisé-Allard
Tous les secrets du golf selon Arnold Palmer, Arnold Palmer
La trompette sans professeur, Digby Fairweather
Le violon sans professeur, Max Jaffa
Le vitrail, Claude Bettinger
Le volley-ball, Fédération de volley-ball

Psychologie, vie affective, vie professionnelle, sexualité

30 jours pour redevenir un couple heureux, Patricia K. Nida et Kevin Cooney
30 jours pour un plus grand épanouissement sexuel, Alan Schneider et Deidre Laiken
Adieu Québec, André Bureau
À dix kilos du bonheur, Danielle Bourque
Aider mon patron à m'aider, Eugène Houde
* **Aider son enfant en maternelle et en première année,** Louise Pedneault-Pontbriand
À la découverte de mon corps — Guide pour les adolescentes, Lynda Madaras
À la découverte de mon corps — Guide pour les adolescents, Lynda Madaras
L'amour comme solution, Susan Jeffers
* **L'amour, de l'exigence à la préférence,** Lucien Auger
Les années clés de mon enfant, Frank et Theresa Caplan
Apprivoiser l'ennemi intérieur, Dr George R. Bach et Laura Torbet
L'art d'aider, Robert R. Carkhuff
L'art de l'allaitement maternel, Ligue internationale La Leche

L'art d'être parents, Dr Benjamin Spock
L'autodéveloppement, Jean Garneau et Michelle Larivey
Avoir un enfant après 35 ans, Isabelle Robert
Bientôt maman, Janet Whalley, Penny Simkin et Ann Keppler
* **Le bonheur au travail,** Alan Carson et Robert Dunlop
Le bonheur possible, Robert Blondin
Ces hommes qui méprisent les femmes... et les femmes qui les aiment, Dr Susan Forward et Joan Torres
Ces hommes qui ne peuvent être fidèles, Carol Botwin
Ces visages qui en disent long, Jeanne-Élise Alazard
Changer ensemble — Les étapes du couple, Susan M. Campbell
Le cœur en écharpe, Stephen Gullo et Connie Church
Comment communiquer avec votre adolescent, E. Weinhaus et K. Friedman
Comment déborder d'énergie, Jean-Paul Simard
Comment faire l'amour à un homme, Alexandra Penney
Comment garder son homme, Alexandra Penney
Le complexe de Casanova, Peter Trachtenberg
Comprendre et interpréter vos rêves, Michel Devivier et Corinne Léonard
Découvrez votre quotient intellectuel, Victor Serebriakoff
Découvrir un sens à sa vie avec la logothérapie, Viktor E. Frankl
La deuxième année de mon enfant, Frank et Theresa Caplan
Les douze premiers mois de mon enfant, Frank Caplan
Les écarts de conduite, Dr John Pearce
* **En attendant notre enfant,** Yvette Pratte Marchessault
Les enfants de l'autre, Erna Paris
L'enfant unique — Enfant équilibré, parents heureux, Ellen Peck
L'étonnant nouveau-né, Marshall H. Klaus et Phyllis H. Klaus
Être soi-même, Dorothy Corkille Briggs
Évoluer avec ses enfants, Pierre-Paul Gagné
Exercices aquatiques pour les futures mamans, Joanne Dussault et Claudia Demers
La femme indispensable, Ellen Sue Stern
Finies les phobies!, Dr Manuel D. Zane et Harry Milt
La flexibilité — Savoir changer, c'est réussir, P. Donovan et J. Wonder
La force intérieure, J. Ensign Addington
Le grand manuel des arts divinatoires, Sasha Fenton
Le grand manuel des cristaux, Ursula Markham
Les grands virages — Comment tirer parti de tous les imprévus de la vie, R. H. Lauer et J. C. Lauer
Le guide du succès, Tom Hopkins
L'histoire merveilleuse de la naissance, Jocelyne Robert
L'horoscope chinois 1991, Neil Somerville
L'infidélité, Wendy Leigh
L'intuition, Philip Goldberg
J'aime, Yves Saint-Arnaud
J'ai quelque chose à vous dire..., B. Fairchild et N. Hayward
J'ai rendez-vous avec moi, Micheline Lacasse
Le journal intime intensif, Ira Progoff
Lis cette page, s'il te plaît, N. Chesanow et G. L. Ersersky
Le mal des mots, Denise Thériault
Ma sexualité de 0 à 6 ans, Jocelyne Robert
Ma sexualité de 6 à 9 ans, Jocelyne Robert
Ma sexualité de 9 à 12 ans, Jocelyne Robert
La méditation transcendantale, Jack Forem
Le mensonge amoureux, Robert Blondin
Mon enfant naîtra-t-il en bonne santé?, Jonathan Scher et Carol Dix

* **Nous, on en parle,** Marcelle Lamarche et Pol Danheux
* **Parle-moi... j'ai des choses à te dire,** Jacques Salomé
Parlez-leur d'amour, Jocelyne Robert
Parlez pour qu'on vous écoute, Michèle Brien
Penser heureux — La conquête du bonheur, image par image, Lucien Auger
Perdant gagnant! — Réussissez vos échecs, Carole Hyatt et Linda Gottlieb
Père manquant, fils manqué, Guy Corneau
Les peurs infantiles, Dr John Pearce
* **Les plaisirs du stress,** Dr Peter G. Hanson
Pourquoi l'autre et pas moi? — Le droit à la jalousie, Dr Louise Auger
* **Pour vous future maman,** Trude Sekely
Préparez votre enfant à l'école, Louise Doyon-Richard
Prévenir et surmonter la déprime, Lucien Auger
* **Psychologie de l'amour romantique,** Dr Nathaniel Branden
Psychologie de l'enfant de 0 à 10 ans, Françoise Cholette-Pérusse
La puberté, Angela Hines
La puissance de l'intention, Richard J. Leider
Respirations et positions d'accouchement, Joanne Dussault
S'affirmer et communiquer, Jean-Marie Boisvert et Madeleine Beaudry
S'aider soi-même davantage, Lucien Auger
Se changer, Michael J. Mahoney
Se comprendre soi-même par des tests, Collaboration
Se connaître soi-même, Gérard Artaud
Se guérir de la sottise, Lucien Auger
La séparation du couple, Robert S. Weiss
La sexualité du jeune adolescent, Dr Lionel Gendron
Si je m'écoutais je m'entendrais, Jacques Salomé et Sylvie Galland
Si seulement je pouvais changer!, Patrick Lynes
Les soins de la première année de bébé, Paula Kelly
Stress et succès, Peter G. Hanson
Le syndrome de la corde au cou, Sonya Rhodes et Marlin S. Potash
La tendresse, Nobert Wölfl
Tout se joue avant la maternelle, Masaru Ibuka
Transformer ses faiblesses en forces, Dr Harold Bloomfield
Travailler devant un écran, Dr Helen Feeley
Un second souffle, Diane Hébert
Vouloir c'est pouvoir, Raymond Hull

Santé, beauté

30 jours pour avoir de beaux ongles, Patricia Bozic
30 jours pour cesser de fumer, Gary Holland et Herman Weiss
30 jours pour perdre son ventre (pour hommes), Roy Matthews et Nancy Burstein
* **L'ablation de la vésicule biliaire,** Jean-Claude Paquet
Alzheimer — Le long crépuscule, Donna Cohen et Carl Eisdorfer
L'arthrite, Dr Michael Reed Gach
Charme et sex-appeal au masculin, Mireille Lemelin
Comment arrêter de fumer pour de bon, Kieron O'Connor, Robert Langlois et Yves Lamontagne
Comment devenir et rester mince, Dr Gabe Mirkin
De belles jambes à tout âge, Dr Guylaine Lanctôt
Dos fort bon dos, David Imrie et Lu Barbuto

Être belle pour la vie, Bronwen Meredith
Le guide complet des cheveux, Philip Kingsley
L'hystérectomie, Suzanne Alix
Initiation au shiatsu, Yuki Rioux
Maigrir: la fin de l'obsession, Susie Orbach
Le manuel Johnson & Johnson des premiers soins, Dr Stephen Rosenberg
Maux de tête et migraines, Dr Jacques P. Meloche et J. Dorion
Mini-massages, Jack Hofer
Perdre son ventre en 30 jours, Nancy Burstein
Programme XBX de l'aviation royale du Canada, Collectif
Le régime hanches et cuisses, Rosemary Conley
Le rhume des foins, Roger Newman Turner
Ronfleurs, réveillez-vous!, Jocelyne Delage et Jacques Piché
Savoir relaxer — Pour combattre le stress, Dr Edmund Jacobson
Le supermassage minute, Gordon Inkeles
Le syndrome prémenstruel, Dr Caroline Shreeve
Vivre avec l'alcool, Louise Nadeau

---

* Pour l'Amérique du Nord seulement